प्रेम की पाँच भाषाएँ

प्रेम की पाँच भाषाएँ

अपने जीवनसाथी से दिल की बात कैसे कहें?

(अब वृहद् गाइड के साथ)

गैरी चैपमैन

अनुवादक : डॉ. सुधीर दीक्षित

MANJUL

मंजुल पब्लिशिंग हाउस

First published in India by

MANJUL

Manjul Publishing House

Corporate and Editorial Office

• 2nd Floor, Usha Preet Complex, 42 Malviya Nagar, Bhopal 462 003 - India

Sales and Marketing Office

• C-16, Sector 3, Noida, Uttar Pradesh 201301 - India

Website: www.manjulindia.com

Distribution Centres

Ahmedabad, Bengaluru, Kochi, Kolkata, Chennai,
Hyderabad, Mumbai, New Delhi, Pune

"This book was first published in the United States by
Northfield Publishing, 820 N. LaSalle Blvd. Chicago, IL 60610
with the title ***The Five Love Languages***. Translated by Permission."

Hindi edition first published in 2001
Twenty-fourth impression 2025

The use of selected references from various versions of the Bible in this publication does not necessarily imply publisher endorsement of the versions in their entirety.

ISBN 978-81-86775-10-3

Translation by Dr. Sudhir Dixit

Cover - Ad-Age Advertising/Aquarius Inc.

Printed and bound in India by Repro India Limited.

कैरोलिन,

शेली और डेरेक को

Other Great Books by Gary Chapman

The Five Love Languages
The Five Love Languages Gift Edition
The Five Love Languages Audio
The Five Love Languages of Children
The Five Love Languages Of Children Audio
The Five Love Languages of Teenagers
The Five Love Languages of Teenagers Audio
Your Gift of Love
Parenting Your Adult Child
Parenting Your Adult Child Audio
The Other Side of Love Loving Solutions
Five Signs of a Loving Family
Toward a Growing Marriage
Hope for the Separated

विषय-वस्तु

आभार

प्रेम घर से शुरू होता है या होना चाहिए। मेरे लिए इसका अर्थ है प्रेस और सैम, मेरे मम्मी-डैडी, जो मुझे पचास साल से भी ज़्यादा समय से प्रेम कर रहे हैं। वे न होते, तो मैं आज भी प्रेम पर पुस्तक लिखने के बजाय प्रेम की तलाश में भटक रहा होता। मेरे लिए घर का मतलब है कैरोलिन, जिसके साथ गृहस्थ जीवन गुज़ारते हुए मुझे तीस साल से भी ज़्यादा समय हो चुका है। अगर सारी पत्नियाँ कैरोलिन की तरह प्रेम करने लगें तो बहुत कम पति इधर-उधर ताकाझाँकी करेंगे। शेली और डेरेक अब घोंसले से उड़ चुके हैं और अपनी नई दुनिया बसा रहे हैं पर मैं उनके प्यार की गर्माहट में सुरक्षित अनुभव करता हूँ। मैं सुखी और कृतज्ञ हूँ।

मैं ऐसे बहुत से लोगों का आभारी हूँ जिन्होंने मेरी प्रेम संबंधी अवधारणाओं को प्रभावित किया है। उनमें मनोचिकित्सक रॉस कैंपबेल, जुडसन रिचहार्ट और स्कॉट पेक हैं। संपादकीय सहयोग के लिए मैं डेबी बार और कैथी पीटरसन का आभारी हूँ। प्रकाशन की डेडलाइन तक पुस्तक तैयार करने के लिए मैं ट्रिशिया क्यूब और डॉन शिमट की तकनीकी विशेषज्ञता का भी आभारी हूँ।

अंतिम और सबसे महत्वपूर्ण आभार उन सैकड़ों दंपतियों के प्रति, जिन्होंने बीस सालों से भी ज़्यादा समय तक मेरे सामने अपनी जिंदगी के अंतरंग पहलुओं के बारे में खुलकर चर्चा की है। यह पुस्तक उनकी ईमानदारी और साफ़गोई के प्रति कृतज्ञता ज्ञापित करती है।

प्रेम की पाँच भाषाएँ

सकारात्मक शब्द

प्रतिबद्ध समय

उपहार लेना

सेवा के कार्य

शारीरिक स्पर्श

अध्याय 1

शादी के बाद प्रेम कहाँ चला जाता है?

दस हज़ार फुट की ऊँचाई पर बफ़ैलो और डलास के बीच कहीं पर उसने अपनी पत्रिका बंद की और मेरी तरफ़ मुड़कर पूछा, 'आप क्या करते हैं?'

मैंने सहज भाव से जवाब दिया, 'मैं विवाह संबंधी परामर्श देता हूँ और विवाह को बेहतर बनाने के लिए सेमिनार आयोजित करता हूँ।'

'मैं काफ़ी समय से किसी से यह सवाल पूछना चाहता था,' उसने कहा, 'और मुझे लगता है कि आज मुझे सही व्यक्ति मिल गया है। मेरा सवाल यह है कि शादी के बाद हमारा प्रेम कहाँ चला जाता है?'

मैंने झपकी लेने की अपनी आशाओं को त्यागते हुए उससे पूछा, 'आप कहना क्या चाहते हैं'?

उसने जवाब दिया, 'मैंने तीन बार शादी की है और हर बार शादी से पहले मुझे ऐसा लग रहा था जैसे मैं जन्नत में हूँ। न जाने ऐसा क्या हुआ, क्यों हुआ कि शादी के बाद सब कुछ बिखर गया। हमारे दिल में एक-दूसरे के लिए जो ढेर सारा प्यार था वह शादी के कुछ समय बाद काफ़ूर हो गया। मुझमें भी सामान्य बुद्धि है. और मैं एक सफल बिजनेसमैन हूँ पर मेरी समझ में यह बात नहीं आती है कि शादी के बाद प्रेम क्यों खत्म हो जाता है।'

'आपकी शादी कितने समय तक चली?' मैंने सवाल किया।

'पहली शादी दस साल तक चली। दूसरी तीन साल और तीसरी लगभग छह साल तक।'

'क्या शादी के तत्काल बाद आपका प्रेम काफ़ूर हो गया या यह धीरे-धीरे कम होता गया?' मैंने पूछा।

'दूसरी शादी में तो शादी के तत्काल बाद ही प्रेम हवा हो गया। मुझे नहीं मालूम कि यह सब कैसे हुआ। उस समय तो मुझे यही एहसास था कि हम एक-दूसरे से बेपनाह मुहब्बत करते हैं पर हनीमून के दौरान ही हमारा विवाह ध्वस्त हो गया और हम उस झटके से कभी उबर नहीं पाए। हमने सिर्फ़ छह महीने तक डेटिंग की थी और हमारा रोमांस तूफ़ानी था। शादी से पहले हमारा रोमांस बेहद रोमांचक और मजेदार था, पर शादी के बाद तो ऐसा लग रहा था मानो हम दो दुश्मन देश हो और हममें जंग छिड़ गई हो।'

'मेरी पहली शादी में हमारी जिंदगी तीन-चार सालों तक बहुत सुखद रही, जब तक कि हमारे यहाँ बच्चा नहीं हुआ। बच्चा होने के बाद मुझे ऐसा लगने लगा कि उसका सारा ध्यान बच्चे पर केंद्रित हो गया है और अब उसे मेरी क़तई जरूरत नहीं है। ऐसा लग रहा था मानो बच्चा पाना ही उसके जीवन का एकमात्र लक्ष्य था और बच्चे के बाद उसे मेरी कोई ज़रूरत नहीं रह गई थी।'

'क्या आपने अपनी पत्नी को यह बताया था?', मैंने पूछा।

'हाँ, मैंने उसे यह बताया था। पत्नी का कहना था कि मैं फ़ालतू की बात कर रहा हूँ। उसने यह भी कहा कि मैं उसके तनाव को समझ ही नहीं पा रहा हूँ जबकि वह 24 घंटे किसी नर्स की तरह बच्चे की देखभाल कर रही है। उसने कहा कि मुझे उसकी ज़्यादा मदद करना चाहिए, उसकी हालत को अच्छी तरह से समझना चाहिए। मैंने वास्तव में ऐसा करने की कोशिश की, पर उससे कोई ख़ास फ़र्क नहीं पड़ा। उसके बाद हम धीरे-धीरे एक-दूसरे से दूर होते चले गए। कुछ समय बाद हमारे बीच लहलहाता प्रेम का वृक्ष सूख चुका था, मृतप्रायः हो चुका था। एक वक्त ऐसा आया जब हम दोनों सहमत हो गए कि हमारी शादी ख़त्म हो चुकी है और हमें अलग हो जाना चाहिए।'

'मेरी आख़िरी शादी? मुझे ऐसा लगता था कि यह बिलकुल अलग होगी। मेरा तलाक़ हुए तीन साल हो चुके थे। हमने दो सालों तक एक-दूसरे के साथ डेटिंग की। मुझे सचमुच लग रहा था कि हम दोनों एक-दूसरे को पूरी तरह समझ चुके थे और शायद पहली बार मैं प्रेम का मतलब समझ रहा था। मेरा दिल कह रहा था कि वह मुझसे बेपनाह मुहब्बत करती है।

'शादी के बाद मुझे नहीं लगा कि मुझमें कोई बदलाव आया था। मैं उससे पहले की तरह प्रेम का इज़हार करता रहा। मैं पहले की तरह उसकी सुंदरता की तारीफ़ करता रहा, यह बताता रहा कि मैं उससे कितना ज़्यादा प्यार करता था, कि मुझे उसका पति होने में गर्व का अनुभव होता है। पर शादी के कुछ महीनों बाद ही उसने शिकायत करना शुरू कर दिया - पहले तो छोटी-छोटी बातों पर जैसे घर का कचरा बाहर नहीं फेंकने या अपने कपड़े नहीं टाँगने पर। बाद में उसने मेरे चरित्र पर उँगली उठाना शुरू कर दी और यह भी कहा कि उसका मुझ पर से भरोसा उठ गया है। उसने मुझ पर यह आरोप भी लगाया कि मैं उसके प्रति वफ़ादार नहीं था। उसका व्यक्तित्व अब पूरी तरह नकारात्मक हो गया था, जबकि शादी से पहले वह ज़रा भी नकारात्मक नहीं थी। उस समय वह बहुत सकारात्मक थी। उसके इसी गुण ने मुझे उसके इतने करीब ला दिया था। तब वह कभी किसी विषय पर

शिकायत नहीं करती थी, कभी आलोचना नहीं करती थी। शादी से पहले मैं जो भी करता था, उसे बेहतरीन लगता था, पर शादी के बाद मैं जो भी करता था, उसमें वह कमी ढूंढ ही लेती थी। मैं नहीं जानता कि क्या हुआ ? पर आख़िरकार उसके प्रति मेरा प्रेम धीरे-धीरे ख़त्म हो गया और नफ़रत में बदल गया। जाहिर था कि मेरे प्रति उसका प्रेम पहले ही ख़त्म हो चुका था। हम दोनों सहमत थे कि हमारे एक साथ रहने से अब कोई फायदा नहीं है, इसलिए हम अलग हो गए।

'यह एक साल पहले की बात है। अब मेरा सवाल यह है कि शादी के बाद हमारे प्रेम का क्या हुआ ? क्या जो मेरे साथ हुआ है, वह सभी के साथ होता है? क्या इसी कारण हमारे देश में इतने ज़्यादा तलाक़ होते हैं? मुझे यकीन नहीं होता कि ऐसा मेरे साथ तीन बार हुआ और वे लोग जिनके तलाक़ नहीं होते, क्या वे बिना प्रेम के जीना सीख लेते हैं या कई शादियों में प्रेम वाकई जिंदा रह पाता है? अगर शादी के बाद भी प्रेम बचा रह सकता है तो कैसे?'

हवाई ज़हाज में बैठा दोस्त मुझसे जो सवाल पूछ रहा था, वह सवाल आज हजारों तलाकशुदा लोग पूछ रहे हैं? कुछ अपने दोस्तों से यह सवाल पूछ रहे हैं, कुछ परामर्शदाताओं तथा धर्मगुरुओं से और कुछ अपने आप से। कई बार जवाब मनोवैज्ञानिक शोध की तकनीकी शब्दावली में लिपटे होते हैं और उन्हें समझना लगभग असंभव होता है। कई बार जवाब मज़ाक़ में या कहावतों में दिए जाते हैं। ज़्यादातर जवाब चुटकुलों और कहावतों में दिए जाते हैं और इनमें कुछ हक़ीक़त तो निश्चित रूप से होती है, पर यह उसी तरह की बात हो गई जैसे हम कैंसर से पीड़ित मरीज को एस्पिरीन दे दें।

शादी में रोमांस और प्रेम की आकांक्षा की जड़ हमारी मनोवैज्ञानिक संरचना में होती है। लगभग सभी लोकप्रिय पत्रिकाओं के हर संस्करण में कम से कम एक लेख इसी विषय पर होता है कि विवाह में प्रेम को जिंदा कैसे रखा जाए? इस विषय पर ढेरों पुस्तकें भी छप चुकी हैं। टेलीविजन और रेडियो पर इस बारे में नियमित रूप से कार्यक्रम प्रसारित किए जाते हैं। इस सबसे हम यह सहज अनुमान लगा सकते हैं कि हमारी शादियों में प्रेम को जिंदा रखना एक गंभीर समस्या है, और यह अकेले हमारी समस्या नहीं है बल्कि आधुनिक समाज की एक प्रमुख समस्या है।

ऐसा क्यों है कि इतनी सारी पुस्तकों, पत्रिकाओं और व्यावहारिक सहायता के बावजूद बहुत कम लोगों को यह रहस्य पता है कि विवाह के बाद प्रेम को जिंदा कैसे रखा जाए? ऐसा क्यों होता है कि एक दंपति किसी कम्युनिकेशन वर्कशॉप में भाग लेने जाते हैं, वहाँ पर प्रेम बढ़ाने के अद्भुत नुस्खों को सुनते हैं परंतु घर लौटने पर वे यह महसूस करते हैं कि वे इन नायाब नुस्खों और अद्भुत तकनीकों को अपनी जिंदगी में नहीं उतार सकते ? ऐसा क्यों होता है कि हम एक पत्रिका में छपे लेख 'अपने जीवनसाथी के प्रति प्रेम अभिव्यक्त करने के 101 तरीके' में से दो या तीन तरीके चुनते हैं जो हमें ख़ास तौर पर असरदार लगते हैं, उन्हें अपनाने की कोशिश करते हैं पर इतना सब करने के वावजूद हमारे जीवनसाथी को हमारी कोशिश का पता तक नहीं चलता? इस दुर्घटना के बाद हम बाकी 98 तरीकों को ज्यों का त्यों छोड़ देते है और जिंदगी पहले की तरह ही चलती रहती है।

अगर हमें प्रेम में प्रभावी वक्ता बनना है तो अपने जीवनसाथी की प्राथमिक प्रेम भाषा सीखने के लिए तैयार रहना चाहिए।

इन सवालों का जवाब ढूंढना ही इस पुस्तक का लक्ष्य है। ऐसा नहीं है कि पहले जो पुस्तकें या लेख छपे हैं, वे इस दिशा में मदद नहीं करते। हमारी समस्या यह है कि हम इस मूलभूत सत्य को नज़र अंदाज़ कर देते हैं कि लोग अलग-अलग प्रेमभाषाएँ बोलते हैं।

भाषाविज्ञान के क्षेत्र में कई प्रमुख भाषासमूह है : जापानी, चीनी, स्पेनिश, अंग्रेजी, पुर्तगाली, ग्रीक, जर्मन, फ्रेंच इत्यादि हममें से ज़्यादातर लोग वही भाषा सीखते हैं जो हमारे माता-पिता और भाई-बहन की भाषा है और यह भाषा हमारी प्राथमिक या मूल भाषा बन जाती है। बाद में हम कई दूसरी भाषाएं सीख सकते हैं पर उन्हें सीखने में हमें ज़्यादा कोशिश और मेहनत करनी पड़ती है। ये दूसरी भाषाएँ हमारी द्वितीयक भाषाएँ बन जाती हैं, पर हम अपनी मूल भाषा में सबसे पारंगत होते हैं। जितनी अच्छी तरह हम अपनी मूल भाषा में बोल या समझ सकते हैं उतनी अच्छी तरह हम द्वितीयक भाषाओं में बोल या समझ नहीं सकते। मूल भाषा बोलते समय हम पूरी तरह आरामदेह स्थिति में होते हैं। द्वितीयक भाषा का हम जितना ज्यादा इस्तेमाल करते हैं, हम उसमें उतने ही पारंगत और आरामदेह होते जाते हैं। अगर हम केवल अपनी प्राथमिक भाषा बोलते हैं और किसी ऐसे आदमी से मिलते हैं जो अपनी प्राथमिक भाषा में बोल रहा है (जो हमारी प्राथमिक भाषा से अलग है), तो हमारा संप्रेषण निश्चित रूप से सीमित होगा। हमें विचारों की अभिव्यक्ति के लिए संकेतों, ड्रॉइंग, ध्वनियों और अभिनय का सहारा लेना होगा। हम संप्रेषण तो कर सकते हैं पर यह अटपटा लगेगा। भाषा की भिन्नता मानवीय संस्कृति का एक अभिन्न अंग है। अगर हमें सांस्कृतिक विभाजक रेखाओं के पार प्रभावी संप्रेषण करना है तो हमें उन लोगों की भाषा सीखनी होगी जिनके साथ हम संप्रेषण करना चाहते हैं।

प्रेम के क्षेत्र में भी यही स्थिति है आपकी और आपके जीवनसाथी की भावनात्मक प्रेमभाषाएँ एक-दूसरे से उतनी ही अलग हो सकती हैं जितनी कि चीनी भाषा से अँग्रेज़ी भाषा है। चाहे आप अंग्रेज़ी में अपने प्रेम को अभिव्यक्त करने में कितनी ही मेहनत क्यों न करें, पर आपकी पत्नी की समझ में कुछ भी नहीं आएगा क्योंकि वह सिर्फ़ चीनी भाषा ही समझ सकती है। इस तरह आप उसे यह कभी नहीं समझा पाएँगे कि आप एक-दूसरे को कितना प्रेम करते हैं। हवाई जहाज में बैठा मेरा मित्र अपनी तीसरी पत्नी से यह कहते समय 'प्रशंसा के शब्द' की भाषा बोल रहा था, 'मैं पहले की तरह उससे उसकी सुंदरता की तारीफ़ करता रहा, यह बताता रहा कि मैं उससे कितना प्यार करता था कि मुझे उसका पति होने में गर्व का अनुभव होता है।' वह प्रेम अभिव्यक्त कर रहा था और वह गंभीर था, पर उसकी पत्नी उसकी भाषा नहीं समझ पा रही थी। शायद वह उसके व्यवहार में प्रेम ढूँढ रही थी और वहाँ उसे प्रेम दिखाई नहीं दे रहा था। गंभीर होना ही काफ़ी नहीं है। अगर हमें प्रेम

की भाषा बोलने में पारंगत बनना है तो हमें अपने जीवनसाथी की प्राथमिक प्रेमभाषा सीखने के लिए न केवल तैयार रहना चाहिए, बल्कि उत्सुक, तत्पर और कटिबद्ध रहना चाहिए।

बीस साल के वैवाहिक परामर्श के बाद मैं इस नतीजे पर पहुँचा हूँ कि मूल रूप से भावनात्मक प्रेम की पाँच भाषाएँ होती हैं- पाँच तरीके जिनके माध्यम से लोग भावनात्मक प्रेम को व्यक्त करते और समझते हैं। भाषाविज्ञान के क्षेत्र में एक भाषा की कई बोलियाँ होती हैं। ठीक इसी तरह इन पाँच मूलभूत प्रेम की भाषाओं के भीतर भी कई बोलियाँ समाहित होती हैं। इसी कारण इस तरह के लेख पत्रिकाओं में छपते हैं, 'दस तरीके जिनसे जीवनसाथी जान पाएगा कि आप उससे प्रेम करते हैं' या 'अपने पति को घर में रखने के 20 उपाय' या 'वैवाहिक प्रेम की 365 अभिव्यक्तियाँ।' पर यह भ्रम न पालें कि प्रेम की मूलभूत भाषाएँ 10, 20 या 365 होती हैं। मेरी राय में प्रेम की भाषाएँ सिर्फ़ पाँच हैं, हालांकि इनमें से हर एक की कई बोलियाँ होती हैं। किसी प्रेमभाषा में हम कई तरह से अपने प्रेम का इजहार कर सकते हैं और यह हमारी कल्पनाशीलता पर निर्भर करता है। ख़ास बात तो यह है कि आप अपने जीवनसाथी की प्रेमभाषा बोल रहे हैं।

हम काफ़ी समय से जानते हैं कि बचपन में ही हर बच्चे में अनूठे भावनात्मक पैटर्न विकसित हो जाते हैं। उदाहरण के तौर पर कई बच्चे कम आत्मसम्मान और हीन भावना का पैटर्न विकसित कर लेते हैं, जबकि दूसरे बच्चों में स्वस्थ आत्मसम्मान और आत्म मूल्यांकन का पैटर्न विकसित होता है। कुछ असुरक्षा के भावनात्मक पैटर्न विकसित कर लेते हैं जबकि दूसरे बच्चे खुद को सुरक्षित अनुभव करते हुए बड़े होते हैं। कुछ बच्चे यह महसूस करते हैं कि उन्हें प्रेम किया जा रहा है, किसी को उनकी जरूरत है और उनकी तारीफ़ हो रही है जबकि कई बच्चे यह महसूस करते हैं कि वे उपेक्षित, अनचाहे हैं और इसलिए कोई भी उनकी तारीफ़ नहीं करता।

जिन बच्चों को अपने माता-पिता से प्यार मिलता है उनमें प्राथमिक भावनात्मक प्रेमभाषा का विकास होता है। यह प्रेमभाषा उनकी अनूठी मनोवैज्ञानिक संरचना पर आधारित होती है और उस तरीके पर भी जिसके द्वारा माता-पिता और दूसरे लोग उन बच्चों से प्रेम अभिव्यक्त करते हैं। वे केवल एक प्राथमिक प्रेमभाषा बोलते और समझते हैं। वे बाद में कोई द्वितीयक प्रेमभाषा भी सीख सकते हैं, पर वे अपनी प्राथमिक भाषा बोलते समय ज़्यादा सहज होते हैं। जिन बच्चों को अपने माता-पिता और दूसरे लोगों से प्रेम नहीं मिलता, वे भी अपनी प्राथमिक प्रेमभाषा विकसित कर लेते हैं, परंतु उनकी प्रेमभाषा उसी तरह विकृत हो जाती है जिस तरह कुछ बच्चों की व्याकरण गड़बड़ होती है या जिनका शब्दज्ञान कम होता है। कमज़ोर नींव का यह मतलब नहीं होता कि वे अच्छे संप्रेषक नहीं बन सकते। पर इसका यह मतलब होता है कि इसके लिए उन्हें उन लोगों से ज़्यादा मेहनत करनी पड़ेगी जिनकी व्याकरण या शब्दज्ञान सामान्य है। इसी तरह जो बच्चे भावनात्मक प्रेम की कमी से ग्रस्त होते हैं, वे भी प्रेम की भाषा समझ और बोल सकते हैं, पर इसके लिए उन्हें उन लोगों से ज़्यादा मेहनत करनी पड़ती है जो स्वस्थ, प्रेमपूर्ण माहौल में पले-बढ़े हैं।

कभी-कभार ही पति और पत्नी की प्राथमिक भावनात्मक प्रेमभाषा एक सी होती है। हम स्वाभाविक रूप से अपनी प्राथमिक प्रेमभाषा बोलते हैं और हम परेशान हो जाते हैं

जब हमारा जीवनसाथी हमारी प्रेमभाषा समझ नहीं पाता। हम अपने प्यार का इज़हार करते हैं, पर हमारा संदेश सामने वाले के दिल तक नहीं पहुँच पाता, क्योंकि हम जिस भाषा में संदेश पहुँचा रहे हैं, वह उसके लिए एक विदेशी और अपरिचित भाषा है। यही मूलभूत समस्या है और इस पुस्तक का उद्देश्य इसी समस्या को सुलझाना है, इसीलिए मैंने प्रेम पर एक और पुस्तक लिखने का दुस्साहस किया है। एक बार हम इन पाँच मूलभूत प्रेमभाषाओं को खोज लें और यह समझ लें कि हमारी प्राथमिक प्रेमभाषा कौन सी है, हमारे जीवनसाथी की प्राथमिक प्रेमभाषा कौन सी है तो हम पुस्तकों और लेखों में दी गई जानकारी से ज्यादा फ़ायदा उठा सकेंगे।

एक बार आप अपने जीवनसाथी की प्राथमिक प्रेमभाषा जान लें और उसे बोलना सीख लें तो मुझे पूरा भरोसा है कि आपको लंबे, प्रेमपूर्ण वैवाहिक जीवन की कुंजी मिल जाएगी। विवाह के बाद प्रेम काफ़ूर हो जाए यह जरूरी नहीं है, पर इसे बनाए रखने के लिए हममें से ज़्यादातर लोगों को द्वितीयक प्रेमभाषा सीखने की मेहनत करनी पड़ेगी। अगर हमारा जीवनसाथी हमारी प्राथमिक प्रेमभाषा नहीं समझ पा रहा है तो हम अपनी मूल भाषा पर भरोसा नहीं कर सकते। अगर हम उस तक अपने प्रेम का संदेश पहुँचाना चाहते हैं तो हमें यह संदेश उसी की प्राथमिक प्रेमभाषा में पहुँचाना होगा।

प्रेम की पाँच भाषाएँ
सकारात्मक शब्द
प्रतिबद्ध समय
उपहार लेना
सेवा के कार्य
शारीरिक स्पर्श

अध्याय 2

लव टैंक को भरा हुआ कैसे रखें?

प्रेम अँग्रेज़ी भाषा में सबसे महत्वपूर्ण शब्द है और सबसे उलझन भरा भी। धार्मिक और धर्मनिरपेक्ष दोनों तरह के चिंतक इस बात पर सहमत हैं कि प्रेम इंसान की जिंदगी में केंद्रीय भूमिका निभाता है। हमें यह बताया जा चुका है कि 'प्रेम एक सतरंगी वस्तु है' और 'प्रेम से दुनिया चलती है।' हज़ारों पुस्तकें, गीत, पत्रिकाएँ और फ़िल्में इसी शब्द के चारों तरफ घूमती हैं। अनगिनत दार्शनिक और धार्मिक विचारधाराओं में प्रेम को महत्वपूर्ण स्थान दिया गया है और ईसाई धर्म के संस्थापक तो प्रेम को अपने अनुयायियों की पहचान बनाना चाहते थे।[1]

मनोवैज्ञानिकों ने यह निष्कर्ष निकाला है कि इंसान होने के नाते हमारी पहली भावनात्मक जरूरत यह है कि हमें कोई प्यार करता हो। प्रेम के लिए हम पहाड़ पर चढ़ सकते हैं, समुद्र पार कर सकते हैं, रेगिस्तान पार कर सकते हैं और असंभव लगने वाले कष्टों को सहन कर सकते हैं। प्रेम के बिना पहाड़ पर चढ़ना असंभव प्रतीत होता है, समुद्र पार करना भयावह लगता है, रेगिस्तान असहनीय हो जाता है और कष्ट हमारे जीवन में स्थायी रूप से आ जाते हैं। ईसाई धर्मोपदेशक पॉल प्रेम को महिमामंडित करते हुए यह इशारा करते हैं कि प्रेम के बिना इंसान जो भी हासिल करता है, वह अंततः व्यर्थ है। उनका निष्कर्ष था कि मानव के जीवन रूपी नाटक के आखिरी दृश्य में सिर्फ़ तीन पात्र बचते हैं 'धर्म, आशा और प्रेम। पर इनमें प्रेम महानतम है।'[2]

अगर हम इस बात पर सहमत हो जाते हैं कि *प्रेम* शब्द ऐतिहासिक और वर्तमान पृष्ठभूमि में हमारे समाज में इतना महत्वपूर्ण है तो हमें यह भी मानना पड़ेगा कि प्रेम एक उलझन भरा शब्द भी है। इसके हज़ारों अलग-अलग मतलब निकलते हैं। हम कहते हैं, 'मैं सैंडविच से प्रेम करता हूँ' और अगली ही साँस में हम कह उठते हैं, 'मैं अपनी माँ से प्रेम

करता हूँ।' हम गतिविधियों से प्रेम करते हैं : जैसे तैराकी, स्कीइंग, शिकार से। हम वस्तुओं से प्रेम करते हैं : जैसे भोजन, कार, घर से। हम जानवरों से प्रेम करते हैं : जैसे कुत्ते, बिल्ली, यहाँ तक कि पालतू घोंघे से भी। हम प्रकृति से प्रेम करते हैं : जैसे पेड़, घास, फूल और मौसम से। हम इंसानों से प्रेम करते हैं : जैसे माता, पिता, पुत्र, पुत्री, पालक, पत्नी, पति, मित्र से। कई बार तो हम प्रेम में पड़ने से भी प्रेम करने लगते हैं।

अगर यह अब भी उलझन भरा नहीं है तो हम व्यवहार परिभाषित करने में इस शब्द के इस्तेमाल पर नज़र डालें। 'मैंने ऐसा इसलिए किया क्योंकि मैं उससे प्रेम करता था।' यह स्पष्टीकरण किसी भी तरह के काम के लिए दिया जा सकता है। एक तरफ़ कोई पुरुष परस्त्रीगमन के संबंधों को प्रेम का नाम दे सकता है। दूसरी तरफ़ धर्मोपदेशक उसे पाप की संज्ञा देता है। एक शराबी की पत्नी अपने पति के विध्वंस के टुकड़े बटोरती है और इसे प्रेम का नाम देती है जबकि मनोवैज्ञानिक उसके इस काम को पराधीनता की संज्ञा देता है। कोई पालक अपने बच्चे की सभी इच्छाएँ पूरा करता है और इसे प्रेम का नाम देता है जबकि फ़ैमिली डॉक्टर इसे ग़ैर-जिम्मेदार परवरिश मानता है। सवाल यह उठता है कि प्रेमपूर्ण व्यवहार क्या है?

इस पुस्तक का उद्देश्य प्रेम शब्द के चारों तरफ़ फैली हुई उलझन को समाप्त करना नहीं है बल्कि उस तरह के प्रेम पर ध्यान केंद्रित करना है जो हमारे भावनात्मक स्वास्थ्य के लिए अनिवार्य है। बाल मनोवैज्ञानिकों का मानना है कि हर बच्चे की कुछ मूलभूत भावनात्मक जरूरतें होती हैं जिनके पूरे होने पर ही वह भावनात्मक रूप से स्वस्थ रह सकता है। इन भावनात्मक ज़रूरतों में प्रेम और दुलार की ज़रूरत से ज़्यादा मूलभूत कुछ भी नहीं है, यह अहसास होने की ज़रूरत कि किसी को उसकी आवश्यकता है और कोई उसे प्रेम करता है। प्रेम की पर्याप्त पूर्ति से बच्चे के जिम्मेदार वयस्क बनने की अधिक संभावना होती है। इस प्रेम के बिना वह भावनात्मक और सामाजिक रूप से कम विकसित हो पाएगा।

जब मैंने पहली बार यह अलंकार सुना तो मुझे यह बहुत पसंद आया, 'हर बच्चे के भीतर एक लव टैंक होता है जो प्रेम से भरा हुआ होने का इंतज़ार करता है।' जब बच्चा वास्तव में यह महसूस करता है कि उसे प्रेम किया जा रहा है तो उसका सामान्य विकास होता है पर जब यह लव टैंक खाली होता है तो वह बुरा व्यवहार करने लगता है। बच्चों का ज़्यादातर बुरा व्यवहार ख़ाली 'लव टैंक' की इच्छाओं के कारण होता है। मैं डॉ. रॉस कैम्पबेल को सुन रहा था जो एक मनोचिकित्सक हैं और जिनकी विशेषज्ञता बच्चों और किशोरों के उपचार में है।

यह सुनते समय मैं उन हज़ारों माता-पिताओं के बारे में सोच रहा था जो मेरे ऑफ़िस में बैठकर अपने बच्चों की बुरी हरकतों का रोना रोते रहते थे। मैंने इसके पहले कभी नहीं सोचा था कि उन बच्चों का लव टैंक ख़ाली होगा, पर मैं इसके परिणामों से वाक़िफ़ था। चूँकि उन्हें प्रेम नहीं मिल रहा था, इसलिए अपने दुर्व्यवहार के ज़रिए वे उस प्रेम की दिशाहीन खोज करने में जुटे हुए थे। वे गलत स्थानों पर और गलत तरीक़ों से प्रेम की तलाश कर रहे थे।

मुझे एश्ले की याद आई, जिसे तेरह बरस की उम्र में यौन संपर्क से एक बीमारी हो गई थी। उसके माता-पिता के दुख का ठिकाना नहीं था। वे एश्ले पर बहुत गुस्सा हो रहे थे। वे स्कूल की भी शिकायत कर रहे थे, जहाँ पर यौन शिक्षा दी जा रही थी। उन्होंने पूछा, उसने ऐसा क्यों किया?

मानव जाति के अस्तित्व के केंद्र में अंतरंग होने और किसी के द्वारा चाहे जाने की इच्छा होती है। विवाह की संस्था अंतरंगता और प्रेम की इसी इच्छा की पूर्ति के लिए बनी है।

एश्ले के साथ मेरी चर्चा के दौरान उसने मुझे अपने माता-पिता के तलाक़ के बारे में बताया, जो उन्होंने तब लिया था जब वह छह साल की थी। ''मुझे लगा मेरे पिताजी मुझे इसलिए छोड़कर चले गए, क्योंकि वे मुझसे प्रेम नहीं करते थे'', उसने कहा, ''जब मेरी माँ ने पुनर्विवाह किया तब में दस साल की थी। मैंने महसूस किया कि मेरी माँ को कोई चाहने वाला मिल गया था, पर मुझसे कोई भी प्रेम नहीं करता था। मैं बेहद चाहती थी कि कोई मुझे भी प्रेम करे। मैं इस किशोर से स्कूल में मिली। उसकी उम्र मुझसे ज़्यादा थी और वह मुझे पसंद करता था। मुझे इस पर यकीन ही नहीं हो रहा था। वह मेरे साथ दयालुता से पेश आता था और कुछ समय बाद मैंने महसूस किया कि वह मुझसे सचमुच प्यार करता था। मुझे सेक्स नहीं चाहिए था, पर प्रेम पाने के लिए में कुछ भी कर सकती थी।''

एश्ले का 'लव टैंक' कई बरसों से ख़ाली था। उसकी माँ और सोतेले पिता ने उसकी भौतिक जरूरतों को तो पूरा कर दिया था, पर उसके भीतर चल रहे गहरे भावनात्मक संघर्ष का उन्हें पता तक नहीं था। यह बात तय थी कि वे एश्ले से प्यार करते थे और उन्हें लगता था कि एश्ले को उनके प्रेम की गहराई का ज्ञान था। पर जब उन्हें अपनी भूल का पता चला, तब तक बहुत देर हो चुकी थी। वे यह भूल गए थे कि वे एश्ले की प्राथमिक प्रेमभाषा में अपने प्रेम का संदेश नहीं पहुँचा रहे हैं।

प्रेम की भावनात्मक ज़रूरत सिर्फ़ बच्चों को ही नहीं होती। यह जरूरत वयस्कता और विवाह में भी हमारे साथ रहती है। 'प्रेम में' रहने का अनुभव तात्कालिक रूप से इस ज़रूरत को पूरा करता है पर यह अपरिहार्य रूप से 'क्विक फिक्स' है और जैसा कि हम बाद में पाते हैं इसकी अवधि बहुत ही सीमित होती है। जब हम 'प्रेम में' रहने के दीवानेपन से उबरते हैं और हकीकत की दुनिया में वापस लौटते हैं तो प्रेम की भावनात्मक ज़रूरत फिर से उभर आती है, क्योंकि यह हमारे स्वभाव की मूलभूत ज़रूरत है। यह ज़रूरत हमारी भावनात्मक इच्छाओं के केंद्र में होती है। 'प्रेम में पड़ने' के पहले भी हमें प्रेम चाहिए था और जब तक हम जिंदा रहेंगे, तब तक हमें इसकी हमेशा जरूरत रहेगी।

वैवाहिक आकांक्षाओं के केंद्र में अपने जीवनसाथी द्वारा चाहे जाने की आकांक्षा होती है। एक व्यक्ति ने मुझसे हाल ही में कहा, ''कार-बँगला और बाक़ी चीज़ों से क्या फ़ायदा जब आपकी पत्नी ही आपको प्रेम न करती हो?'' क्या आप समझ रहे हैं वह क्या कह रहा है? ''किसी भी चीज़ से ज़्यादा मुझे अपनी पत्नी का प्रेम चाहिए।'' भौतिक वस्तुएँ कभी भी इंसान के भावनात्मक प्रेम का विकल्प नहीं हो सकतीं। एक पत्नी का कहना था, ''वह दिन भर तो मुझे अनदेखा करता है और रात में बिस्तर में कूदकर मेरे साथ प्रेम का नाटक करता है। मुझे इससे नफ़रत है।'' वह ऐसी पत्नी नहीं है जो सेक्स से नफ़रत करती हो। वह तो ऐसी पत्नी है जो भावनात्मक प्रेम खोज रही है। हमारे स्वभाव में ही ऐसा कुछ है जो किसी दूसरे द्वारा चाहे जाने की निरंतर मांग करता है। अकेलेपन से इंसान डरता है, इसीलिए एकांत कारावास को सबसे गंभीर दंड माना जाता है। मानव जाति के अस्तित्व के केंद्र में अंतरंग होने और किसी के द्वारा चाहे जाने की आकांक्षा होती है। विवाह की संस्था अंतरंगता और प्रेम की इसी आकांक्षा की पूर्ति के लिए बनी है। इसीलिए बाइबल में पति और पत्नी को 'एक शरीर' कहा गया है। इसका यह मतलब नहीं है कि दोनों अपनी वैयक्तिक पहचान खो देते हैं। बल्कि इसका यह मतलब है कि वे एक दूसरे के जीवन में गहराई और अंतरंगता से जुड़ जाते हैं। न्यू टेस्टामेंट के लेखकों ने पति और पत्नी को प्रेरित किया है कि वे आपस में प्रेम बढ़ाएँ। प्लेटो से पेक तक अनगिनत लेखकों ने भी विवाह में प्रेम के महत्व को रेखांकित किया है।

पर यदि प्रेम महत्वपूर्ण है तो यह इतना पेचीदा क्यों है? मैंने बहुत से विवाहित जोड़ों को इस दर्द से कराहते सुना है। कुछ मेरे पास इसलिए आए थे क्योंकि यह अंदरूनी दर्द असहनीय हो गया था। कुछ इसलिए आए थे क्योंकि उन्हें यह लगने लगा था कि उनके या उनकी पत्नी के व्यवहार के कारण उनकी शादी टूट रही थी। कुछ मुझे सिर्फ़ यह बताने आए थे कि वे अब शादी से पिंड छुड़ाना चाहते हैं। 'शादी के बाद सदैव सुख से रहने के उनके सपने हकीकत की कठोर दीवारों से टकराकर चूर-चूर हो थे। बार-बार मैंने इन शब्दों को सुना है, 'हमारा प्रेम ख़त्म हो गया है, हमारे संबंध समाप्त हो चुके हैं। कभी हम एक-दूसरे के क़रीब थे, पर अब वह बात नहीं रही। अब हमें एक-दूसरे के साथ रहना क़तई अच्छा नहीं लगता। हम एक-दूसरे की ज़रूरतें पूरी नहीं कर पाते हैं। इन कहानियों से यह साबित होता है कि बच्चों की तरह ही वयस्कों में भी 'लव टैंक' होता है।

क्या इन युगलों में भी एक अदृश्य 'भावनात्मक लव टैंक' था, जिसकी सुई 'खाली' पर थी? क्या उनके बीच दुर्व्यवहार, तनाव, अलगाव, कड़वे शब्द और आलोचना इसी ख़ाली टैंक के कारण थे? अगर हम इसे भरने का उपाय खोज लें तो क्या विवाह को जीवनदान मिल सकता है? क्या लव टैंक भरा हुआ रखने से इन युगलों के भावनात्मक जीवन में ऐसा बदलाव आ सकता है कि वे अपने मतभेदों पर विचार-विमर्श कर अपनी जिंदगी को एक बार फिर से सुखद बना सकें। क्या यही टैंक सुखी विवाह के ताले की कुंजी बन सकता है?

इन सवालों ने मुझे एक लंबे सफ़र पर भेज दिया। रास्ते में मैंने इस पुस्तक में दी जा रही साधारण परंतु सशक्त तकनीकें खोजीं। इस सफ़र ने मुझे 20 वर्षों तक विवाह परामर्श के

साथ-साथ अमेरिका के सैकड़ों युगलों के दिलोदिमाग में जगह दिलाई। सीटल से मियामी तक असंख्य दंपतियों ने मुझे अपने विवाह के अंतरंग कक्ष तक आने का न्यौता दिया और हमने खुलकर बातें कीं। इस पुस्तक में दिए गए उदाहरण असली जिंदगी से लिए गए हैं। सिर्फ़ नाम और जगह बदले गए हैं ताकि उन लोगों की पहचान गोपनीय रह सके, जिन्होंने खुले दिल से अपनी अंतरंग बातें मेरे सामने रखी थीं

मुझे पक्का भरोसा है कि विवाह में भावनात्मक लव टैंक को भरा हुआ रखना उतना ही ज़रूरी है जितना कि किसी कार में 'ऑइल के टैंक' को सही लेवल पर रखना। अगर आप अपने विवाह की गाड़ी को ख़ाली 'लव टैंक' से चलाते हैं तो इसकी कीमत कार को बिना ऑइल के चलाने से कहीं ज़्यादा होगी। जो आप पढ़ने वाले हैं, वह हजारों शादियों को बचा सकता है और यह एक अच्छे विवाह के भावनात्मक माहौल को सुधारने में भी सक्षम है। चाहे आपके विवाह की गुणवत्ता कैसी भी हो, यह बेहतर तो हो ही सकती है।

चेतावनी : पाँच प्रेमभाषाओं को समझने और अपने जीवनसाथी की प्राथमिक प्रेमभाषा बोलना सीखने से उसका व्यवहार पूरी तरह बदल सकता है। लोगों का व्यवहार बदल जाता है, जब उनका भावनात्मक लव टैंक भरा रहता है।

इसके पहले कि हम पाँच प्रेमभाषाओं का परीक्षण करें, हमें एक और महत्त्वपूर्ण परंतु उलझन भरे विषय पर ध्यान देना होगा, 'प्रेम में पड़ने' की दीवानगी या स्वर्गिक अनुभव।

नोट्स

1. जॉन 13:35
2. कोरिन्थियन्स 13:13

प्रेम की पाँच भाषाएँ
सकारात्मक शब्द
प्रतिबद्ध समय
उपहार लेना
सेवा के कार्य
शारीरिक स्पर्श

अध्याय 3

प्यार में पागल होना

वह मेरे ऑफ़िस में बिना अपॉइंटमेंट लिए आ गई और मेरी सेक्रेटरी से पूछा कि क्या वह मुझसे पाँच मिनट के लिए मिल सकती है। मैं जेनिस को अठारह साल से जानता हूँ। वह छत्तीस साल की है पर उसने अभी तक शादी नहीं की थी। वह कई सालों तक बहुत से लोगों के साथ डेटिंग कर चुकी है, एक से उसकी मेल-मुलाक़ात छह साल तक चली, दूसरे से तीन साल और बाक़ियों से इससे भी कम समय। समय-समय पर वह मुझसे मिलने आई थी और उसने मुझसे अपने संबंधों की किसी मनोवैज्ञानिक उलझन के बारे में बातें की थीं। वह स्वभाव से अनुशासित, दूसरों का ख़्याल करने वाली, नैतिक, सुलझी हुई विचारशील महिला थी। इस तरह बिना समय लिए मेरे ऑफ़िस में आना उसके स्वभाव के बिलकुल विपरीत था। मैंने सोचा, *जेनिस अगर बिना अपॉइंटमेंट लिए मुझसे मिलने आई है तो इसके पीछे कोई न कोई गंभीर संकट या अप्रत्याशित घटना होगी।* मैंने अपनी सेक्रेटरी से कहा कि वह उसे अंदर आने दे और मैं तैयार हो गया कि दरवाजे से दाखिल होते ही जेनिस फूट-फूटकर रोने लगेगी और कोई दुख भरी कहानी सुनाएगी। इसके बजाय वह कमरे में दाख़िल होते ही रोमांच से दमक रही थी।

मैंने पूछा, 'तुम कैसी हो, जेनिस?

'बहुत बढ़िया। मैं अपनी जिंदगी में कभी इतनी ख़ुश नहीं थी। मैं शादी करने जा रही हूँ।'

'क्या?' मैंने हैरानी से कहा, 'किससे और कब?'

'डेविड गिलेस्पी से, सितंबर में'

'यह तो बहुत बढ़िया है। उससे कितने समय से डेटिंग चल रही है?'

'बस तीन हफ्तों से। मैं जानती हूँ कि यह पागलपन है, डॉ. थेपमैन, क्योंकि मैं इतने सारे लोगों से इतने लंबे समय तक डेटिंग कर चुकी हूँ और शादी के इतनी बार करीब आ

चुकी है। इसके बाद मेरे इस अचानक फ़ैसले पर आपका हैरान होना स्वाभाविक है। मुझे खुद इस बात पर यक़ीन नहीं आ रहा है पर मुझे मालूम है कि डेविड को मेरे लिए ही बनाया गया है। पहली मुलाक़ात में ही हम दोनों को इस बात का एहसास हो गया था कि ऊपर वाले ने हमें एक-दूसरे के लिए ही बनाया है। पहले दिन हम दोनों ने यह बात नहीं कही थी पर एक हफ़्ते बाद ही उसने मेरे सामने शादी का प्रस्ताव रख दिया। मैं जानती थी कि वह शादी के लिए पूछने वाला था और मैं यह भी जानती थी कि मैं हाँ करने वाली थी। मैंने पहले कभी ऐसा महसूस नहीं किया, डॉ. चैपमैन। आप मेरे पिछले संबंधों के बारे में जानते ही हैं और उनकी दिक़्क़तों के बारे में भी आपको पता है। हर संबंध में कोई न कोई कमी या गड़बड़ जरूर थी। इसीलिए मैं उनमें से किसी से भी शादी करने का फ़ैसला नहीं कर पा रही थी, पर मैं जानती है कि डेविड में कोई कमी या गड़बड़ नहीं है। वह बिलकुल सही व्यक्ति है।'

इस समय तक जेनिस अपनी कुर्सी में आगे-पीछे हो रही थी, मुस्करा रही थी और दमकते चेहरे से कह रही थी, 'मैं जानती हूँ यह पागलपन है पर मैं आज बहुत ख़ुश हूँ, इतनी खुश मैं पहले कभी नहीं थी।'

जेनिस को क्या हो गया था। उसे प्यार हो गया था। जेनिस को उसमें कोई कमी नहीं दिख रही थी। उसकी नज़र में डेविड दुनिया का सबसे अच्छा पुरुष था। वह हर तरह से आदर्श था। वह पूरी तरह आदर्श पति नज़र आ रहा था। वह उसके बारे में दिन-रात सोचती रहती थी। यह तक कि डेविड ने पहले भी दो बार शादी की थी, उसके तीन बच्चे थे और पिछले साल उसने तीन काम बदले थे, वे सब बातें जेनिस की नज़र में छोटी बातें थीं। वह खुश थी और उसे यह यक़ीन था कि वह डेविड के साथ हमेशा खुश रहने वाली थी। वह प्यार में पागल हो गई थी।

हममें से ज़्यादातर लोगों के लिए शादी का रास्ता 'प्रेम में पड़ने' की दीवानगी से होकर गुजरता है। हम किसी ऐसे व्यक्ति से मिलते हैं जिसकी देह के रूप-रंग और व्यक्तित्व की विद्युत तरंगें हमारे 'लव अलर्ट सिस्टम' का स्विच दबा देती हैं। तत्काल हमारे दिल की घंटियाँ बज उठती हैं और हम उस व्यक्ति को ठीक से जानने की कोशिश करने लगते हैं। इस दिशा में पहला क़दम साथ-साथ हैमबर्गर या स्टीक खाना होता है और मीनू इस बात पर निर्भर करता है कि हमारा बजट क्या है पर हमारी असली दिलचस्पी भोजन में नहीं होती। हम तो प्रेम खोजने के अभियान पर होते हैं। 'क्या मुझे महसूस होने वाली यह उत्तेजक और मचलती भावना ही प्रेम है?'

कई बार पहली मुलाक़ात में ही हमारा नशा उतर जाता है। हम देखते हैं कि वह उतनी अद्भुत नहीं है जितनी पहली नज़र में दिख रही थी। इसके बाद हम उसके साथ फिर कभी हैमबर्गर नहीं खाते। पर कई बार हैमबर्गर खाने के बाद प्रेम का ख़ुमार और बढ़ जाता है। हम साथ-साथ रहने के कई और मौके ढूँढ लेते हैं तथा थोड़े ही समय में इतनी घनिष्ठता से मिलने-जुलने लगते हैं कि हमें यह लगने लगता है जैसे हमें प्रेम हो गया है। आख़िरकार हमें यह विश्वास हो जाता है कि यही आदर्श व्यक्ति है, यही सच्चा प्रेम है। इसके बाद हम सामने वाले से अपने प्रेम का इज़हार करते हैं और आशा करते हैं कि जवाब हाँ में ही हो,

यानी वह भी हमारे प्रेम का जवाब प्रेम से दें। अगर जवाब 'न' में हुआ तो या तो मामला ठंडा हो जाता है या फिर हम अपनी कोशिशों को दुगना कर देते हैं और अंततः अपनी प्रेमिका का प्रेम हासिल करने में सफल हो जाते हैं। जब प्रेम दोतरफ़ा होता है तो हम विवाह की बात शुरू कर देते हैं, क्योंकि सभी यह मानते हैं कि 'प्रेम में पड़ना' सुखद वैवाहिक ज़िंदगी की आवश्यक नींव है।

शादी से पहले हमारे सपने वैवाहिक सुख के बारे में होते हैं... जब आप प्यार में दीवाने हो जाते हैं तो आपके लिए किसी और बात में विश्वास करना कठिन होता है।

प्रेम में पड़ने की दीवानगी अपनी चरम सीमा पर स्वर्गिक होती है। हम भावनात्मक रूप से एक-दूसरे के पीछे पागल होते हैं। जब हम सोने के लिए लेटते हैं तो करवटें बदलते हुए एक-दूसरे के बारे में सोचते रहते हैं। जब हम जागते हैं तो हमारे दिमाग़ में पहला विचार अपनी प्रेमिका या अपने प्रेमी का ही होता है। हम उससे मिलने के लिए बेक़रार हो जाते हैं। एक-दूसरे के साथ समय गुज़ारना स्वर्ग के किसी कोने में विहार करने की तरह होता है। जब हम एक-दूसरे का हाथ थामते है तो ऐसा लगता है जैसे हमारा ख़ून एक साथ दौड़ रहा हो, जैसे हमारे दिल एक साथ धड़क रहे हों। अगर हमें स्कूल या काम पर नहीं जाना होता तो हम ज़िंदगी भर एक दूसरे का चुंबन ही लेते रहते। आलिंगन से विवाह और उत्कट आनंद के सपने अधिक प्रबल हो जाते है।

जो व्यक्ति प्रेम में होता है उसे यह भ्रम हो जाता है कि उसकी प्रेमिका दुनिया की सबसे अच्छी और सबसे सुंदर औरत है। उसकी माँ प्रेमिका में कमी देख सकती है, पर प्रेमी को उसमें कोई कमी नज़र नहीं आती। माँ कहती है, 'बेटे, क्या तुम्हें पता है कि वह पाँच साल तक मनोचिकित्सक की निगरानी में रही है?' बेटा हँसकर जवाब देता है, 'पर माँ, उस बात को तो तीन महीने हो चुके हैं।' उसके दोस्त भी कमियाँ देख सकते हैं पर वे उसे तब तक नहीं बताते, जब तक वह ख़ुद इस बारे में उनसे न पूछे। इस बात के अवसर बहुत कम हैं कि अपनी प्रेमिका के बारे में वह अपने दोस्तों की राय लेगा, क्योंकि उसकी नज़र में तो वह आदर्श तथा परिपूर्ण स्त्री है और इसलिए वह दूसरों की राय की परवाह नहीं करता।

शादी से पहले हमारे सपने वैवाहिक आनंद के होते हैं, 'हम एक-दूसरे को पूरी तरह ख़ुश रखेंगे। दूसरे पति-पत्नी लड़-झगड़ सकते हैं पर हम नहीं, क्योंकि हम एक-दूसरे से सच्चा प्यार करते हैं। ज़ाहिर है कि हम पूरी तरह बुद्धू नहीं होते। बौद्धिक स्तर पर हम जानते हैं कि हममें मतभेद तो होंगे। पर हम यह तय कर लेते हैं कि हम मतभेदों पर खुलेपन से विचार-विमर्श कर लेंगे। हममें से एक हमेशा झुकने के लिए तैयार रहेगा और हम किसी न

किसी नतीजे पर पहुँच सकेंगे। जब आप प्यार में दीवाने हो जाते हैं तो आपके लिए किसी और बात में विश्वास करना कठिन होता है।

हमें यह यक़ीन दिलाया जाता है कि अगर हममें सच्चा प्रेम है तो यह हमेशा कायम रहेगा। हमारे प्रेम में सदा वही अद्भुत रोमांच और खुमार बना रहेगा जो इस क्षण है। हमारे बीच कोई भी, कभी भी नहीं आ सकता। एक-दूसरे के प्रति प्यार से बढ़कर हमारे लिए और कोई भी चीज़ नहीं हो सकती। हम एक-दूसरे की सुंदरता और आकर्षण में आसक्त तथा बंधे रहते हैं। हमारा प्रेम हमारी जिंदगी का सबसे अद्भुत अनुभव नज़र आता है। हम जानते हैं कि कई विवाहित दंपतियों का प्रेम कम हो गया है, पर हमें यह मुग़ालता भी रहता है कि ऐसा हमारे साथ नहीं होगा, 'हो सकता है उनका प्रेम सच्चा न हो', हम तर्क देते हैं।

दुर्भाग्य से 'प्रेम की दीवानगी' के अनुभव की अमरता एक कपोलकल्पना है, तथ्य नहीं। मनोवैज्ञानिक डॉ. डोरोथी तेनोव ने 'प्रेम की दीवानगी' की अवस्था पर गहरा अध्ययन और शोध किया है। दर्जनों दंपतियों के अध्ययन के बाद उन्होंने यह निष्कर्ष निकाला कि रोमांटिक दीवानगी का दौर औसतन दो साल तक ही चलता है। अगर यह प्रेम प्रसंग छुप-छुपकर चल रहा है तो यह अवधि थोड़ी ज़्यादा हो सकती है। बहरहाल, उसके बाद हम बादलों से नीचे उतरकर एक बार फिर धरती पर आ जाते हैं। अब हमारी आँखों के सामने से दीवानगी का परदा हट जाता है और हम सामने वाले के चेहरे के मस्से को देख सकते हैं। हमें जल्दी ही पता चल जाता है कि उसकी कई आदतों से हमें चिढ़ होती है, कि उसकी कई हरक़तों पर हमें गुस्सा आता है। हम यह भी जान जाते हैं कि सामने वाला हमारे दिल को ठेस पहुँचा सकता है, गुस्सा दिला सकता है, कड़वी बातें बोल सकता है और हमारी बुराई कर सकता है। प्रेम के दौरान जिन छोटी-छोटी बातों को हमने अनदेखा कर दिया था, वही दोष अब पहाड़ से नज़र आते हैं। हम अपनी माँ के शब्दों को याद करते हैं और खुद से पूछते हैं, *'मैंने इतनी बड़ी मूर्खता कैसे कर दी?'*

विवाह की असली दुनिया में आपका स्वागत है, जहाँ सिंक पर हमेशा बालों का गुच्छा मिल जाता है और शीशे पर छोटे-छोटे सफ़ेद धब्बे; जहाँ झगड़े इस बात पर शुरू होते हैं कि किस तरफ़ से टिशू पेपर फाड़ा जाना चाहिए और ढक्कन खुला रहना चाहिए या बंद। यह एक ऐसी दुनिया है जहाँ जूते अपने आप चलकर अलमारी तक नहीं पहुँचते, न ही दराज़ अपने आप बंद होते हैं, जहाँ कोट हैंगर को पसंद नहीं होते और मोजे लांड्री के दौरान कभी गायब हो जाते हैं, कभी सिकुड़ जाते हैं। इस दुनिया में एक टेढ़ी नज़र दुख पहुँचा सकती है और एक तीखा शब्द हमारे दिल में घुसकर घाव कर सकता है। असावधानी की दशा में रहें तो अंतरंग प्रेमी पलक झपकते ही कट्टर शत्रु बन सकते हैं और विवाह एक रणभूमि बन सकता है।

'प्रेम की दीवानगी' के अनुभव का क्या हुआ? ओह, यह सिर्फ़ छलावा था, मृगमरीचिका थी, जिसने हमें विवाह की वेदी पर लाकर खड़ा कर दिया, अब अंजाम चाहे अच्छा हो या बुरा। कोई हैरत की बात नहीं है कि जिस जीवनसाथी को कुछ साल पहले तक आप बेइंतहा प्यार करते थे, उसी को आप बार-बार कोसते हैं, जिस शादी के लिए आप लालायित और व्यग्र थे, उसी से पीछा छुड़ाने की बातें सोचने लगते हैं। अगर हमें

धोखा दिया गया है तो हमें नाराज़ होने का पूरा हक़ है। पर क्या हमें 'सच्चा' प्यार हुआ था? मुझे लगता है, हाँ समस्या थी ग़लत जानकारी।

ग़लत जानकारी यह थी कि 'प्रेम की दीवानगी' अनंत काल तक चलती रहेगी। हमें इश्क की हक़ीक़त पता होना चाहिए थी। सामान्य सोच-विचार से हमें यह ज्ञान हो जाना चाहिए था कि अगर सभी लोग प्यार में पागल बने रहते, तो हम सब बड़ी मुश्किल में फँस गए होते। बिज़नेस, उद्योग-धंधे, चर्च, शिक्षा और समाज का बाक़ी सारा काम-काज ठप्प हो गया होता। क्यों? क्योंकि जो प्यार में पागल होते हैं उनका मन दूसरे कामों में नहीं लगता है। इसीलिए तो प्यार को दीवानगी का नाम दिया गया है। कॉलेज का विद्यार्थी प्यार के सागर में डूब जाता है, नतीजा यह निकलता है कि वह परीक्षा में फेल हो जाता है। जब आप प्यार में पागल होते हैं तो पढ़ने में आपका दिल कैसे लग सकता है? कल 1812 के युद्ध पर परीक्षा होने वाली है, पर 1812 के युद्ध की परवाह किसे है? जब आप प्यार करते हैं तो प्यार और प्रेमिका के अलावा हर चीज़ आपको बेमानी, गैर-जरूरी और बक़वास लगती है। एक आदमी ने मुझसे कहा, 'डॉ. चैपमैन, मेरा काम धीरे-धीरे ठप्प हो रहा है।'

मैंने पूछा, 'इसका क्या मतलब है?'

'मैं इस लड़की से मिला, उसके प्रेम में पड़ गया और अब मुझसे कोई भी काम नहीं होता। मेरा अपने काम में ज़रा भी मन नहीं लगता। मैं सारा दिन बस उसी के सपने देखता रहता हूँ।'

प्यार की अवस्था का स्वर्गिक अनुभव हमें इस भ्रम में डाल देता है कि हमारे संबंध अंतरंग हैं। हमें ऐसा लगता है कि हम एक-दूसरे से पूरी तरह जुड़ चुके हैं। हमें यक़ीन होता है कि हम सारी समस्याओं से जूझ सकते हैं और हर मुश्किल पर विजय हासिल कर सकते हैं। हम एक-दूसरे के प्रति सहृदय हो जाते हैं। जैसा एक युवक ने अपनी मंगेतर के बारे में कहा, 'मैं उसे दुख देने की कल्पना भी नहीं कर सकता। मेरी एकमात्र इच्छा उसे सुखी रखना है। मैं उसे सुखी बनाने के लिए कुछ भी कर सकता हूँ।' यह दीवानगी हमें इस बात का झूठा एहसास दिलाती है कि हमारे अहं के विचारों का समूल नाश हो चुका है और हम एक तरह से मदर टेरेसा बन गए हैं जो अपने प्रेमी के हित के लिए किसी भी तरह का त्याग करने के लिए तत्पर है। इसके पीछे हमारा यह दृढ़ विश्वास होता है कि हमारा प्रेमी भी हमारे लिए ऐसी ही भावनाएँ रखता होगा। हमें पूरा भरोसा होता है कि वह भी हमारी ज़रूरतों को पूरा करने के लिए कृतसंकल्प है कि वह भी हमसे उतना ही प्रेम करता है जितना हम उससे करते हैं और वह भी हमें जिंदगी में कभी दुख नहीं पहुँचाएगा या पहुँचाएगी।

इस तरह के विचार कोरी कल्पना हैं। ऐसा इसलिए नहीं है कि इन्हें सोचते या महसूस करते वक्त हम संजीदा नहीं होते, बल्कि इसलिए है कि ऐसे विचार यथार्थ के धरातल पर नहीं होते। हम इंसान के स्वभाव की हक़ीक़त को नज़रअंदाज़ कर देते हैं। प्रकृति से हम सभी आत्मकेंद्रित होते हैं। हमारी दुनिया हमारे ही चारों तरफ़ घूमती है। हममें से कोई भी पूरी तरह परोपकारी नहीं होता। 'प्रेम में' होने का स्वर्गिक अनुभव हमें सिर्फ़ इसका भ्रम देता है।

एक बार प्रेम की दीवानगी का दौर निकल जाये (याद रखिए, प्रेम की दीवानगी का दौर औसतन दो साल तक चलता है) तो हम असली दुनिया में लौट आते हैं और अपने व्यक्तित्व के लचीलेपन को समाप्त कर देते हैं। पति अपनी इच्छाएँ अभिव्यक्त करता है पर उसकी इच्छाएँ पत्नी की इच्छाओं से अलग होती हैं। वह सेक्स चाहता है, पर पत्नी थकी हुई है और उसका मूड नहीं है। वह नई कार खरीदना चाहता है पर पत्नी कहती है, 'यह तो बेवकूफ़ी होगी।' पत्नी अपने मायके जाना चाहती है पर पति कहता है, 'मुझे तुम्हारे परिवार के साथ इतना समय बिताना बिलकुल पसंद नहीं है।' पति सॉफ़्टबॉल टूर्नामेंट में खेलना चाहता है पर पत्नी कहती है, 'तुम्हें मुझसे ज़्यादा प्रेम सॉफ़्टबॉल से है।' धीरे-धीरे अंतरंगता का भ्रम काफ़ूर हो जाता है और व्यक्तिगत इच्छाएँ, भावनाएँ, विचार और व्यवहार के पैटर्न प्रबल होते जाते हैं। अब वे एक नहीं, बल्कि दो व्यक्ति हैं। उनके मस्तिष्क एकाकार नहीं रह गए हैं। उनकी भावनाएँ प्रेम के समुद्र में एक साथ नहीं मिलतीं। अब वास्तविकता की लहरें उन्हें एक-दूसरे से दूर करना शुरू कर देती हैं। वे प्रेम की मरीचिका से बाहर निकल आते हैं और इस बिंदु पर या तो वे एक-दूसरे से कट जाते हैं, अलग हो जाते हैं, तलाक़ ले लेते हैं और 'प्रेम में पड़ने' के एक नए अनुभव की खोज करने लगते हैं या फिर वे एक-दूसरे को प्रेम करना सीखने की कठोर मेहनत शुरू कर देते हैं, एक ऐसा प्रेम जिसमें प्रेम की दीवानगी का स्वर्गिक अनुभव नहीं होता।

प्रेम की दीवानगी का अनुभव न तो हमारे विकास,
न ही सामने वाले व्यक्ति के विकास पर केंद्रित होता है।
इसके बजाय यह हमें आभास देता है कि
हमें अपनी मंज़िल मिल गई है।

मनोविश्लेषक एम. स्कॉट पेक और मनोवैज्ञानिक डोरोथी तेनोव सहित कई शोधकर्ताओं का निष्कर्ष है कि प्रेम की दीवानगी के अनुभव को प्रेम का नाम दिया ही नहीं जाना चाहिए। डॉ. तेनोव ने इसके लिए 'लिमरेन्स' शब्द ईजाद किया है ताकि इसे सच्चे प्रेम से अलग किया जा सके। डॉ. पेक के अनुसार प्रेम की दीवानगी को तीन कारणों से सच्चा प्रेम नहीं कहा जा सकता है। पहला, प्रेम में पड़ना हमारे हाथ में नहीं होता। इसमें हमारी इच्छा या चुनाव की सचेतन प्रक्रिया काम नहीं करती। हम प्रेम में पड़ना चाहते हुए भी प्रेम में नहीं पड़ सकते, चाहे हम इसके लिए कितनी ही कोशिश क्यों न करें? दूसरी तरफ, हम प्रेम में पड़ने से कितना भी बचें, पर हम प्रेम में पड़ ही जाते हैं। प्रायः, हम अचानक ही, असमय ही और अनजाने-अनचाहे लोगों के प्रेम में पड़ जाते हैं।

दूसरे, प्रेम में पड़ना असली प्रेम नहीं होता, क्योंकि यह प्रयासरहित होता है। हम प्रेम के उन्माद में जो भी करते हैं उसमें हमें जरा भी अनुशासन या सचेतन प्रयास की ज़रूरत नहीं

होती। एक-दूसरे को किए गए लंबे, महँगे फ़ोन कॉल, एक-दूसरे को देखने के लिए की गई लंबी यात्राएँ, क़ीमती उपहार जो हम देते हैं, जो काम हम एक-दूसरे के लिए करते हैं उनमें लगने वाला पैसा और मेहनत हमारे लिए अप्रासंगिक होते हैं। जिस तरह पक्षी स्वाभाविक रूप से इंद्रियों के स्वभाव के अनुरूप घोंसला बनाते हैं, उसी तरह प्रेम की दीवानगी हमसे एक-दूसरे के लिए अजीबोग़रीब रोमांचक काम करवाती है।

तीसरे प्रेम की दीवानगी में पड़ा व्यक्ति सामने वाले इंसान के व्यक्तिगत विकास को बढ़ावा देने में असली दिलचस्पी नहीं लेता है। जब हम प्रेम में पड़ते हैं तो अगर हमारे दिमाग़ में कोई लक्ष्य या उद्देश्य होता है तो वह यह होता है कि हम अपने अकेलेपन को दूर करना चाहते हैं और शायद ऐसा विवाह के द्वारा करना चाहते हैं।'[1]

प्रेम की दीवानगी का अनुभव न तो हमारे विकास, न ही सामने वाले व्यक्ति के विकास पर केंद्रित होता है। इसके बजाय यह हमें आभास देता है कि हमें अपनी मंज़िल मिल गई है और हमें विकास करने की ज़रूरत नहीं है। हम ज़िंदगी में सुख के माउंट एवरेस्ट पर खड़े होते हैं और हमारी एकमात्र इच्छा यहीं बने रहने की होती है। निश्चित रूप से हमारी प्रेमिका को भी विकास की ज़रूरत नहीं होती, क्योंकि वह हमारी नज़र में आदर्श महिला होती है। हम यही चाहते हैं कि वह आदर्श महिला बनी रहे।

अगर प्रेम में पड़ने की दीवानगी असली प्रेम नहीं है तो फिर असली प्रेम क्या है? डॉ. पेक का निष्कर्ष है कि यह कामुक व्यवहार का प्रकृति द्वारा निर्धारित ऐंद्रिक अंग है। दूसरे शब्दों में यह अहं की दीवारों का क्षणिक गिरना है। प्रेम में पड़ना हमारे आंतरिक सेक्स आवेगों और बाह्य सेक्स प्रेरकों का मिलन है जो जोड़े के मिलने की संभावना को बढ़ाता है और मानव जाति के वंश को आगे बढ़ाता है।'[2]

चाहे हम इस निष्कर्ष से सहमत हों या न हों, जो भी प्रेम की दीवानगी में पड़े हैं और इससे उबरे हैं, वे इस बात से अवश्य ही सहमत होंगे कि यह अनुभव हमें ऐसे अनूठे भावनात्मक आकाश में ले जाता है जो हमने इससे पहले कभी भी अनुभव नहीं किया था। इससे हमारी तार्किक और बौद्धिक क्षमता कम हो जाती है और हम खुद को ऐसी चीजें करते और ऐसी बातें कहते हुए पाते हैं जो हम संजीदा क्षणों में कह या कर नहीं सकते। दरअसल जब हम अपनी भावनात्मक दीवानगी से उबरते हैं तो हम अक्सर सोचते हैं कि हमने ऐसा क्यों किया, जब भावनाओं का तूफ़ान थमता है और हक़ीक़त की ज़मीन पर क़दम पड़ते हैं तो हमारे बीच के मतभेद उभरकर सामने आ जाते हैं और लगभग हम सभी खुद से यह सवाल पूछते हैं, 'हमने शादी की ही क्यों थी? हम किसी बात पर भी तो एकमत नहीं हो पा रहे हैं।' और मजे की बात यह है कि प्रेम की दीवानगी के चरम क्षणों में हमें लगता था कि हम हर बात पर एकमत थे- कम से कम हर महत्वपूर्ण बात पर।

क्या इसका अर्थ यह है कि प्रेम की दीवानगी के भ्रम में फँसकर हम शादी के जाल में उलझ जाते हैं। अब हमारे पास दो विकल्प होते हैं: (1) हम अपने जीवनसाथी के साथ दुख भरी जिंदगी काटने के लिए मज़बूर हो जाएँ या (2) हम अपने जहाज़ को बदलकर किसी दूसरे जहाज़ पर चढ़ जाएँ। हमारी पीढ़ी ने दूसरा विकल्प चुना है जबकि पहले की

पीढ़ियों ने पहला विकल्प चुना था। इसके पहले कि हम अपने आप यह निष्कर्ष निकाल ले कि हमने सही विकल्प चुना है, हमें आंकड़ों का विश्लेषण कर लेना चाहिए। फिलहाल इस देश में हुई पहली शादियों में से 40 प्रतिशत तलाक़ में समाप्त होती हैं। इसी तरह दूसरी शादियों का 60 प्रतिशत और तीसरी शादियों का 75 प्रतिशत तलाक़ पर ख़त्म होता है। स्पष्ट रूप से आँकड़े दूसरी और तीसरी शादियों में ज़्यादा सुख मिलने की हमारी कल्पना का समर्थन नहीं करते।

शोध से पता चलता है कि एक तीसरा और बेहतर विकल्प है: हम 'प्रेम की दीवानगी की हक़ीक़त को मान लें, यह जान लें कि यह क्षणिक भावनात्मक आवेग है और इसके बाद अपने जीवनसाथी के साथ असली प्रेम की शुरुआत करें। इस तरह का प्रेम भावनात्मक प्रकृति का होता है पर यह दीवानगी की श्रेणी में नहीं आता। यह प्रेम बुद्धि और भावना के तालमेल से उपजता है। यह इच्छा से किया जाने वाला काम है और इसमें अनुशासन ज़रूरी है, साथ ही यह व्यक्तिगत विकास की आवश्यकता को भी रेखांकित करता है। हमारी सबसे मूलभूत भावनात्मक ज़रूरत प्रेम की दीवानगी नहीं है, बल्कि दूसरे व्यक्ति द्वारा सचमुच चाहा जाना है, वह प्रेम जो इंद्रियों द्वारा नहीं बल्कि तर्क और चुनाव द्वारा विकसित हुआ है। 'मुझे ज़रूरत है ऐसे व्यक्ति के प्रेम की, जो मुझे प्रेम करने का विकल्प चुनता है और मुझमें प्रेम करने क़ाबिल कोई बात देखता है।'

इस तरह के प्रेम में प्रयास और अनुशासन की ज़रूरत होती है। यह अपनी इच्छा से सामने वाले व्यक्ति को फ़ायदा पहुँचाने की कोशिश होती है। इस प्रेम में हम यह जानते हुए प्रेम करते हैं कि हमारी कोशिश से सामने वाले व्यक्ति का जीवन समृद्ध हो जाएगा और इससे हमें संतोष का अनुभव भी होता है –यह संतोष कि हम एक–दूसरे से असली प्रेम करते हैं। इसमें 'प्रेम की दीवानगी' का स्वर्गिक अनुभव होना ज़रूरी नहीं है। दरअसल सच्चा प्रेम तब तक शुरू हो ही नहीं सकता जब तक कि 'प्रेम की दीवानगी' खत्म नहीं हो जाती।

बौद्धिक और संकल्प पर आधारित प्रेम...
प्रेम का ऐसा प्रकार है जिसका उपदेश संतों ने हमें
प्राचीन काल से दिया है।

जो अच्छे और उदारता के काम हम प्रेम की दीवानगी में करते हैं, उनके लिए हम ज़िम्मेदार नहीं होते, इसलिए हम उनका श्रेय भी नहीं ले सकते। उस समय हम इंद्रियों के वशीभूत होकर ऐसे काम कर जाते हैं जो हमारे सामान्य व्यवहार से अलग होते हैं। पर अगर हम एक बार मानवीय चयन के वास्तविक संसार में आते हैं और हम अच्छे तथा उदारता के काम करने का विकल्प चुनते हैं तो यही असली प्रेम है।

अगर हमें भावनात्मक रूप से स्वस्थ रहना है तो प्रेम की हमारी भावनात्मक ज़रूरत पूरी होना चाहिए। विवाहित वयस्क अपने जीवनसाथी से प्रेम और दुलार की इच्छा रखते हैं। जब हमें यह भरोसा होता है कि हमारा जीवनसाथी हमें स्वीकार करता है, चाहता है और हमारी भलाई के लिए प्रतिबद्ध है तो हम सुरक्षित अनुभव करते हैं। 'प्रेम की दीवानगी' वाली अवस्था के दौरान हमने इन सभी भावनाओं को महसूस किया है। जब तक वह दौर चला, तब तक सब कुछ स्वर्गिक था। हमारी गलती यह सोचने में थी कि यह दौर हमेशा चलता रहेगा।

पर यह दीवानगी हमेशा चलने वाली नहीं थी। विवाह की पाठ्यपुस्तक में दीवानगी तो सिर्फ़ प्रस्तावना है। पुस्तक का मूल पाठ तो बौद्धिक और संकल्प पर आधारित प्रेम है। यह प्रेम का ऐसा प्रकार है जिसका उपदेश संतों ने हमें प्राचीन काल से दिया है। यह इच्छा और इरादे से किया जाता है।

यह उन विवाहित दंपतियों के लिए अच्छी खबर है जिनमें प्रेम की दीवानगी ख़त्म हो चुकी है। अगर प्रेम को चुनना है तो दीवानगी का दौर ख़त्म होने और असली दुनिया में लौटने के बाद भी उनमें प्रेम करने की क्षमता होती है। इस तरह का प्रेम एक इरादे से शुरू होता है- सोचने के तरीके से। प्रेम एक विचार है, रवैया है, इरादा है जो कहता है, 'मैंने तुमसे विवाह किया है और मैं तुम्हारी रुचियों का समर्थन करने का विकल्प चुनता हूँ।' जो प्रेम को इस तरह चुनता है, वह अपने फ़ैसले को अभिव्यक्त करने के सही तरीक़े ढूँढ ही लेता है।

कुछ लोग तर्क दे सकते हैं, 'पर यह इतना नीरस लगता है कि प्रेम एक इरादा है जिसमें उचित व्यवहार अपेक्षित है। वे गिरते तारे, गुब्बारे, गहरे भाव कहाँ चले गए? वह मिलने की बेताबी, आँखों का मिलना, चुंबन की बिजली, सेक्स का नशा कहाँ है? वह भावनात्मक सुरक्षा का आभास, कि मैं उसकी यादों में नंबर वन पर हूँ, कहाँ है? यह पुस्तक इन सब चीज़ों के बारे में है। किस तरह हम एक-दूसरे के दिल में छुपी प्रेम किए जाने की गहरी भावनात्मक ज़रूरत को पूरा करते हैं? अगर हम ऐसा करना सीख सकते हैं और ऐसा करने का निश्चय करते हैं तो जो प्रेम हम एक-दूसरे से करते हैं, वह दीवानगी की अवस्था से भी आगे तक जाएगा।

कई सालों से मैं अपने विवाह सेमिनारों और निजी परामर्श में पाँच भावनात्मक प्रेमभाषाओं का प्रयोग कर रहा हूँ। जो आप पढ़ने जा रहे हैं, हज़ारों दंपति इसकी सफलता के जीते-जागते गवाह हैं। मेरी फ़ाइलों में ऐसे कई लोगों के पत्र हैं जिनसे मैं कभी नहीं मिला, 'मेरे एक दोस्त ने मुझे प्रेमभाषाओं पर आपका टेप दिया और इसने हमारी शादी-शुदा जिंदगी में क्रांतिकारी परिवर्तन ला दिया। हम सालों से एक-दूसरे से प्रेम करने के लिए संघर्ष कर रहे थे, पर हमारी कोशिशों में कुछ न कुछ कमी थी। अब हम एक दूसरे की प्रेमभाषाएँ बोलने लगे हैं, इसलिए हमारे विवाह का भावनात्मक धरातल पूरी तरह बदल गया है।'

जब आपके जीवनसाथी का भावनात्मक लव टैंक भरा होता है और वह आपके प्रेम में सुरक्षा का अनुभव करता है तो पूरी दुनिया रंगीन नज़र आने लगती है और आपका

जीवनसाथी अपने जीवन की ऊँचाइयों पर पहुँच जाता है। पर अगर लव टैंक ख़ाली है और उसे लगता है कि प्रेम नहीं किया जा रहा है तो पूरी दुनिया अँधेरी नज़र आती है और वह जीवन में ऊँचाइयों को नहीं छू पाता। अगले पाँच अध्यायों में मैंने पाँच भावनात्मक प्रेमभाषाओं को स्पष्ट किया है और अध्याय नौ में यह बताया है कि किस तरह अपने जीवनसाथी की प्राथमिक प्रेमभाषा खोजने से आपका प्रेम अधिक सार्थक और सुखद बन सकता है।

नोट्स

1. एम. स्कॉट पेक, द *रोड लेस ट्रैवल्ड* (न्यूयॉर्क, साइमन एंड शस्टर, 1978), पृष्ठ 89-90
2. वही, पृष्ठ 90

प्रेम की पाँच भाषाएँ
सकारात्मक शब्द
प्रतिबद्ध समय
उपहार लेना
सेवा के कार्य
शारीरिक स्पर्श

अध्याय 4

प्रेमभाषा # 1 : सकारात्मक शब्द

मार्क ट्वेन ने एक बार कहा था, 'मैं एक अच्छी प्रशंसा पर दो माह तक सुख से जी सकता हूँ।' अगर हम ट्वेन को शब्दशः लें तो हर साल छह अच्छी तारीफ़ों से हमारा भावनात्मक लव टैंक भरा रहेगा। आपके जीवनसाथी को शायद थोड़ी ज़्यादा तारीफ़ की ज़रूरत होगी।

भावनात्मक प्रेम शब्दों के माध्यम से भी व्यक्त किया जा सकता है। प्राचीन हिब्रू बौद्धिक साहित्य के लेखक सोलोमन ने लिखा है, 'जीभ में जीवन और मृत्यु प्रदान करने की शक्ति निहित होती है।'[1] कई दंपतियों ने एक-दूसरे को संबल देने के लिए शब्दों की इस प्रचंड शक्ति का दोहन करना सीखा ही नहीं। सोलोमन ने यह भी कहा है, 'एक दुखी हृदय मनुष्य को नीचे गिराता है, पर एक अच्छा शब्द मनुष्य को ऊपर उठाता है।'[2]

शब्दों की प्रशंसा या प्रशंसा के शब्द प्रेम के सशक्त संप्रेषक हैं। तारीफ़ के सीधे-सादे वक्तव्यों में ढेर सारा प्रेम झलक सकता है जैसे :

तुम इस सूट में सुंदर लगती हो।

तुम इन कपड़ों में ग़ज़ब की लग रही हो।

पूरी दुनिया में तुम जैसे आलू कोई नहीं बना सकता। मुझे तुम्हारे हाथ की आलू की सब्ज़ी बेहद पसंद हैं।

मुझे ख़ुशी है कि आज तुम रात में ही बर्तन साफ़ कर रही हो।

धन्यवाद कि आज तुमने बेबी-सिटर को बुला लिया। मैं बताना चाहती हूँ कि मैंने इस बात पर ध्यान दिया है।

कचरा फेंकने के लिए धन्यवाद।

अगर पति और पत्नी इस तरह के प्रशंसा के शब्द नियमित रूप से सुनने लगें तो निश्चित रूप से विवाह का भावनात्मक स्तर ऊँचा उठेगा।

कई साल पहले मैं अपने ऑफ़िस में बैठा था। एक महिला ने हॉल से नीचे आकर पूछा, 'क्या मैं आपसे एक मिनट बात कर सकती हूँ?'

'हाँ, अंदर आइए।'

वह बैठ गई और उसने कहा, 'डॉ. चैपमैन, मेरे सामने एक समस्या है। मैं अपने पति से अपना बेडरूम पेंट नहीं करवा पा रही हूँ। मैं पिछले नौ महीनों से उनके पीछे लगी हुई हूँ। मैंने हर तरह से कोशिश कर ली है फिर भी मैं उनसे बेडरूम पेंट नहीं करवा पाई है।'

मेरे मन में पहले तो यह आया कि मैं उससे कहूँ, *'हे देवी, आप ग़लत जगह पर आ गई हैं। मैं पेंट कांट्रेक्टर नहीं हूँ।* पर मैंने कहा, 'आप मुझे विस्तार से इस बारे में बताएँ।'

उस महिला ने कहा, 'पिछले शनिवार की ही बात लें। आपको याद है। कितना सुहाना दिन था। क्या आप जानते हैं उस रोज़ मेरे पति ने दिन भर क्या किया? ये अपनी कार धोते और चमकाते रहे।'

'तो आपने क्या किया?'

मैंने बाहर जाकर उनसे कहा, 'बॉब, आपकी हरक़तें मेरी समझ में नहीं आती हैं। आज बेडरूम पेंट करने के लिए कितना बढ़िया दिन है और आप अपनी कार धोने में लगे हो।'

'तो फिर उन्होंने बेडरूम पेंट कर दिया?' मैने पूछा।

'नहीं। बेडरूम अब तक पेंट नहीं हुआ है। मेरी समझ में नहीं आ रहा है। कि मैं क्या करूँ?'

मैंने कहा, 'मुझे एक सवाल का जवाब दीजिए। क्या आप कार की सफाई को नापसंद करती हैं?'

'नहीं, परंतु मुझे बेडरूम पर पेंट चाहिए।'

'क्या आपको यक़ीन है कि आपके पति को मालूम है कि आप उनसे बेडरूम पेंट करवाना चाहती है?'

'बिलकुल में पिछले नौ महीनों से उनके पीछे लगी हुई है।'

'मुझे एक और सवाल का जवाब दीजिए। क्या आपके पति अच्छा काम करते हैं?'

'मतलब?'

'जैसे कचरा बाहर फेंकना, आपकी कार की सफाई करना या पेट्रोल भरवाना या बिजली का बिल भरना या अपने कपड़े जमाकर रखना।'

'हाँ,' उसने जवाब दिया, 'वे इनमें से ज़्यादातर काम करते हैं।'

'तो मेरे दो सुझाव हैं। पहला तो यह कि आप दुबारा उनके सामने बेडरूम पेंट करने की बात न करें।' मैंने दोहराया, 'दोबारा यह मुद्दा चर्चा में लाएँ ही नहीं।'

उसने कहा, 'मुझे समझ में नहीं आता कि इससे क्या फ़ायदा होगा?'

प्रेम का लक्ष्य सामने वाले से अपना पसंदीदा काम करवाना नहीं है, बल्कि उसकी भलाई के लिए कुछ काम करना है। यह एक तथ्य है कि जब हमें तारीफ़ मिलती है तो हम ज़्यादा अच्छे काम करने के लिए प्रेरित होते हैं।

''देखिए, आपने मुझे बताया है कि उन्हें मालूम है कि आप उनसे बेडरूम पेंट करवाना चाहती हैं। इसके बाद आपको यह बात बार-बार दोहराने की ज़रूरत नहीं है। वे यह बात पहले से ही जानते हैं। मेरा दूसरा सुझाव यह है कि अगली बार जब भी वे कोई अच्छा काम करें तो आप उनकी तारीफ़ में कुछ शब्द कहें। जब वे कचरा बाहर फेंकने ले जाएँ तो कहें, 'बॉब में आपको बताना चाहती हूँ कि आपके कचरा बाहर फेंकने से मैं ख़ुश हूँ।' यह न कहें, 'अच्छा हुआ आपको कचरा फेंकने की याद तो आई; नहीं तो कुछ दिनों में मक्खियाँ इसे बाहर ले गई होतीं।' जब आप उन्हें बिजली का बिल भरते देखें तो उनके कंधे पर हाथ रखकर कहें, 'बॉब, आपने बिजली का बिल भरा, मैं इसकी सराहना करती हूँ। मुझे पता है कि कई पति यह नहीं करते हैं और मैं आपको यह बताना चाहती हूँ कि मैं आपके इस काम से प्रभावित हूँ।' जब भी वे कोई अच्छा काम करें, हर बार उनकी तारीफ़ में कुछ न कुछ कह दीजिए।''

'मुझे समझ में नहीं आ रहा है कि इन कामों की तारीफ़ से बेडरूम पेंट करवाने का क्या ताल्लुक़ है?'

मैंने कहा, 'आपने मुझसे सलाह मांगी थी। मैंने आपको सलाह दे दी और हाँ, यह मुफ्त की सलाह है।'

जब वह उठकर गई तो ख़ास खुश नहीं थी। तीन हफ़्तों बाद वह मेरे दफ़्तर लौटकर आई और वह प्रफुल्लित थी, 'आपकी सलाह ने जादू कर दिया। मेरा बेडरूम पेंट हो गया।' वह समझ गई थी कि तानों और उलाहनों से ज़्यादा प्रेरणा प्रशंसा के शब्दों से मिलती है।

मैं झूठी तारीफ़ करने की सलाह नहीं दे रहा हूँ ताकि आप अपने जीवनसाथी से अपनी पसंद का काम करवा सकें। प्रेम का लक्ष्य सामने वाले से अपना पसंदीदा काम करवाना नहीं है, बल्कि उसकी भलाई के लिए कुछ काम करना है। यह एक तथ्य है कि जब हमें तारीफ़ मिलती है तो हम ज़्यादा अच्छे काम करने के लिए प्रेरित होते हैं और अपने जीवनसाथी की इच्छानुसार काम करने के लिए तत्पर रहते हैं।

उत्साहवर्धक शब्द

जीवनसाथी की तारीफ़ करना सकारात्मक शब्दों का सिर्फ़ एक प्रकार है। दूसरा प्रकार है उत्साहवर्धक शब्द। उत्साह का अर्थ है हिम्मत दिलाना। हम सभी कहीं न कहीं असुरक्षित महसूस करते हैं। हममें हिम्मत की कमी होती है और इसी कमी के कारण हम कई अच्छे काम करना चाहते हुए भी नहीं कर पाते हैं। आपके जीवनसाथी के भीतर छुपी योग्यता तभी सामने आएगी जब आप उत्साह बढ़ाने वाले शब्दों से उसकी असुरक्षा की भावना को समाप्त कर देंगे।

एलिसन हमेशा से लिखना चाहती थी। अपने कॉलेज के कैरियर के दौरान उसने पत्रकारिता में कुछ कोर्स किए थे। उसने तत्काल समझ लिया था कि लेखन के प्रति उसका रुझान उसके अध्ययन के विषय इतिहास से कहीं प्रबल था। अब विषय बदलने के लिए काफ़ी देर हो चुकी थी। पर कॉलेज के बाद और ख़ासकर पहला बच्चा होने से पहले उसने कई लेख लिखे। उसने एक लेख पत्रिका में भी भेजा, पर जब वह लेख अस्वीकृत होकर वापस आ गया तो वह दूसरा लेख भेजने की हिम्मत नहीं जुटा पाई। अब जबकि बच्चे बड़े हो गए थे और उसके पास ज़्यादा समय था. एलिसन फिर से लिख रही थी।

एलिसन के पति कीथ ने शादी के तत्काल बाद एलिसन के लेखन पर ज़्यादा ध्यान नहीं दिया था। वह अपने बिज़नेस की समस्याओं में उलझा हुआ था और व्यापारिक जगत में अपनी पहचान बनाना चाहता था। पर समय गुजरने के साथ-साथ कीथ को यह एहसास हो गया था कि जीवन का गहनतम अर्थ उपलब्धियों में नहीं, बल्कि संबंधों में है। वह एलिसन और उसकी रुचियों पर ज़्यादा ध्यान देने लग गया था। एक दिन उसने एलिसन का एक लेख उठाया और उसे पढ़ने लगा। पूरा लेख पढ़ने के बाद वह एलिसन के पास गया जो एक पुस्तक पढ़ रही थी। उत्साह भरे अंदाज़ में उसने कहा, 'मैं तुम्हारे पढ़ने में खलल नहीं डालना चाहता, पर इतना ज़रूर बताना चाहता हूँ कि मैंने अभी हाल तुम्हारा लेख 'छुट्टियों का अधिकतम लाभ कैसे लें?' पढ़ा है। एलिसन, तुम कितना बढ़िया लिखती हो? इसे तो किसी अच्छी पत्रिका में छपना चाहिए। तुम्हारी लेखन शैली स्पष्ट है। शब्दों से तुमने ऐसी तस्वीरें खींची हैं कि मुझे सब कुछ साफ़-साफ़ दिख रहा था। तुम्हारे लिखने का अंदाज़ अद्भुत है, तुम्हें इस लेख को पत्रिकाओं में भेजना चाहिए।'

'क्या आपको सचमुच ऐसा लगता है? एलिसन ने झिझकते हुए पूछा।

'मैं जानता हूँ कि तुम्हारी लेखनी में दम है। मैं तुम्हें बताए दे रहा हूँ, यह एक शानदार लेख है।' कीथ का जवाब था ।

जब कीथ अपने कमरे में वापस चला गया तो एलिसन ने एकदम पढ़ना शुरू नहीं किया। बंद किताब को अपनी गोद में रखकर वह तीस मिनट तक कीथ की बातों के इर्द-गिर्द अपने सपनों का जाल बुनती रही। वह सोच रही थी कि क्या और लोगों को भी उसकी लेखन शैली पसंद आएगी। उसे वह अस्वीकृति वाला पत्र याद आया जो उसे बरसों पहले मिला था, पर उसने सोचा कि अब वह बदल चुकी है और उसका लेखन भी पहले से बेहतर हो चुका है। उसके अनुभव का दायरा भी विस्तृत हो गया है। अपनी कुर्सी से

पानी पीने के लिए उठने से पहले एलिसन एक फ़ैसला कर चुकी थी। वह अपने लेखों को पत्रिकाओं में भिजवाकर देखेगी कि क्या वे छप सकते हैं।

कीथ के उत्साहवर्धक शब्द चौदह बरस पहले बोले गए थे। तब से अब तक एलिसन के सैकड़ों लेख पत्रिकाओं में छप चुके हैं और अब वह एक पुस्तक भी लिख रही है। यह एक श्रेष्ठ लेखिका है, पर इसके पीछे उसके पति की प्रेरणा थी जो उसे उसके उत्साहवर्धक शब्दों से मिली और उसने लेख छपवाने की दिशा में पहला क़दम उठाया।

शायद आपके जीवनसाथी में भी कोई छुपी हुई प्रतिभा दबी पड़ी हो। हो सकता है वह प्रतिभा उभरने के लिए आपके उत्साहवर्धक शब्दों का इंतज़ार कर रही हो। शायद वह उस प्रतिभा को विकसित करने के लिए किसी कोर्स में भाग लेना चाहती हो। हो सकता है, आपके पति को उस क्षेत्र में सफ़ल व्यक्तियों से मिलने की ज़रूरत महसूस होती है जो उन्हें अगला क़दम उठाने के बारे में मार्गदर्शन दे सकें। आपके उत्साहवर्धक शब्द आपके जीवनसाथी को पहला क़दम उठाने के लिए आवश्यक साहस और प्रेरणा दे सकते हैं।

यह ध्यान रखें कि मैं आपके जीवनसाथी पर दबाव डालकर वह काम करवाने की बात नहीं कर रहा है, जो आप चाहते हैं। मैं यहाँ पर उसे उसकी रुचियों को विकसित करने में प्रोत्साहन देने की बात कर रहा हूँ, उन रुचियों की जो उसमें पहले से ही मौजूद हैं। उदाहरण के तौर पर कुछ पति अपनी पत्नियों पर वज़न कम करने के लिए दबाव डालते हैं। पति कहता है, 'मैं उसका उत्साह बढ़ा रहा है, पर पत्नी को यह आलोचना और निंदा लगती है। आप अपनी पत्नी का उत्साहवर्धन तभी कर सकते हैं, जब वह ख़ुद वजन कम करना चाहती हो। जब तक उसमें यह इच्छा नहीं होगी तब तक आपके शब्द भाषणबाजी की श्रेणी में ही रखे जाएँगे। इस तरह के शब्दों से किसी का उत्साह नहीं बढ़ता। वे हमेशा आलोचना और निंदा के शब्दों के रूप में सुने जाते हैं जिनमें प्रेम नहीं, निंदा झलकती है।

उत्साहवर्धन के लिए अपने जीवनसाथी के नज़रिए से
दुनिया को देखने की ज़रूरत होती है।
हमें सबसे पहले तो यह पता लगाना होगा कि हमारे
जीवनसाथी के लिए क्या महत्वपूर्ण है।

अगर आपकी पत्नी कहती है, 'मुझे लगता है कि इस बार में वज़न कम करने के कोर्स में शामिल हो जाऊँ' तो आपको उसका उत्साह बढ़ाने का मौका मिलता है। उत्साहवर्धक शब्द कुछ इस तरह के हो सकते हैं, 'अगर तुमने फ़ैसला कर ही लिया है तो मैं तुम्हें एक बात बता दूँ। तुम्हें इसमें सफलता ज़रूर मिलेगी। मुझे तुम्हारी यह आदत पसंद है। जब भी तुम कोई काम करने की ठान लेती हो तो उस काम में तुम ज़रूर सफल होती हो। और अगर तुमने वज़न कम करने का सोचा है तो मैं निश्चित रूप से तुम्हारी मदद करने के लिए तैयार

हूँ। पैसों की चिंता बिलकुल मत करना, उसका इंतजाम हम लोग कर लेंगे। इन शब्दों से आपकी पत्नी में वज़न घटाने वाले सेंटर में फ़ोन करने की हिम्मत आ जाएगी। उत्साहवर्धन के लिए अपने जीवनसाथी के नज़रिए से दुनिया को देखने की ज़रूरत होती है। हमें सबसे पहले तो यह पता लगाना होगा कि हमारे जीवनसाथी के लिए क्या महत्त्वपूर्ण है। तभी हम उसका उत्साह बढ़ा सकते हैं। शब्दों के प्रोत्साहन द्वारा हम यह संदेश पहुँचाने की कोशिश करते हैं, 'मैं जानता हूँ। मैं तुम्हारा ध्यान रखता हूँ। मैं तुम्हारे साथ हूँ। मैं किस तरह तुम्हारी मदद कर सकता हूँ?' हम यह बताने की कोशिश कर रहे हैं कि हमें उसमें और उसकी योग्यताओं में विश्वास है। हम प्रशंसा और उत्साह के शब्दों द्वारा यही व्यक्त करते हैं।

हममें से ज़्यादातर में इतनी अधिक सामर्थ्य या क्षमता होती है कि हम अपने जीवनकाल में उसका कुछ हिस्सा ही विकसित कर पाते हैं। जो चीज़ हमें अपने सपनों को हक़ीक़त में बदलने से रोकती है वह है साहस की कमी। एक प्रेम करने वाला जीवनसाथी हमारी प्रतिभा के विकास में महत्वपूर्ण उत्प्रेरक की भूमिका निभा सकता है। निश्चित रूप से उत्साहवर्धक शब्द बोलना आपके लिए मुश्किल हो सकता है। हो सकता है यह आपकी प्राथमिक प्रेमभाषा न हो। आपको इस द्वितीयक भाषा को सीखने में काफ़ी मेहनत करनी पड़ सकती है। यह उस परिस्थिति में ज़्यादा सही है, अगर आप आलोचना और निंदा के शब्दों का ज़्यादा इस्तेमाल करते हैं। पर मैं आपको विश्वास दिला दूँ कि आप जितनी भी मेहनत करेंगे आपको उसके सार्थक परिणाम प्राप्त होंगे।

दयालुतापूर्ण शब्द

प्रेम दयालु होता है। जब हम शब्दों के माध्यम से प्रेम संप्रेषित करते हैं तो हमें दयालुतापूर्ण शब्दों का इस्तेमाल करना चाहिए। एक ही वाक्य के दो अलग-अलग मतलब होते हैं जो उस वाक्य के कहे जाने के अंदाज़ पर निर्भर करते हैं। 'मैं तुमसे प्रेम करता हूँ' - अगर यह वाक्य दयालुता और कोमलता से कहा जाए तो यह प्रेम की वास्तविक अभिव्यक्ति कहलाएगी। पर 'मैं तुमसे प्रेम करता हूँ?' वक्तव्य में प्रश्नवाचक चिन्ह पूरे वाक्य का मतलब बदल देता है। कई बार हमारे शब्द कुछ कहते हैं और उन्हें कहने का हमारा अंदाज़ कुछ और ही कहता है। हम दोतरफ़ा संदेश भेज रहे हैं। इस स्थिति में हमारा जीवनसाथी हमारे शब्दों के बज़ाय हमारे कहने के अंदाज़ के आधार पर हमारे संदेश का अर्थ लगाता है।

'आज रात बर्तन साफ़ करने में मुझे खुशी होगी' अगर कटुतापूर्ण स्वर में कहा जाए तो यह प्रेम की अभिव्यक्ति नहीं होगी। दूसरी तरफ़, हम दयालुतापूर्ण स्वर में दुख, चोट और गुस्से तक को बाँट सकते हैं और यह प्रेम की निशानी होगी। 'मुझे अफ़सोस है कि आज शाम तुमने मेरी मदद नहीं की'- अगर ईमानदारी और दयालुता से कहा जाए तो यह प्रेम की अभिव्यक्ति ही कही जाएगी। बोलने वाला अपने जीवनसाथी को कुछ बताना चाहता है। वह अपनी भावनाएँ बाँटकर अंतरंगता बनाने की कोशिश कर रहा है। वह चोट को बताकर मरहम ढूँढ़ने का मौका तलाश रहा है। यही शब्द अगर तेज़, कर्कश आवाज़ में कहे जाएँ तो यह प्रेम के बज़ाय निंदा और आलोचना दर्शाएँगे।

जिस अंदाज़ में हम अपनी बात कहते हैं, वह बहुत ज़्यादा महत्वपूर्ण होता है। एक प्राचीन संत ने कहा था, 'एक शांत उत्तर क्रोध को दूर भगाता है।' अगर आपका जीवनसाथी गुस्से में है परेशान है तथा कटु शब्दों का प्रयोग कर रहा है और अगर आप प्रेम करने का विकल्प चुनते हैं तो आप उसी की तरह कटु शब्दों का प्रयोग करने के बज़ाय शांत स्वर में जवाब दें। आप उसकी भावनाओं के पीछे छुपे कारणों पर ध्यान दें। यह आपको अपनी चोट, क्रोध और परेशानी के कारणों के बारे में बताना चाहता है। आप खुद को उसकी जगह पर रखकर देखें, उसकी आँखों से घटनाओं को देखें और फ़िर यह समझने की कोशिश करें कि वह इतना उदास और क्रोधित क्यों है। इसके बाद आप उसकी भावनात्मक चोट पर अपने दयालुतापूर्ण शब्दों का मरहम रखें। अगर आपसे गलती हुई है, तो आप अपनी गलती मानते हुए उससे माफ़ी माँग लें। अगर आप ठीक से उसके कारणों को नहीं समझ पाई हैं तो आप अपनी समझ से दयालुतापूर्ण शब्दों का इस्तेमाल करें। आपमें समझ और समझौते की भावनाएँ विकसित होंगी और आप इस तरह उस पर अपना नज़रिया नहीं थोपेंगी। यह परिपक्व प्रेम है-वह प्रेम जो विवाह के विकास का लक्ष्य होना चाहिए।

प्रेम में गलतियों का बहीखाता नहीं रखा जाता। प्रेम में पिछली असफलताओं का हिसाब-किताब भी नहीं किया जाता। हममें से कोई भी आदर्श नहीं होता। विवाह में हम हमेशा सही काम करें यह जरूरी नहीं है। हम सभी ने कई बार अपने जीवनसाथी को भावनात्मक चोट पहुँचाई है। हम अतीत को तो नहीं बदल सकते। हम सिर्फ़ अपनी पिछली ग़लतियाँ मान सकते हैं और कह सकते हैं कि हम गलत थे, हम माफ़ी मांग सकते हैं और भविष्य में वही गलती न दोहराने का निश्चय कर सकते हैं। अपनी गलती मानने और माफ़ी माँगने के सिवा मैं अपनी पत्नी को अतीत में पहुंची भावनात्मक चोटों को कम करने के लिए कुछ भी नहीं कर सकता। जब मेरी पत्नी कोई गलती करती है और सच्चे दिल से माफ़ी माँगती है। तो मेरे पास न्याय या माफ़ी का विकल्प होता है। अगर मैं न्याय का विकल्प चुनता हूँ और उसकी गलती के बदले उसे सजा देता हूँ तो में न्यायाधीश बन जाता हूँ और वह अपराधी। इस स्थिति में अंतरंगता असंभव है। इसके बजाय अगर में माफ़ करने का विकल्प चुनता हूँ तो अंतरंगता का माहौल बन सकता है। माफ करना ही प्रेम का तरीक़ा है।

मैं हैरान हूं कि कितने सारे लोग अपने वर्तमान को अपने अतीत से जोड़कर बर्बाद कर देते हैं। वे गुज़रे हुए कल की असफलताओं को खींचकर आज तक ले आते हैं और इस तरह एक संभावना भरे दिन को नष्ट कर देते हैं। 'मुझे यकीन नहीं होता कि तुमने ऐसा किया था। मुझे नहीं लगता कि मैं यह कभी भूल पाऊँगा। तुम्हें तो अंदाज़ा भी नहीं हो सकता कि तुमने मुझे कितनी चोट पहुँचाई है। मुझे नहीं पता कि तुम ऐसे व्यवहार के बाद इतने आराम से कैसे बैठी हुई हो? तुम्हें तो अपने घुटने टेककर मुझसे क्षमा की भीख माँगना चाहिए। मुझे नहीं लगता कि मैं तुम्हें कभी माफ़ कर पाऊँगा।' ये प्रेम के शब्द नहीं है, बल्कि कटुता, नफ़रत और प्रतिशोध के शब्द हैं।

अगर हमें एक अंतरंग रिश्ता बनाना है तो हमें एक-दूसरे की इच्छाएँ जानने की ज़रूरत है। अगर हम एक-दूसरे को प्रेम करना चाहते है तो हमें यह जानने की ज़रूरत है कि सामने वाला क्या चाहता है।

अतीत की असफलताओं के बारे में जो सबसे बढ़िया चीज़ हम कर सकते हैं, वह यह कि हम उसे इतिहास मान लें। हाँ, ऐसा हुआ था। निश्चित रूप से इससे चोट पहुँची थी। और इससे अब भी चोट पहुँच सकती थी, पर उसने अपनी गलती मानकर आपसे माफ़ी मांग ली है। हम अतीत को तो नहीं मिटा सकते, पर हम इतिहास को स्वीकार अवश्य कर सकते हैं। हम गुजरे हुए कल की असफलताओं से मुक्त होकर आज जीने का संकल्प ले सकते हैं। माफी एक भावना नहीं, प्रतिबद्धता है। यह अपराधी का अपराध जताते रहने के बज़ाय दया दिखाने का विकल्प है। माफ़ी प्रेम की अभिव्यक्ति है। 'मैं तुम्हें प्रेम करता हूँ। मुझे तुम्हारी परवाह है और मैं तुम्हें माफ़ करने का विकल्प चुनता हूँ। हालांकि मेरी भावनाओं को चोट पहुँची है, पर मैं इसे अपने संबंधों के बीच नहीं लाऊंगा। मुझे आशा है कि हम इस अनुभव से सबक लेंगे। अपनी गलती मान लेने से कोई गलत नहीं हो जाता। तुम मेरे जीवनसाथी हो और हम दोनों मिलकर यहाँ से साथ-साथ चलेंगे।' यह शब्द दयालुता के शब्दों की बोली में व्यक्त प्रेम बताते हैं।

नम्र शब्द

प्रेम आग्रह करता है, माँग नहीं। जब मैं अपने जीवनसाथी से कोई माँग करता हूँ तो मैं पालक बन जाता हूँ और वह बालक। यह पालक तीन साल के बच्चे को बता रहा है कि उसे क्या करना चाहिए। यह ज़रूरी है क्योंकि तीन साल के बच्चे में दुनियादारी की समझ विकसित नहीं होती है। शादी में हम दोनों बराबर के वयस्क साझेदार होते हैं। निश्चित रूप से हम संपूर्ण या आदर्श नहीं होते हैं पर हम वयस्क हैं और हम साझेदार हैं। अगर हमें अंतरंग संबंध विकसित करना है तो हमें एक-दूसरे की इच्छाओं को जानने की ज़रूरत है। अगर हम एक-दूसरे को प्रेम करना चाहते हैं तो हमें यह जानने की ज़रूरत है कि सामने वाला व्यक्ति क्या चाहता है।

यह सर्वाधिक महत्व की बात है कि हम किस तरह अपनी इच्छाओं को व्यक्त करते हैं। अगर वे हमारे सामने माँग की तरह आती हैं तो हमने अंतरंगता की संभावना को ही समाप्त कर दिया है और इससे हमारा जीवनसाथी हमसे दूर हो जाएगा। इसके बज़ाय अगर हम अपनी ज़रूरतों और इच्छाओं को आग्रहों की तरह व्यक्त करते हैं तो हम मार्गदर्शन दे रहे हैं, अल्टीमेटम नहीं। एक पति आग्रह करते हुए कहता है, 'तुम्हारे एप्पल पाई की बहुत

याद आ रही है। क्या तुम इस हफ़्ते एप्पल पाई बना सकती हो? मुझे तुम्हारे हाथ के बने एप्पल पाई बहुत पसंद हैं। दूसरी तरफ़ अगर पति कहता है, 'जब से बच्चा हुआ है, तब से तुमने एक बार भी एप्पल पाई नहीं बनाया है। मुझे नहीं लगता कि अगले अठारह सालों में मुझे एप्पल पाई खाने को मिलेगा' तो वह वयस्क नहीं रह जाता बल्कि किशोर की तरह व्यवहार करता है। इस तरह की माँगों से अंतरंगता निर्मित नहीं होती। जो पत्नी कहती है, 'क्या इस सप्ताहांत में आप सफ़ाई करने का समय निकाल पाएँगे' तो वह आग्रह के द्वारा प्रेम व्यक्त कर रही है। पर जो पत्नी कहती है, 'अगर तुमने जल्दी से सफ़ाई नहीं की तो पानी घर से बाहर बहने लगेगा और पड़ोसी पेड़ उगाने लगेंगे!' वह प्रेम की भाषा नहीं बोल रही है बल्कि निरंकुश माँ की भूमिका निभा रही है।

जब आप अपने जीवनसाथी से आग्रह करते हैं तो आप उसकी योग्यताओं और स्वाभिमान को सकारात्मक समर्थन दे रहे हैं। आप वास्तव में यह दर्शा रहे हैं कि उसके पास ऐसा कुछ है या वह कुछ ऐसा कर सकती है जो आपके लिए अर्थपूर्ण और महत्वपूर्ण है। जब आप माँग करते हैं तो आप प्रेमी नहीं, तानाशाह बन जाते हैं। आपका जीवनसाथी सकारात्मक महसूस करने के बजाय बौना महसूस करता है। आग्रह में चयन का तत्व शामिल होता है। आपका साथी आपके आग्रह को स्वीकार भी कर सकता है और अस्वीकार भी, क्योंकि प्रेम का अर्थ ही चुनाव है। यही तो इसे अर्थपूर्ण बनाता है। यह जानना कि मेरी जीवनसाथी मेरे आग्रह के प्रति सकारात्मक रवैया रखती है, भावनात्मक रूप से यह संप्रेषित करता है कि वह मेरी परवाह करती है, मेरा सम्मान करती है, मेरी प्रशंसा करती है और मुझे ख़ुश करने के लिए कुछ करना चाहती है। हम माँगकर भावनात्मक प्रेम प्राप्त नहीं कर सकते। हमारे माँगने पर अगर हमारा जीवनसाथी हमारी माँग पूरी करता है तो वह प्रेम की अभिव्यक्ति नहीं होती। वह भय या अपराध बोध या कोई दूसरी भावना हो सकती है, पर प्रेम नहीं। इस तरह एक आग्रह से प्रेम की अभिव्यक्ति की संभावना बन सकती है जबकि एक माँग उस संभावना को समाप्त कर देती है।

कई बोलियाँ

'सकारात्मक शब्द' पाँच मूलभूत प्रेमभाषाओं में से एक है। इस भाषा के अंदर कई बोलियाँ होती हैं। हमने इनमें से कुछ पर पहले ही चर्चा कर ली है और इससे भी ज़्यादा बोलियाँ होती हैं। इन बोलियों पर बहुत सी किताबें और लेख छप चुके हैं। इन सभी बोलियों में यह समानता होती है कि वे जीवनसाथी का हौसला बढ़ाती हैं। मनोवैज्ञानिक विलियम जेम्स का मानना है कि शायद सबसे प्रबल मानवीय आवश्यकता सराहे जाने की आवश्यकता होती है। सकारात्मक शब्द कई लोगों की इस ज़रूरत की पूर्ति करते हैं। अगर आप शब्दों के प्रयोग में कुशल पुरुष या स्त्री नहीं हैं, अगर यह आपकी प्राथमिक प्रेमभाषा नहीं है, परंतु आप सोचते हैं कि यह आपके जीवनसाथी की प्रेमभाषा हो सकती है तो मैं आपको यह सुझाव देता हूँ कि आप एक डायरी रख लें जिस पर 'सकारात्मक शब्द' शीर्षक लिखा हो। जब भी आप प्रेम पर कोई लेख या पुस्तक पढ़ें, तो उसमें से सकारात्मक शब्दों को

लिख डालें। जब भी आप प्रेम पर कोई भाषण सुनें या किसी मित्र को किसी व्यक्ति के बारे में सकारात्मक कहते सुनें, उन शब्दों को उतार लें। कुछ ही समय बाद आपके पास ऐसे शब्दों की अच्छी ख़ासी लंबी सूची हो जाएगी, जिनका प्रयोग आप अपने जीवनसाथी से प्रेम अभिव्यक्त करने के लिए कर सकेंगे।

आप अपने जीवनसाथी की पीठ पीछे भी उसकी सराहना कर सकते हैं यानी उसकी अनुपस्थिति में उसकी तारीफ़ कर सकते हैं। अंततः कोई न कोई आपके जीवनसाथी को बता देगा और आपको प्रेम का पूरा श्रेय मिल जाएगा। अपनी सास को बताएँ कि आपकी पत्नी कितनी अच्छी है। जब आपकी सास आपकी पत्नी को यह बताएगी कि आपने क्या कहा तो वह बढ़ा-चढ़ाकर बताएगी और आपको और ज़्यादा श्रेय मिलेगा। जब आपकी पत्नी मौजूद हो तो दूसरों के सामने उसके प्रति सकारात्मक शब्दों का प्रयोग करें। जब भी आपको किसी उपलब्धि के लिए सार्वजनिक सम्मान मिले तो यह सुनिश्चित कर लें कि आप इसे अपने जीवनसाथी के साथ बाँटें। आप सकारात्मक शब्द लिखने की कोशिश भी कर सकते हैं। लिखे हुए शब्दों का लाभ यह है कि वे बार-बार पढ़े जा सकते हैं।

मैंने लिटिल रॉक, अरकांसस में सकारात्मक शब्दों और प्रेमभाषाओं के बारे में एक महत्वपूर्ण सबक़ सीखा। बिल और बेट्टी जो के साथ मेरी यात्रा वसंत के सुहावने दिन में थी। वे एक ऐसे घर में रहते थे जहाँ हरी घास, मौसमी फूल. बेहतरीन नज़ारा था, माहौल ख़ुशगवार था। एक बार अंदर घुसने के बाद मैंने पाया कि बेहतरीन माहौल पीछे छूट चुका था। उनकी शादी टूटने की कगार पर थी। शादी के बारह साल और दो बच्चों के बाद वे खुद हैरान थे कि उन्होंने शादी की ही क्यों थी? वे किसी भी बात पर सहमत नहीं हो पाते थे। सिर्फ़ एक बात पर वे दोनों सचमुच सहमत थे और वह यह कि वे दोनों अपने बच्चों से प्यार करते थे। जैसे-जैसे मुझे उनकी कहानी पता चली, मैं यह समझता गया कि बिल काम के पीछे पागल था। उसके पास बेट्टी जो के लिए बिलकुल समय नहीं था। बेट्टी पार्ट टाइम काम करती थी और उसका मुख्य उद्देश्य पैसा कमाना नहीं था, बल्कि घर से बाहर निकलना था। उनका एक-दूसरे से बचने का तरीक़ा फ़ासला बनाए रखना था। वे एक-दूसरे से दूरी बनाए रखने की कोशिश कर रहे थे ताकि उनके मतभेद ज़्यादा बढ़े हुए नज़र न आएँ। पर दोनों के लव टैंक पर 'खाली' शब्द लिखा हुआ था।

उन्होंने मुझे बताया कि वे विवाह परामर्श भी ले रहे थे, पर उससे कोई खास फ़ायदा नहीं हो रहा है। वे मेरे विवाह सेमिनार में भी भाग ले रहे थे और मैं अगले दिन शहर छोड़कर जा रहा था। शायद यह बिल और बेट्टी जो के साथ मेरी आख़िरी मुलाकात थी। मैंने अपने सारे अंडे एक ही बक्से में रखने का निर्णय लिया।

मैंने उन दोनों के साथ अलग-अलग एक घंटा बिताया। मैंने उन दोनों की बातों को ध्यान से सुना। मैंने पाया कि संबंधों के ख़ालीपन और मतभेदों के बावजूद वे दोनों एक-दूसरे के कुछ गुणों की तारीफ़ कर रहे थे। बॉब ने स्वीकार किया, 'माँ के रूप में वह क़ाबिले तारीफ़ है। वह श्रेष्ठ गृहस्वामिनी है और खाना भी अच्छा बनाती है, पर उसकी तरफ़ से मुझे प्रेम का कोई संकेत नहीं मिलता है। मैं दिन-रात काम में लगा रहता हूँ, पर वह कभी मेरी

तारीफ़ ही नहीं करती है।' बेटी जो के साथ मेरी बातचीत में वह सहमत थी कि बिल अच्छे पैसे कमा लेता था। पर उसने शिकायत की, 'वह घर में मेरी मदद करने के लिए कुछ भी नहीं करता और उसके पास मेरे लिए कभी समय नहीं होता। घर, कार और बाकी चीज़ों का क्या फायदा, जब हम दोनों साथ-साथ उनका मज़ा नहीं ले पाएँ ?'

मैंने उन दोनों को एक ही सलाह देने का फ़ैसला किया। मैंने बॉब और बेट्टी को अलग-अलग बताया कि उन दोनों के पास विवाह का भावनात्मक मौसम बदलने की कुंजी मौजूद है, 'वह कुंजी यह है कि सामने वाले व्यक्ति की जिन चीज़ों को आप पसंद करते हैं, उनकी तारीफ़ कर दें और अपनी आलोचना तथा शिकायतों को कहना छोड़ दें।'

हमने एक-दूसरे के बारे में उनके सकारात्मक बिंदुओं की सूची को फ़िर से दोहराया और इनकी लिखित सूची बनाने को कहा। बिल की सूची में बेट्टी की माँ, गृहस्वामिनी और रसोइए की गतिविधियों ख़ास थीं। बेट्टी जो की सूची में बिल की कड़ी मेहनत और आर्थिक समृद्धि ख़ास थीं। हमने इन सूचियों को यथासंभव सुस्पष्ट करने की कोशिश की। बेट्टी जो की सूची इस तरह थी :

- उसने बारह साल में एक दिन भी काम से छुट्टी नहीं ली। वह अपने काम में मेहनती और चुस्त है।
- उसे इन सालों में कई प्रमोशन मिले हैं। वह हमेशा अपनी उत्पादकता सुधारने की तरकीबें सोचता रहता है।
- वह हर महीने घर का किराया चुकाता है।
- वह बिजली, पानी और गैस का बिल भी देता है।
- उसने तीन साल पहले गाड़ी खरीद ली है।
- वह लॉन की घास तराशता है तथा वसंत और गर्मियों में हर हफ्ते किसी को बगीचे की देखभाल के लिए बुलाता है।
- पतझड़ में पत्तियाँ गिरने के मौसम में वह सफ़ाई करने के लिए किसी को बुलाता है।
- परिवार के भोजन और कपड़ों के लिए वह काफ़ी पैसा ख़र्च करता है।
- वह कहता है कि पार्ट टाइम काम से मुझे जो पैसा मिलता है, उसे मैं जिस तरह ख़र्च करना चाहूँ, कर सकती हूँ।

बिल की सूची इस तरह थी :

- वह हर रोज़ बिस्तर लगाती है।
- हर सप्ताह वैक्यूम क्लीनर से घर साफ़ करती है।
- हर सुबह अच्छे नाश्ते के साथ बच्चों को स्कूल भेजती है।

- हर हफ़्ते तीन दिन डिनर बनाती है।
- किराने का सामान ख़रीदती है।
- बच्चों को होमवर्क करने में मदद करती है।
- वह बच्चों को स्कूल और चर्च ले जाती है।
- वह अच्छे संडे स्कूल में पढ़ाती है।
- वह कपड़े धोती है और प्रेस कराती है।

मैंने उन्हें सुझाव दिया कि आगे आने वाले हफ्तों में भी वे जो अच्छी बातें देखें, उसे सूची में बढ़ा दें। मैंने उन्हें हफ्ते में दो बार किसी एक अच्छे पहलू पर अपने जीवनसाथी की तारीफ़ करने का सुझाव दिया। मैंने एक और दिशानिर्देश दिया। मैंने बेट्टी जो से कहा कि अगर बिल उसकी तारीफ़ कर रहा हो तो वह उसी समय उसकी तारीफ़ करना शुरू न करें बल्कि सहजता से प्रशंसा स्वीकार करते हुए कहे, 'ऐसा कहने के लिए धन्यवाद।' मैंने बिल से भी यही कहा। मैंने उन्हें दो माह तक हर हफ्ते इस प्रयोग को करने के लिए कहा और अगर इससे माहौल सुधरे तो इसे बढ़ाया भी जा सकता था। अगर यह प्रयोग विवाह के भावनात्मक मौसम को सुधारने में मददगार साबित न हो तो इसे एक और असफल प्रयास मानकर छोड़ दें।

अगले दिन मैं जहाज़ पर चढ़कर घर लौट गया। दो महीने बाद मेरे मन में बिल और बेट्टी जो को फ़ोन करने का विचार आया। जब मैंने उन्हें फ़ोन किया तो उन दोनों से अलग-अलग बातें कीं। मुझे यह जानकर आश्चर्य हुआ कि बिल का रवैया पूरी तरह बदल चुका था। उसे इस बात का अंदाजा तो हो गया था कि मैंने बेट्टी जो को भी वही सलाह दी थी, जो मैंने उसे दी थी पर इससे उसे कोई अंतर नहीं पड़ा। उसे अच्छा लगा। यह उसकी कड़ी मेहनत और आर्थिक सफलता के लिए उसकी तारीफ़ कर रही थी। 'उसने मुझे एक बार फ़िर से मर्द होने का अहसास कराया। अभी हमें नज़दीक आने के लिए एक लंबा फ़ासला तय करना है, डॉ. चैपमैन, पर मुझे यक़ीन है कि हम एक ही राह पर चल रहे हैं।'

जब मैंने बेट्टी जो से बात की तो मैंने पाया कि उसका रवैया कुछ ख़ास नहीं बदला था। उसने कहा, 'हालात कुछ तो सुधर गए हैं, डॉ. चैपमैन। बिल मेरी तारीफ़ करता है जैसा आपका सुझाव था और मुझे लगता है कि वह मेरी सच्ची तारीफ़ करता है। पर वह अब भी मेरे साथ ज़रा सा भी समय नहीं गुज़ारता। वह अपने काम में इतना व्यस्त रहता है कि हम साथ-साथ नहीं रह पाते।'

जैसे ही मैंने बेट्टी जो की बातें सुनीं, मेरे दिमाग की बत्तियाँ जल उठीं। मुझे मालूम था कि मैंने एक महत्वपूर्ण खोज कर ली है। यह ज़रूरी नहीं है कि एक व्यक्ति की प्रेमभाषा दूसरे व्यक्ति की प्रेमभाषा भी हो। जाहिर था कि बिल की प्राथमिक प्रेमभाषा 'सकारात्मक शब्द थे। वह बहुत मेहनती था और उसे अपने काम में मज़ा आता था। पर वह अपनी पत्नी से अपने काम की तारिफ सुनना चाहता था। यह ज़रूरत शायद उसके बचपन में ही

तय हो चुकी थी और वयस्क जीवन में भी तारीफ की ज़रूरत उसके लिए कम महत्वपूर्ण नहीं थी। दूसरी तरफ़, बेट्टी जो का भावनात्मक दुख कुछ और ही था। तारीफ़ अच्छी बात थी, पर उसकी गहरी भावनात्मक ज़रूरत कुछ और थी। यह हमें प्रेमभाषा क्रमांक दो पर ले जाती हैं।

नोट्स

1. प्रोर्ब्स 18:21
2. प्रोवर्क्स 12:25

प्रेम की पाँच भाषाएँ
सकारात्मक शब्द
प्रतिबद्ध समय
उपहार लेना
सेवा के कार्य
शारीरिक स्पर्श

अध्याय 5

प्रेमभाषा # 2 : प्रतिबद्ध समय

मुझे शुरू से ही बेट्टी जो की प्राथमिक प्रेमभाषा का पता चल जाना चाहिए था। उस रात को जब मैं उससे और बिल से लिटिल रॉक में मिला था। तब उसने क्या कहा था, 'वह पैसे तो खूब कमा लेता है, पर उसके पास मेरे लिए कभी समय नहीं होता। घर, कार और बाक़ी चीज़ों का क्या फ़ायदा जब हम दोनों साथ-साथ उनका मज़ा नहीं ले पाए।' उसकी चाहत क्या थी? बिल के साथ प्रतिबद्ध समय गुज़ारना। वह उसका ध्यान खींचना चाहती थी। वह चाहती थी कि बिल उस पर ध्यान केंद्रित करे, उसे समय दे, उसके साथ मिलकर गतिविधियों में भाग ले।

प्रतिबद्ध समय से मेरा आशय है किसी को पूरा अविभाजित ध्यान देना। सोफ़े पर बैठकर साथ-साथ टी.वी. देखना इस श्रेणी में नहीं आता। जब आप इस तरह समय गुज़ारते हैं, तब आपका ध्यान ए.बी.सी. या बी.बी.सी. चैनल पर लगा होता है, अपने जीवनसाथी पर नहीं। मेरा आशय यह है कि आप सोफ़े पर बैठकर टी.वी. बंद करके एक-दूसरे को देखें और *बातें करें* तथा इस तरह एक-दूसरे को अविभाजित ध्यान दें। इसका अर्थ यह भी है कि आप घूमने जाएँ, या सिर्फ़ आप दोनों किसी होटल में खाना खाने जाएँ और एक-दूसरे की तरफ़ देखते हुए बातें करें। क्या आपने कभी महसूस किया है कि एक रेस्त्राँ में आप लगभग हमेशा एक विवाहित और अविवाहित जोड़े में फ़र्क तत्काल बता सकते हैं? रोमांस कर रहे जोड़े एक-दूसरे की तरफ़ देखते हैं और बातें करते हैं। पति-पत्नी वहाँ बैठकर रेस्त्राँ में चारों तरफ़ देखते हैं, जैसे वे वहाँ सिर्फ़ खाना खाने ही आए हैं, साथ समय गुज़ारना उनका मक़सद नहीं है।

जब मैं सोफे पर अपनी पत्नी के साथ बैठकर उसे बीस मिनट का अविभाजित समय देता हूँ और वह भी इस दौरान अपना पूरा ध्यान मुझ पर एकाग्र करती है तो हम हर दिन एक-दूसरे को अपने जीवन के बीस मिनट दे रहे हैं। ये बीस मिनट हमारी जिंदगी में दोबारा

लौटकर नहीं आने वाले। इस तरह हम एक-दूसरे को अपना जीवन दे रहे हैं। यह प्रेम का सशक्त भावनात्मक संप्रेषक है।

एक दवाई से सारी बीमारियाँ ठीक नहीं हो सकतीं। बिल और बेट्टी जो को सलाह देते समय मुझसे एक ग़लती हुई थी। मुझे लगा था कि प्रशंसा के शब्दों की बेट्टी जो को भी उतनी ही ज़रूरत है जितनी कि बिल को। मुझे आशा थी कि अगर दोनों एक-दूसरे की पर्याप्त प्रशंसा करेंगे तो उनके विवाह का भावनात्मक मौसम सुधर जाएगा और दोनों को यह एहसास होने लगेगा कि उन्हें प्रेम किया जा रहा है। यह दवा बिल के लिए असर कर गई थी। वह बेट्टी जो के प्रति ज़्यादा सकारात्मक महसूस करने लगा था। वह उसकी कड़ी मेहनत के लिए बेट्टी जो की सच्ची तारीफ़ से खुश था। पर यह सलाह बेट्टी जो के लिए कारगर साबित नहीं हुई थी, क्योंकि 'सकारात्मक शब्द' उसकी प्राथमिक प्रेमभाषा नहीं थे। उसकी भाषा थी 'प्रतिबद्ध समय' ।

मैंने फिर फ़ोन किया और बिल को उसके दो माह की कोशिशों के लिए धन्यवाद दिया। मैंने उसे बताया कि उसने बेट्टी जो के प्रति सकारात्मक शब्दों का बढ़िया प्रयोग किया था और उसे इस बात का एहसास है। 'पर डॉ. चैपमैन,' बिल ने कहा, 'वह अब भी कोई ख़ास खुश नज़र नहीं आती। मुझे नहीं लगता मेरे सकारात्मक शब्दों से उसे कोई ख़ास फ़र्क पड़ा है।'

मैंने कहा, 'तुम सही हो और मुझे मालूम है ऐसा क्यों हुआ है। समस्या यह है कि मैंने ग़लत प्रेमभाषा के प्रयोग की सलाह दी थी।' बिल के पल्ले नहीं पड़ रहा था कि मेरा आशय क्या था। मैंने उसे समझाया कि एक व्यक्ति जिस तरह से भावनात्मक प्रेम की अपेक्षा करता है, ज़रूरी नहीं है कि दूसरा व्यक्ति भी उसी तरह से भावनात्मक प्रेम की अपेक्षा करे।

वह सहमत था कि उसकी भाषा थी 'सकारात्मक शब्द'। उसने मुझे बताया कि बचपन से ही वह तारीफ़ सुनना चाहता था और बेट्टी जो के मुँह से अपनी तारीफ़ सुनकर उसे बहुत अच्छा लगा था। मैंने उसे बताया कि बेट्टी जो की प्रेमभाषा 'सकारात्मक शब्द' न होकर 'प्रतिबद्ध समय' थी। मैंने 'प्रतिबद्ध समय' की अवधारणा प्रस्तुत की कि इसमें आप सामने वाले को संपूर्ण अविभाजित समय देते हैं। ऐसा नहीं कि अख़बार पढ़ते हुए या टी.वी. देखते हुए उससे बातें की जाएँ। बल्कि एक-दूसरे की आँखों में आँखें डालकर, उसकी तरफ़ पूरा ध्यान देते हुए, कुछ ऐसा करते हुए जो उसे अच्छा लगे और यह सब पूरे दिल से करने की ज़रूरत है। उसने कहा, 'जैसे उसके साथ सिम्फ़नी सुनने के लिए जाना।' मुझे आभास हुआ कि लिटिल रॉक में प्रेम का उजाला फैलने ही वाला था।

''डॉ. चैपमैन, इसी बात की शिकायत तो वह शुरू से करती आ रही है कि मैं उसके साथ मिलकर काम नहीं करता, उसके साथ समय नहीं बिताता । वह कहती है, 'शादी से पहले हम मिलकर बाहर जाते थे और इकट्ठे सारे काम करते थे, पर अब तुम्हारे पास मेरे लिए वक़्त ही नहीं है।' यह यक़ीनन उसकी प्रेमभाषा है। इसमें कोई शक या सवाल की गुंजाइश ही नहीं है। पर डॉ. चैपमैन इसमें मैं क्या कर सकता हूँ? मेरे काम में वक़्त बहुत लगता है। मुझे काम से फ़ुरसत ही नहीं मिलती।''

अगले दस मिनट तक वह मुझे अपनी व्यावसायिक यात्रा का इतिहास बताता रहा कि किस तरह वह अपने संगठन की सीढ़ियों पर ऊपर चढ़ा, कितने कठोर परिश्रम से उसने उन ऊँचाइयों को छुआ और अपनी उपलब्धियों पर उसे कितना गर्व है। उसने मुझे भविष्य के सपनों के बारे में बताया और यह कहा कि अगले पाँच सालों में वह अपनी मंजिल पा जाएगा, जिसका ख़्वाब वह हमेशा से देखता रहा है।

'क्या तुम उस मंज़िल पर अकेले पहुँचना चाहोगे या बेट्टी जो और बच्चों के साथ?' मेरा सवाल था।

'मैं सबके साथ वहाँ पहुँचना चाहूँगा, डॉ. चैपमैन। मैं चाहता हूँ कि वह सुखी रहे, मेरी सफलता पर ख़ुश हो। इसीलिए तो मुझे तब ठेस पहुँचती है, जब वह काम में ज़्यादा समय गुज़ारने के लिए मेरी आलोचना करती है। यह मैं उसके और बच्चों के लिए ही तो कर रहा हूँ, हम सबके लिए कर रहा हूँ। मैं चाहता हूँ कि वह भी इस काम का एक हिस्सा बने, पर वह इतनी नकारात्मक है।'

'क्या तुम्हें यह पता नहीं चल पाया है कि वह इतनी नकारात्मक क्यों है, बिल?' मैंने पूछा, 'उसकी प्रेमभाषा है 'प्रतिबद्ध समय'। तुमने उसे इतना कम समय दिया है कि उसका लव टैंक बिलकुल ख़ाली है। वह तुम्हारे प्रेम में सुरक्षित महसूस नहीं करती है। इसीलिए वह उस बात पर अपना गुस्सा उतारती है जो उसके हिसाब से तुम्हारा सबसे ज़्यादा समय ले रहा है- तुम्हारा काम। वह वास्तव में तुम्हारे काम से नफ़रत नहीं करती है। उसे शिकायत इस बात से है कि तुम उससे इतना भी प्रेम नहीं करते हो कि उसके लिए कुछ वक़्त निकाल सको। तुम्हारे सारे सवालों का यही सही जवाब है, बिल और यह जवाब बहुत महंगा है। तुम्हें बेट्टी जो के लिए समय निकालना होगा। तुम्हें सही प्रेमभाषा में अपने प्रेम का इज़हार करना होगा।'

'मैं जानता हूँ आप सही कह रहे हैं, डॉ. चैपमैन। मैं कहाँ से शुरू करूँ?'

'क्या तुम्हारे पास वह पैड अभी रखा हुआ है जिस पर हमने बेट्टी जो के सकारात्मक गुणों की सूची बनाई थी?'

'हाँ, बिलकुल पास में ही रखा हुआ है।'

'तो ठीक है। अब हम एक दूसरी सूची बनाने जा रहे हैं। वह क्या चीज़ें हैं जो बेट्टी जो चाहती है कि तुम करो। वह चीज़ें जिनके बारे में वह बरसों से शिकायत कर रही है।

यह रही बिल की सूची

- अपनी गाड़ी से पहाड़ पर चलकर सप्ताहांत गुज़ारना (कभी बच्चों के साथ और कभी बिना बच्चों के सिर्फ़ हम दोनों)
- लंच पर उसके साथ मिलना (किसी अच्छे रेस्त्राँ या मैक्डोनल्ड में)
- बच्चों की आया को बुलाएँ और डिनर के लिए सिर्फ़ हम दोनों बाहर जाएँ।

- जब मैं रात को घर लौटूँ तो उसके साथ बैठकर अपने दिन के बारे में बताऊँ और उसके दिन के बारे में सुनूँ (हमारी बातचीत के दौरान टी.वी. चलना उसे पसंद नहीं है)
- बच्चों को पर्याप्त समय दूँ और उनके स्कूल के अनुभवों के बारे में सुनूँ।
- बच्चों के साथ खेलने में समय गुज़ारूँ।
- शनिवार को उसे और बच्चों को पिकनिक पर ले जाऊँ और चींटियों और मक्खियों के बारे में शिकायत न करूँ।
- परिवार के साथ साल में कम से कम एक बार लंबी छुट्टियाँ मनाने कहीं जाऊँ।
- उसके साथ घूमने जाऊँ और घूमते-घूमते उससे बातें करूँ (घूमते समय उसके आगे-आगे नहीं चलूँ)

'ये वे बातें हैं जिनके बारे में वह बरसों से मुझसे शिकायत कर रही रही है' उसने कहा।

'तुम जानते हो मैं तुम्हें क्या सुझाव देने वाला हूँ, बिल?'

'कहिए', उसने कहा।

'अगले दो माह में हर हफ्ते में एक बार अब तुम बेट्टी जो को लेकर बाहर जाओगे। अब तुम कहोगे समय कहाँ से आएगा। पर तुम समय निकाल ही लोगे। तुम समझदार हो, बिल। अगर तुममें अच्छे निर्णय लेने या योजनाएँ बनाने की क्षमता नहीं होती तो तुम अपने बिज़नेस में इतनी तरक्की नहीं कर सकते थे। तुममें इतनी योग्यता है कि तुम अपने जीवन को सुनियोजित कर सकते हो और बेट्टी जो को अपनी योजनाओं में शामिल कर सकते हो।'

उसका जवाब था, 'हाँ, मैं जानता हूँ कि मैं ऐसा कर सकता हूँ।'

'और बिल, इसका यह मतलब नहीं है कि तुम अपने बिज़नेस के लक्ष्यों को कम कर लो। इसका यह मतलब है कि जब तुम चोटी पर पहुँचो तो बेट्टी जो और बच्चे तुम्हारे साथ हों।'

प्रतिबद्ध समय में ख़ास बात इकट्ठे रहना है।
मेरा अर्थ सिर्फ़ निकटता नहीं है... इकट्ठे रहने का अर्थ है
एक-दूसरे के प्रति केंद्रित एकाग्रता।

'यही तो मैं सबसे ज़्यादा चाहता हूँ। चाहे मैं चोटी पर पहुँचूँ या नहीं, मैं अपनी पत्नी को खुश देखना चाहता हूँ और उसके तथा बच्चों के साथ जिंदगी का मज़ा लेना चाहता हूँ।'

इस बातचीत को कई साल गुज़र गए हैं। बिल और बेट्टी जो चोटी पर पहुँचकर नीचे भी उतर चुके हैं पर महत्वपूर्ण यह है कि उन दोनों ने ऐसा इकट्ठे किया है। बच्चे घोंसला छोड़कर चले गए हैं और बिल तथा बेट्टी जो सहमत हैं कि उनके सबसे बढ़िया साल वही रहे हैं। बिल को सिम्फ़नी का चस्का लग गया है और बेट्टी जो ने बिल की अच्छी बातों की ख़ासी लंबी सूची बना ली है। वह इन प्रशंसनीय बातों को सुनते हुए कभी नहीं थकता। उसने अब अपनी ख़ुद की कंपनी शुरू कर दी है और अब वह फिर से चोटी के क़रीब है। उसके काम से अब बेट्टी जो को कोई तकलीफ़ नहीं होती। वह अब उसके काम को पसंद ही नहीं करती, उसे प्रेरित भी करती रहती है। वह जानती है कि बिल के लिए वह पहले नंबर पर है। उसका लव टैंक पूरा भरा हुआ है और जब यह ख़ाली होने लगता है तो बस उसके कहने भर की देर है, बिल उसे अविभाजित, प्रतिबद्ध समय देना शुरू कर देता है।

इकट्ठापन

प्रतिबद्ध समय में ख़ास बात इकट्ठे रहना है। मेरा अर्थ सिर्फ़ निकटता नहीं है। एक कमरे में बैठे दो लोग निकट होते हैं, पर ज़रूरी नहीं है कि वे इकट्ठे हो, इकट्ठेपन का अर्थ है एक-दूसरे के प्रति केंद्रित एकाग्रता। जब एक पिता फ़र्श पर बैठकर अपने दो साल के बच्चे की तरफ़ गेंद लुढ़काता है तो उसकी एकाग्रता गेंद पर नहीं बल्कि बच्चे पर होती है। उस छोटे से पल में, यह जितने भी समय तक चले, वे इकट्ठे हैं। अगर पिता गेंद फेंकते समय फ़ोन पर बात करने लगे तो उसकी एकाग्रता भंग हो जाती है। कुछ पति और पत्नी सोचते हैं कि वे इकट्ठे समय गुज़ार रहे हैं जबकि हक़ीक़त में वे सिर्फ़ निकट रह रहे हैं। वे एक ही समय में एक ही छत के नीचे रह रहे हैं पर वे इकट्ठे नहीं हैं। वह पति जो टेलीविजन पर खेल देखते हुए अपनी पत्नी से बातें करता है उसे प्रतिबद्ध समय नहीं दे रहा है, क्योंकि उसका पूरा ध्यान और एकाग्रता अपनी पत्नी पर नहीं है।

'प्रतिबद्ध समय' का यह मतलब नहीं है कि हम एक-दूसरे की आँखों में झांकते हुए ही समय गुजारें। इसका मतलब है इकट्ठे कुछ करना और ऐसा करते समय हम अपने जीवनसाथी पर पूरा ध्यान देते हैं। यह गतिविधि उतनी महत्वपूर्ण नहीं है जो हम इकट्ठे कर रहे हैं। महत्वपूर्ण यह है कि हम भावनात्मक रूप से इकट्ठे एक-दूसरे के प्रति एकाग्र होकर प्रतिबद्ध समय गुजार रहे हैं। गतिविधि तो वाहन है जो हमें इकट्ठेपन की मंजिल पर से जाता है। एक पिता जब दो साल के बच्चे को गेंद लुढ़काता है तो यह गतिविधि महत्वपूर्ण नहीं होती, महत्वपूर्ण पिता और पुत्र के बीच निर्मित भावनाएँ होती हैं।

इसी तरह अगर पति और पत्नी इकट्ठे टेनिस खेल रहे हैं और यदि यह प्रतिबद्ध समय है तो उनका ध्यान खेल पर केंद्रित नहीं रहेगा बल्कि इस बात पर रहेगा कि वे इकट्ठे समय बिता रहे हैं। महत्व इस बात का है कि भावनात्मक स्तर पर क्या होता है। किसी साझी गतिविधि में समय गुज़ारना यह दर्शाता है कि हमें एक-दूसरे की परवाह है, कि हम एक-दूसरे के साथ समय गुज़ारना और काम करना पसंद करते हैं।

प्रतिबद्ध वार्तालाप

सकारात्मक शब्दों की ही तरह प्रतिबद्ध समय की भाषा की भी कई बोलियाँ होती है। इनमें सबसे लोकप्रिय बोली है प्रतिबद्ध वार्तालाप की बोली। प्रतिबद्ध वार्तालाप से मेरा मतलब है सहानुभूतिपूर्ण वार्तालाप, जिसमें दो लोग अपने अनुभव, विचार, भावनाएँ और इच्छाएँ एक दोस्ताना पृष्ठभूमि में बांटते हैं। ज़्यादातर लोगों की शिकायत होती है कि उनका जीवनसाथी बातें नहीं करता। उनका यह मतलब नहीं होता कि वह एक शब्द भी नहीं बोलता या बोलती है। उनका मतलब यह होता है कि वह सहानुभूतिपूर्ण वार्तालाप में भाग नहीं लेता है। अगर आपके जीवनसाथी की प्राथमिक प्रेमभाषा प्रतिबद्ध समय है तो सहानुभूतिपूर्ण वार्तालाप उसे यह भावनात्मक एहसास दिलाने के लिए अपरिहार्य है कि उसे चाहा जा रहा है।

प्रतिबद्ध वार्तालाप पहली प्रेमभाषा से बिलकुल अलग है। सकारात्मक शब्दों का ज़ोर इस बात पर होता है कि हम क्या *कह* रहे हैं, जबकि प्रतिबद्ध वार्तालाप का ज़ोर इस बात पर होता है कि हम क्या *सुन* रहे हैं। जब मैं प्रतिबद्ध वार्तालाप के ज़रिए आपसे प्यार का इज़हार करता हूँ और हम वार्तालाप में समय बिताते हैं तो इसका मतलब यह है कि मैं चर्चा के दौरान आपके दिल की बात जानना चाहता हूँ। और आपकी बातों को सहानुभूतिपूर्वक सुनता हूँ। मैं सवाल पूछूंगा और मेरा असली मक़सद आपके विचारों, भावनाओं और इच्छाओं को पूरी तरह जानना होगा।

मैं पैट्रिक से तब मिला, जब वह 43 साल का था और उसकी शादी को सत्रह साल हो चुके थे। मुझे वह इसलिए भी याद है, क्योंकि उसके पहले शब्द बेहद नाटकीय थे। वह मेरे ऑफ़िस की चमड़े की कुर्सी पर बैठा और अपना संक्षिप्त परिचय देने के बाद वह आगे झुका और उसने भावनात्मक अंदाज़ में कहा,

'डॉ. चैपमैन, मैं बहुत बड़ा मूर्ख हूँ, दुनिया का सबसे बड़ा मूर्ख।'

'आप इस नतीजे पर कैसे पहुँचे', मैंने पूछा।

'मेरी शादी को सत्रह साल हो चुके हैं और मेरी पत्नी मुझे छोड़कर चली गई है। अब मुझे यह एहसास हो चुका है कि मैं कितना बड़ा मूर्ख हूँ।'

मैं अपने मूल प्रश्न पर लौट आया, आप इस नतीजे पर कैसे पहुंचे?'

''मेरी पत्नी काम से घर लौटती थी और अपने दफ़्तर की समस्याओं के बारे में मुझे बताती थी। मैं उसकी बातें सुनकर उसे उन समस्याओं को सुलझाने के तरीक़े बताता था। मैं हमेशा उसे सलाह देता रहता था। मैंने उसे बताया कि वह किस तरह समस्या का सामना करे। 'समस्याएँ अपने आप दूर नहीं होतीं। तुम्हें या तो समस्या पैदा करने वालों से बात करनी होगी या फिर अपने सुपरवाइज़र से बात करना होगी। तुम्हें समस्याओं से निबटना होगा।' अगले दिन फिर घर लौटकर उसने मुझे उन्हीं समस्याओं के बारे में बताया। मैंने उससे पूछा कि क्या उसने मेरी सलाह पर अमल किया, उसने जवाब में सिर हिलाकर कहा 'नहीं'। इस पर मैंने फिर अपनी सलाह दोहरा दी। मैंने उससे कहा कि स्थिति से निबटने का यही एकमात्र रास्ता था। उसने अगले दिन फिर घर लौटकर मुझे उन्हीं समस्याओं के बारे में

बताना शुरू कर दिया। मैंने एक बार फिर उससे पूछा कि क्या उसने मेरी सलाह पर अमल किया था। एक बार फिर उसने जवाब में सिर हिलाकर कहा 'नहीं'।

जब ऐसा तीन-चार रातों तक लगातार हुआ तो मुझे गुस्सा आ गया। मैंने उससे साफ़ कह दिया कि अब यह मुझसे सहानुभूति की उम्मीद नहीं रखे, क्योंकि वह मेरी सलाह नहीं मान रही है। उसे इतने तनाव और दबाव में रहने की कोई ज़रूरत ही नहीं थी। अगर वह मेरे द्वारा बताए रास्ते पर चलती तो वह उस समस्या से पीछा छुड़ा सकती थी। मुझे बहुत दुख था कि वह इतने तनाव में रह रही थी, क्योंकि मैं जानता था कि उसे इस तरह रहने की कोई ज़रूरत नहीं थी। अगली बार जब भी वह अपनी समस्या का ज़िक्र छेड़ती तो मेरा जवाब होता, 'मैं इस बारे में सुनना भी नहीं चाहता। मैंने तुम्हें बता दिया है कि तुम्हें इससे निबटने के लिए क्या करना है। अब अगर तुम मेरी सलाह मानने के लिए तैयार नहीं हो, तो मैं इस बारे में सुनना तक नहीं चाहता।'

हममें से ज़्यादातर ... को समस्याओं का विश्लेषण करने और समाधान खोजने का प्रशिक्षण दिया जाता है। हम भूल जाते हैं कि विवाह एक संबंध है, कोई योजना नहीं जिसे पूरा किया जाए, या कोई समस्या नहीं जिसे हल किया जाए।

'मैंने अपने आपको उससे दूर कर लिया और अपने काम में लग गया। मैं कितना मूर्ख था', उसने कहा, 'कितना बड़ा मूर्ख। अब मुझे एहसास हुआ है कि जब वह अपने ऑफ़िस की परेशानी के बारे में मुझे बताती थी तो वह मुझसे सलाह नहीं चाहती थी। वह मुझसे सहानुभूति चाहती थी। वह चाहती थी कि मैं सुनूँ, उस पर पूरा ध्यान दूँ और उसे बताऊँ कि मैं उसकी तकलीफ़, तनाव और दबाव को समझ सकता हूँ। वह यह जानना चाहती थी कि मैं उससे प्रेम करता था और हमेशा उसके साथ था। उसे सलाह नहीं चाहिए थी; वह तो सिर्फ़ यह जानना चाहती थी कि मैं समझ रहा था। पर मैंने कभी समझने की कोशिश ही नहीं की। मैं तो सलाह देने में ही व्यस्त था। कितनी बड़ी मूर्खता है? और अब वह जा चुकी है। आप ये बातें तब क्यों नहीं देख पाते जब आप इनसे गुज़रते हैं। क्या हो रहा था, इसे मैं देख नहीं पा रहा था। अब जाकर मैं समझ पाया हूँ कि मैंने उसे कितना कष्ट पहुंचाया है।'

पैट्रिक की पत्नी प्रतिबद्ध वार्तालाप का आग्रह कर रही थी। भावनात्मक रूप से वह चाहती थी कि उसका पति उसके दुख-दर्द और कुंठा के बारे में सुनकर उस पर पूरी तरह ध्यान दे। पैट्रिक का ध्यान सुनने पर नहीं, बोलने पर था। उसने सिर्फ़ इतना सुना कि समस्या क्या थी और झट से उसका हल बता दिया। उसने पूरी बातें सुनी ही नहीं। पति के समर्थन या समझ के लिए पत्नी जो आग्रह कर रही थी, वह पति को समझ में आया ही नहीं।

हममें से ज़्यादातर लोग पैट्रिक की तरह होते हैं। हमें समस्याओं का विश्लेषण करने और समाधान खोजने का प्रशिक्षण दिया जाता है। हम भूल जाते हैं कि विवाह एक संबंध है, कोई योजना नहीं जिसे पूरा किया जाए या कोई समस्या नहीं जिसे हल किया जाए। किसी भी संबंध में सामने वाले व्यक्ति के विचारों, भावनाओं और इच्छाओं को समझने के लिए सहानुभूतिपूर्वक सुनने की ज़रूरत होती है। हमें सलाह देने में तत्पर होना चाहिए परंतु सिर्फ़ तभी जब यह माँगी जाए और सलाह देते समय हमें आक्रामक या श्रेष्ठ नहीं दिखना चाहिए। हममें से ज़्यादातर के पास सुनने का कोई प्रशिक्षण नहीं होता। सुनने की कला सीखना किसी विदेशी भाषा सीखने की तरह ही कठिन हो सकता है, परंतु अगर हम प्रेम संप्रेषित करना चाहते हैं तो हमें इसे सीखना ही होगा। यह ख़ास तौर पर लागू होगा, अगर आपके जीवनसाथी की प्राथमिक प्रेमभाषा प्रतिबद्ध समय है और उसकी बोली प्रतिबद्ध वार्तालाप है। सौभाग्य से, सुनने की कला विकसित करने के बारे में असंख्य पुस्तकें और लेख लिखे जा चुके हैं। मैं और कहीं लिखी बातों को दोहराना नहीं चाहता हूँ बल्कि निम्नलिखित बिंदुओं को सार रूप में प्रस्तुत करना चाहता हूँ :

1. ***जब भी जीवनसाथी बोले, आँखें मिलाकर बातें करिए :*** ऐसा करने से आपका दिमाग़ कहीं और नहीं भटकता तथा इससे यह भी पता चलता है कि आपका पूरा ध्यान और एकाग्रता उसी पर केंद्रित है।

2. ***अपने जीवनसाथी की बात सुनते समय कुछ और न करें :*** यह याद रखें, प्रतिबद्ध समय का अर्थ किसी को अविभाजित एकाग्रता देना है। अगर आप टी.बी. देख रहे हैं, पढ़ रहे हैं या कुछ और कर रहे हैं जिसमें आपकी गहरी रुचि है और उसे तत्काल नहीं छोड़ सकते हैं तो अपने जीवनसाथी को सच्चाई बता दें। एक सकारात्मक शैली यह हो सकती है. 'मैं जानता हूँ कि तुम मुझसे बातें करना चाहती हो और मैं भी तुम्हारी बातें सुनना चाहता हूँ पर मैं तुम्हारी बातों को पूरे ध्यान से सुनना चाहता हूँ जो फिलहाल संभव नहीं है। दस मिनट में मैं अपना काम निबटाकर फ़ुरसत से तुम्हारे पास बैठकर तुम्हारी बातें सुनूँगा।' ज़्यादातर जीवनसाथी इस आग्रह को सम्मान के साथ स्वीकार करेंगे।

3. ***भावनाओं को सुनें :*** ख़ुद से पूछें, 'मेरा जीवनसाथी कौन सी भावना अनुभव कर रहा है?' जब आपको जवाब का अंदाज़ा हो जाए तो उसे सुनिश्चित कर लें। उदाहरणार्थ, 'मुझे लगता है कि तुम्हें निराशा हो रही है, क्योंकि मैं यह भूल गया था कि– 'इससे उसे अपनी भावनाएं स्पष्ट करने का मौका मिलेगा। साथ ही, इससे यह भी संप्रेषित होगा कि आप उसकी बातें पूरे ध्यान से सुन रहे थे।

4. ***देहभाषा पर ध्यान दें :*** बंधी मुट्ठी, काँपते हाथ, आँसू, चढ़ी हुई भृकुटी और आँखों की हरक़तों से आपको सामने वाले की भावनाओं के बारे में संकेत मिलते हैं। कई बार देहभाषा एक संदेश देती है जबकि शब्दों से दूसरा संदेश मिलता है। ऐसी स्थिति में आप उसके वास्तविक सोच और भावनाओं को ठीक से समझने के लिए ज़्यादा कोशिश करें या उसी से स्पष्टता का आग्रह करें।

5. *बाधा न डालें :* हाल के शोध से पता चला है कि सामान्य आदमी बिना बाधा डाले या बिना अपने विचार प्रकट किए औसतन सत्रह सेकंड तक सुनता है। अगर मैं आपकी बातों को एकाग्रचित्त होकर सुन रहा हूँ तो मैं अपने बचाव के लिए या आप पर इल्ज़ाम देने के लिए या अपना पक्ष रखने के लिए आपकी बातों में रुकावट नहीं डालूंगा। मेरा लक्ष्य है आपके विचारों और भावनाओं को जानना। मेरा लक्ष्य ख़ुद का बचाव करना या आपको सीधा करना नहीं है। लक्ष्य तो आपको समझना है।

बात करना सीखना

प्रतिबद्ध वार्तालाप में सिर्फ़ सहानुभूतिपूर्वक सुनने की ही नहीं बल्कि बोलने की भी ज़रूरत होती है। जब एक पत्नी कहती है, 'कितना अच्छा होता अगर मेरे पति बातूनी होते! मुझे कभी पता ही नहीं चल पाता है कि वे क्या सोच रहे हैं या क्या महसूस कर रहे हैं?' तो वह अंतरंगता का आग्रह कर रही है। वह अपने पति के क़रीब आना चाहती है, पर वह किसी ऐसे व्यक्ति के करीब कैसे आ सकती है जिसे वह जानती ही नहीं है। ऐसे में अगर पति अपनी पत्नी को यह एहसास कराना चाहता है कि वह उससे प्रेम करता है तो पहले तो पति को ख़ुद के बारे में बातें करनी होगी। अगर पत्नी की प्राथमिक प्रेमभाषा प्रतिबद्ध समय हो और उसकी बोली प्रतिबद्ध वार्तालाप हो, तो उसका भावनात्मक लव टैंक तब तक कभी भी नहीं भर सकता, जब तक कि पति उसके सामने अपने विचार और भावनाएँ विस्तार से न कहे।

अगर आपको प्रतिबद्ध वार्तालाप की भाषा सीखने की
ज़रूरत है तो जब आप घर से दूर हों
उस समय की अपनी भावनाओं को लिख लें।

आत्म-अभिव्यक्ति हममें से कइयों के लिए आसान नहीं होती। कई वयस्क ऐसे घरों में बड़े होते हैं, जहाँ विचारों और भावनाओं की अभिव्यक्ति को प्रोत्साहित करने के बजाय उसकी निंदा की जाती है। किसी ख़िलौने को खरीदने के आग्रह पर परिवार की ख़राब आर्थिक स्थिति पर एक दुखद भाषण सुना दिया जाता है। बच्चा इच्छा प्रकट करने के लिए अपराध बोध से ग्रस्त हो जाता है और जल्दी ही यह सीख जाता है कि उसे अपनी इच्छाएँ मन में ही दबाकर रखनी चाहिए। जब वह गुस्सा होता है तो माता-पिता कठोर और निंदापूर्ण शब्दों में प्रतिक्रिया देते हैं। इस तरह बच्चा यह सीखता है कि गुस्से की भावनाओं का इज़हार करना ठीक नहीं है। अगर बच्चा अपने पिता के साथ स्टोर तक नहीं जा पाने के कारण निराश होता है तो उसे अपनी निराशा को मन में दबाकर रखना सीखना पड़ता है। जब तक हम

अपनी वयस्कता तक पहुंचते हैं तब तक हममें से कई अपनी भावनाओं को नकारना सीख जाते हैं। हम अपने भावनात्मक अस्तित्व से दूर हो जाते हैं।

एक पत्नी अपने पति से पूछती है, 'डॉन ने जो किया, उसके बारे में तुम कैसा महसूस करते हो?' और उसका पति जवाब देता है, 'मैं सोचता हूँ कि वह ग़लत था। दरअसल –वह उसे अपनी भावनाएँ नहीं, बल्कि अपने विचार बता रहा है।' शायद उसके पास गुस्सा, चोट या निराशा महसूस करने के पर्याप्त कारण हैं पर वह विचारों की दुनिया में इतने लंबे समय से रह रहा है कि वह अपनी भावनाओं को स्वीकार नहीं कर पाता। जब वह प्रतिबद्ध वार्तालाप की भाषा सीखने का फ़ैसला करता है तो यह एक विदेशी भाषा सीखने की तरह ही मुश्किल होगा। शुरुआत उसकी भावनाओं से होगी। उसे यह जानना होगा कि वह मूलतः एक भावनात्मक प्राणी है और अब तक वह अपने भावनात्मक पहलू को नकारता रहा है।

अगर आपको प्रतिबद्ध वार्तालाप की भाषा सीखने की ज़रूरत हो तो जब आप घर से दूर हों, उस समय की भावनाओं को लिख लें। एक छोटी सी डायरी रखें और इसे रोज़ लिखें। हर रोज़ तीन बार खुद से पूछें, 'आज मैंने पिछले तीन घंटों में क्या भावनाएँ महसूस कीं? काम पर जाते समय उस वक़्त मुझे कैसा लगा था, जब मेरे पीछे आ रहे ड्राइवर ने मेरे बम्पर पर टक्कर मारी? मुझे उस वक़्त कैसा महसूस हुआ था, जब मैं पेट्रोल पंप पर रुका और ऑटोमेटिक पंप बंद नहीं हुआ, जिससे मेरी कार पर पेट्रोल गिर गया? मुझे कैसा लगा था, जब मैं ऑफ़िस पहुंचा और मुझे पता चला कि मेरी सेक्रेटरी को सुबह एक ख़ास काम सौंपा गया है? मुझे कैसा महसूस हुआ जब मेरे सुपरवाइज़र ने मुझे बताया कि जिस प्रोजेक्ट पर मैं काम कर रहा था, वह तीन दिनों में पूरा करना है जबकि मैं सोच रहा था कि मेरे पास दो हफ्ते का समय है?'

डायरी में अपनी भावनाएँ लिख लें और घटना तथा भावनाओं के आपसी संबंध को भी याददाश्त के लिए लिख लें। आपकी सूची इस तरह हो सकती है :

घटना	**भावना**
बम्पर में धक्का	गुस्सा
पेट्रोल पंप	झल्लाहट
कोई सेक्रेटरी नहीं	निराशा
तीन दिन में काम पूरा करना	कुंठित और परेशान

दिन में तीन बार यह अभ्यास करें। इससे अपनी भावनात्मक प्रकृति के बारे में आपकी जागरूकता बढ़ेगी। नोटपेड का इस्तेमाल करते हुए घटनाओं और भावनाओं के बारे में अपने जीवनसाथी से भी यथासंभव बातें करें। कुछ ही हफ़्तों में आप उसके सामने आराम से अपनी भावनाएं व्यक्त करने लगेंगे और अंततः आप उसके सामने आराम से अपने जीवनसाथी, बच्चों और घर के भीतर होने वाली घटनाओं से उपजी भावनाओं का इज़हार करने लगेंगे।

याद रखें, भावनाएँ अपने आप में न तो अच्छी होती हैं, न ही बुरी। वे तो जीवन की घटनाओं के प्रति हमारी मनोवैज्ञानिक प्रतिक्रियाएँ होती हैं।

हमारे विचारों और भावनाओं के आधार पर ही हम अंततः निर्णय लेते हैं। जब आपके पीछे आ रही गाड़ी हॉर्न बजाकर आपको परेशान कर रही थी और आप गुस्सा अनुभव कर रहे थे तो शायद आपके मन में यह विचार आ रहे होंगे : *'मैं सोचता हूँ कि वह मेरा पीछा छोड़ दे या मुझसे आगे निकल जाए। अगर मुझे पकड़े जाने का डर न होता तो मैं एक्सीलरेटर दबा देता और उसे पीछे छोड़ देता या फिर मैं एकदम से ब्रेक लगा देता और उसकी बीमा कंपनी को मुझे एक नई कार ख़रीदकर देना पड़ती। या फिर मैं सड़क से उतर जाऊँ और उसे गुज़र जाने दूँ।*

अंततः आप किसी नतीजे पर पहुँचे या पीछे वाले ड्राइवर ने अपनी गाड़ी धीमे कर ली, मोड़ ली, आपसे आगे निकाल ली और आप सुरक्षित रूप से अपने काम पर पहुँच गए। अपने जीवन की हर घटना में हमारा सामना भावनाओं, विचार, इच्छाओं और अंततः कार्यों से होता है। इन सभी को अभिव्यक्त करने की प्रक्रिया को हम आत्म अभिव्यक्ति कहते हैं। अगर आप प्रतिबद्ध वार्तालाप की प्रेम-बोली सीखने का चयन करते हैं तो आपको सीखने की इसी राह पर चलना होगा।

व्यक्तित्व के प्रकार

ऐसा नहीं है कि हम सभी अपनी भावनाओं को नकारते हैं या उनसे दूर होते हैं, पर जब बातचीत की बारी आती है तो हम सभी अपने-अपने व्यक्तित्व से प्रभावित होते हैं। मैंने दो मूलभूत व्यक्तित्व प्रकार देखे हैं। पहले को मैं 'मृत सागर' नाम देना चाहूँगा। इज़राइल जैसे छोटे से देश में गेलिली समुद्र दक्षिण से होकर मृत सागर में जा मिलता है। मृत सागर कहीं नहीं जाता। यह लेता रहता है, देता नहीं है। इस तरह के व्यक्तित्व के लोग कई अनुभवों और विचारों को अपने अंदर जज़्ब कर लेते हैं। उनके पास एक बड़ा सा टैंक होता है जिसमें वे जानकारी इकट्ठी कर लेते हैं और वे इसके बारे में बातें नहीं करके ख़ुश होते हैं। अगर आप किसी मृत सागर व्यक्तित्व से कहें, 'क्या कोई गड़बड़ है? आज आप कोई बात ही नहीं कर रहे हैं?' तो उसका शायद यह जवाब होगा, 'कोई गड़बड़ नहीं है। आपने सोच कैसे लिया कि कुछ गड़बड़ है?' और यह प्रतिक्रिया बिलकुल सच्ची प्रतिक्रिया है। वह बात न करके ख़ुश है। वह शिकागो से डेट्रायट तक की यात्रा कर सकता है और बिना एक शब्द बोले भी पूरी तरह ख़ुश रह सकता है।

दूसरे सिरे पर 'बहती धारा' व्यक्तित्व होते हैं। इस तरह के व्यक्तित्व में जो भी आँखों या कानों के दरवाजे से अंदर जाता है, यह मुंह के दरवाज़े से बाहर निकल आता है और इन दोनों गतिविधियों के बीच साठ सेकंड से भी कम समय का फ़ासला होता है। जो भी वे देखते हैं, जो भी वे सुनते हैं, वे कह देते हैं। वास्तव में अगर कोई घर पर बात करने के लिए नहीं हो तो वे बाहर के किसी व्यक्ति से बात करने लगेंगे, 'तुम्हें पता है मैंने क्या देखा? तुम्हें पता है, मैंने क्या सुना?' अगर वे किसी से फ़ोन पर बात नहीं कर पाएँगे तो

वे ख़ुद से ही बातें करने लगेंगे, क्योंकि उनके पास कोई टैंक नहीं है। कई बार 'मृत सागर' की शादी 'बहती धारा' से हो जाती है। ऐसा इसलिए होता है क्योंकि जब वे डेटिंग करते हैं, तब यह बहुत आकर्षक जोड़ी नज़र आती है।

नई बोलियाँ सीखने का एक तरीक़ा यह है कि हर रोज़ आप ऐसा समय सुनिश्चित कर लें, जब आप अपने साथ घटी तीन घटनाओं के बारे में बताएँ। साथ ही उन घटनाओं से उपजी अपने भावनाओं को भी विस्तार से कहें।

नई बोलियाँ सीखने का एक तरीक़ा यह है कि हर रोज़ आप ऐसा समय सुनिश्चित कर लें, जब आप अपने साथ घटी तीन घटनाओं के बारे में बताएं। साथ ही उन घटनाओं से उपजी अपनी भावनाओं को भी विस्तार से कहें।

अगर आप मृत सागर है और आपकी डेटिंग बहती धारा से है, तो आपकी शाम बेहतरीन गुज़रेगी। आपको यह सोचना भी नहीं पड़ेगा, 'मैं आज रात बातचीत कैसे शुरू करूँगा?' वास्तव में, आपको बिलकुल भी सोचना नहीं पड़ता। आपको बस अपना सिर हिलाना है और 'अह......ह' बोलना है और वह आपकी पूरी शाम भर देगी और आप यह कहते हुए घर जाएँगे, 'कितना शानदार व्यक्तित्व है।' दूसरी तरफ़ अगर आप बहती धारा हैं और आपकी डेटिंग मृत सागर से हो रही है तो आपकी शाम भी उतनी ही बेहतरीन गुज़रेगी क्योंकि मृत सागर दुनिया के सबसे अच्छे श्रोता होते हैं। आप तीन घंटे तक धाराप्रवाह बोलती रहेंगी और वे ध्यानपूर्वक आपकी बातें सुनते रहेंगे। और उसके बाद आप यह सोचती हुई घर जाएँगी कि 'कितना शानदार व्यक्तित्व है?' विपरीत ध्रुवों की तरह आप एक-दूसरे को आकर्षित करते हैं - पर शादी के पाँच साल बाद एक सुबह बहती धारा उठेगी और कहेगी, 'हमारी शादी को पाँच साल हो चुके हैं पर मैं अब तक उसे जान नहीं पाई हूँ।' मृत सागर यह कहेगा, 'मैं उसे बहुत अच्छी तरह से जान चुका हूँ। काश कि वह कुछ देर अपना मुँह बंद रखे और मुझे थोड़ा सुकून दे!' अच्छी ख़बर यह है कि मृत सागर बोलना सीख सकते हैं और बहती धाराएँ सुनना सीख सकती हैं। हम अपने व्यक्तित्वों से प्रभावित होते हैं, नियंत्रित नहीं। मैं इसे स्वस्थ विवाह की 'दैनिक न्यूनतम आवश्यकता' का नाम देना चाहूँगा। अगर आप दैनिक न्यूनतम आवश्यकता से शुरू करेंगे तो कुछ ही हफ़्तों या महीनों में आप पाएँगे कि प्रतिबद्ध वार्तालाप ज़्यादा आसान और सुगम हो गया है।

प्रतिबद्ध गतिविधियाँ

प्रतिबद्ध समय की मूल प्रेमभाषा या अपने जीवनसाथी को अविभाजित एकाग्रता देने के अलावा भी एक बोली है- प्रतिबद्ध गतिविधियों की बोली। हाल ही में हुए एक विवाह सेमिनार में मैंने सभी दंपतियों से यह वाक्य पूरा करने के लिए कहा, 'मुझे कब लगता है कि मेरा जीवनसाथी मुझे सबसे ज़्यादा प्रेम कर रहा है जब...' यहाँ पर एक उनतीस वर्षीय पति की प्रतिक्रिया दी जा रही है जिसकी शादी को आठ साल हो चुके हैं। 'मुझे अपनी पत्नी द्वारा चाहे जाने का सबसे प्रबल अहसास तब होता है जब हम साथ-साथ ऐसे काम करते हैं, जिन्हें करना हम दोनों को ही पसंद है। ऐसा करते समय हम बातें भी ज़्यादा करते हैं। ऐसा लगता है। मानो हम लोग फिर से डेटिंग कर रहे हों।' यह उन व्यक्तियों की सामान्य प्रतिक्रिया है जिनकी प्राथमिक प्रेमभाषा प्रतिबद्ध समय है। महत्व साथ रहने, इकट्ठे काम करने का है, एक-दूसरे को अविभाजित एकाग्रता देने का है।

प्रतिबद्ध गतिविधियों में ऐसी कोई भी गतिविधि शामिल हो सकती है। जिसमें आप दोनों की या आपमें से किसी एक की रुचि हो। महत्व इस बात का नहीं है कि आप क्या कर रहे हैं, बल्कि इस बात का है कि आप क्यों कर रहे हैं। उद्देश्य यह है कि इकट्ठे कुछ किया जाए, और काम ख़त्म होने के बाद यह भावना रहे, 'उसे मेरी फ़िक्र है। वह मेरे साथ ऐसा कुछ करने के लिए इच्छुक था जो मुझे पसंद है और उसने ऐसा सकारात्मक रवैये के साथ किया।' यही प्रेम है और कुछ लोगों के लिए यह प्रेम की सबसे बुलंद आवाज़ है।

ट्रेसी को संगीत से लगाव था। वह सिम्फ़नी के साथ ही बड़ी हुई थी। उसके बचपन में घर में शास्त्रीय संगीत बजता रहता था। साल में कम से कम एक बार वह अपने माता-पिता के साथ सिम्फ़नी जाती थी। दूसरी तरफ़ लैरी पाश्चात्य संगीत और लोकगीतों को सुनकर बड़ा हुआ था। वह कभी संगीत के कार्यक्रम सुनने नहीं गया, पर उसके रेडियो पर संगीत बजता ही रहता था। वह सिम्फ़नी को एलीवेटर म्यूजिक कहता था। अगर उसकी शादी ट्रेसी से नहीं हुई होती तो उसने जिंदगी में कभी सिम्फ़नी नहीं सुनी होती। शादी से पहले जब वह प्रेम की उन्माद भरी अवस्था में था, तब वह सिम्फ़नी सुनने भी गया। पर उसकी स्वर्गिक भावनात्मक अवस्था में भी उसके मुँह से यही निकला, 'तुम इस चीज़ को संगीत कहती हो?' शादी के बाद वह इस नीरस अनुभव को दोहराना नहीं चाहता था। जब उसे बहुत सालों के बाद पता चला कि ट्रेसी की प्राथमिक प्रेमभाषा प्रतिबद्ध समय है और उसे ख़ासकर प्रतिबद्ध गतिविधियों की बोली पसंद है तथा सिम्फ़नी सुनने जाना उसकी पसंदीदा गतिविधियों में से एक है तो उसने ट्रेसी के साथ संगीत सुनने जाने का निश्चय किया। उसका उद्देश्य स्पष्ट था। उद्देश्य सिम्फ़नी सुनना नहीं, बल्कि ट्रेसी को प्रेम करना और उसकी भाषा को प्रबलता से बोलना था। कुछ ही समय में वह सिम्फ़नी को पसंद करने लगा और कभी-कभार उसकी एक-दो लय में उसे मज़ा भी आने लगा। शायद वह कभी भी सिम्फ़नी का प्रेमी नहीं बन सकता, पर वह ट्रेसी से प्रेम करने में तो निपुण हो ही चुका है।

> प्रतिबद्ध गतिविधियों का एक और फ़ायदा यह भी है कि वे यादों का एक बैंक उपलब्ध कराती हैं जिससे आने वाले सालों में आप रक़म निकाल सकते हैं।

प्रतिबद्ध गतिविधियों में कई गतिविधियाँ शामिल हो सकती हैं जैसे बगीचे की देखभाल, बाज़ार जाना, प्राचीन बहुमूल्य वस्तुएँ ख़रीदना, संगीत सुनना, साथ पिकनिक जाना, लंबे घूमने जाना, गर्म दिन में इकट्ठे कार को धोना। गतिविधियों की यदि कोई सीमा है तो वह है आपकी रुचि और नए अनुभवों को प्राप्त करने की आपकी इच्छा। प्रतिबद्ध गतिविधि के अनिवार्य तत्व हैं : (1) कम से कम आपमें से एक उसे करना चाहता हो, (2) दूसरा भी उसे करने के लिए सहमत हो (3) आप दोनों यह जानते हो कि आप उसे क्यों कर रहे हैं – इकट्ठे रहकर प्रेम का इज़हार करने के लिए।

प्रतिबद्ध गतिविधियों का एक और फ़ायदा यह भी है कि वे यादों का एक बैंक उपलब्ध कराती है जिससे आने वाले सालों में आप रक़म निकाल सकते हैं। वह जोड़ा भाग्यशाली है जिसकी यादों में यह क्षण हैं – वह सुबह जब वे इकट्ठे समुद्र किनारे घूमे थे, वह वसंत का दिन जब उन्होंने फूलों का बगीचा लगाया था. वह रात जब उन्होंने इकट्ठे पहला मेजर लीग बेसबॉल खेल देखा था, वह इकलौता मौक़ा जब उन्होंने इकट्ठे स्कीइंग की थी और उसमें पति का पैर टूट गया था, मनोरंजन पार्क, संगीत की महफ़िलें गिरजाघर की प्रार्थनाएँ और हाँ दो मील की घुड़सवारी के बाद जलप्रपात के नीचे खड़े होने का रोमांचक आनंद। ये बातें याद करते समय वे कोहरा तक महसूस कर सकते हैं। ये यादें प्रेम की यादें हैं, ख़ासकर उस व्यक्ति के लिए जिसकी प्राथमिक प्रेमभाषा प्रतिबद्ध समय है।

और हमें इन गतिविधियों के लिए समय कब मिलता है, ख़ासकर तब जब हम दोनों घर से बाहर काम करने जाते हैं? हमें इसके लिए उसी तरह समय निकालना पड़ता है, जैसे हम लंच या डिनर के लिए समय निकालते हैं। क्यों? क्योंकि यह विवाह के लिए उतना ही अनिवार्य है जितना स्वास्थ्य के लिए भोजन अनिवार्य है। क्या यह मुश्किल है? क्या इसमें सावधानीपूर्ण योजना की ज़रूरत है? हाँ। क्या इसका अर्थ यह होगा कि हम अभी जो काम अकेले करते हैं, उनमें से कुछ को कम करना पड़ेगा? शायद। क्या इसका अर्थ यह है कि हमें कुछ काम ऐसे करने चाहिए जिनमें हमें बिलकुल मज़ा नहीं आता है? निश्चित रूप से। क्या इससे हमें फ़ायदा होगा? बेशक। इसमें मेरे लिए क्या है? एक ऐसे जीवनसाथी के साथ रहने का आनंद जिसे यह एहसास है कि उसे प्रेम किया जा रहा है और मैंने उसकी प्रेमभाषा में धाराप्रवाह बातें करना सीख लिया है।

प्रेम की पाँच भाषाएँ
सकारात्मक शब्द
प्रतिबद्ध समय
उपहार लेना
सेवा के कार्य
शारीरिक स्पर्श

अध्याय 6

प्रेमभाषा # 3 : उपहार लेना

जब में मानव-विज्ञान पढ़ रहा था, तब मैं शिकागो में रहता था। विस्मृत कबीलों और पुरातन जातियों के माध्यम से मैं पूरी दुनिया की विस्मयकारी संस्कृतियों से परिचित हुआ। मैं मध्य अमेरिका गया और माया तथा आजटेक लोगों की आधुनिक संस्कृतियों का अध्ययन किया। मैंने प्रशांत महासागर के पार मेलानेसिया और पोलीनेसिया के आदिवासियों का भी अध्ययन किया। मैंने उत्तरी टुंड्रा में एस्किमो संस्कृति का अध्ययन किया और जापान के मूल निवासी आइनस का भी। मैंने प्रेम और विवाह के विषयों पर इन सबके सांस्कृतिक माहौल का अध्ययन किया और यह पाया कि हर संस्कृति में उपहार देना प्रेम और विवाह की प्रक्रिया का एक अटूट हिस्सा है।

मानव वैज्ञानिक विभिन्न संस्कृतियों में दिखाई देने वाले सांस्कृतिक मूल्यों के प्रति आकर्षित हैं और ऐसा ही मेरे साथ था। क्या इसका आशय यह था कि उपहार देना प्रेम की ऐसी मूलभूत अभिव्यक्ति थी जो सांस्कृतिक विभिन्नताओं और सीमाओं से परे है? क्या प्रेम में देने की अवधारणा हमेशा जुड़ी होती है ? ये अध्ययन के सवाल हैं और कुछ हद तक दार्शनिक भी, पर अगर इनका जवाब हाँ में है तो यह जवाब अमेरिकी दंपत्तियों के लिए बहुत ही काम की और महत्वपूर्ण ख़बर है।

मैं डॉमिनिका टापू पर मानव विज्ञान की फ़ील्ड ट्रिप पर गया था। हमारा उद्देश्य था कैरिब टापुओं की संस्कृति का अध्ययन और इस यात्रा में मैं फ्रेड से मिला। फ्रेड कैरिब नहीं था बल्कि अट्ठाइस साल का अश्वेत युवक था। डायनामाइट से दुर्घटना में उसका एक हाथ चला गया था। दुर्घटना के बाद वह मछली पकड़ने का अपना कारोबार जारी नहीं रख सका था। उसके पास बहुत सा ख़ाली समय था और मैंने उसका साथ स्वीकार किया। हमने उसकी संस्कृति के बारे में बातें करने में घंटों बिताए।

फ्रेड के घर जब मैं पहली बार गया तो उसने मुझसे कहा, 'मिस्टर गैरी, क्या आप ज्यूस पीना पसंद करेंगे?' इस पर मैंने उत्साहपूर्वक हामी भर दी। यह अपने छोटे भाई की तरफ़ मुड़ा और उससे कहा, 'जाओ, मिस्टर गैरी के लिए ज्यूस लेकर आओ।' उसका भाई मुड़ा, धूल भरी पगडंडी पर चलकर गया, नारियल के पेड़ पर चढ़ा और एक हरा नारियल लेकर लौटा। फ्रेड ने आदेश दिया, 'इसे खोलो।' उसने अपने औजार से तीन प्रहार किए और नारियल का मुँह खोल दिया। फ्रेड ने मुझे नारियल दिया और कहा, 'आपके लिए ज्यूस' नारियल हरा था और मैंने पूरा रस पी लिया, क्योंकि मैं जानता था कि यह प्रेम का उपहार है। मैं उसका मित्र था और मित्रों को आप ज्यूस पिलाते हैं।

जब कई हफ़्ते इकट्ठे रहने के बाद मैं उस छोटे से टापू से विदा ले रहा था तो फ्रेड ने मुझे यादगार के रूप में प्रेम की एक निशानी दी। यह चौदह इंच लंबी एक मुड़ी हुई छड़ी थी, जो उसे समुद्र में मिली थी। चट्टानों से टकरा टकराकर यह चिकनी रेशमी हो गई थी। फ्रेड ने बताया कि यह छड़ी काफ़ी लंबे समय से डॉमिनिका के किनारों पर पड़ी हुई थी और वह चाहता था कि मैं इसे इस सुंदर टापू की यादगार के रूप में अपने पास रखें। आज भी जब मैं उस छड़ी की ओर देखता हूँ तो मुझे कैरिबियन लहरों की आवाज़ सुनाई देती है, पर यह मुझे डॉमिनिका की याद नहीं दिलाती, बल्कि प्रेम की याद दिलाती है।

उपहार वह है जिसे आप अपने हाथ में पकड़कर यह कह सकें, 'देखो, वह मेरे बारे में सोच रहा था', या 'उसे मेरी याद थी। किसी को उपहार देने के लिए यह ज़रूरी है कि आप उसके बारे में सोचें। उपहार आपके उसी विचार का प्रतीक है। इससे कोई फ़र्क नहीं पड़ता कि उस उपहार की क़ीमत क्या है? फ़र्क इस बात से पड़ता है कि आपने उसके बारे में सोचा। सिर्फ़ दिमाग़ में उठे विचार का मूल्य नहीं है, बल्कि उस विचार के आधार पर उपहार चुनने और उसे देने में प्रेम का इज़हार छुपा हुआ है।

हर माँ याद रखती है कि कब उसके बच्चों ने उसे बगीचे से फूल तोड़कर उपहार में दिए। उसे यह पता होता है कि उसके बच्चे इसके द्वारा प्रेम जता रहे हैं, हालाँकि वह फूल तोड़े जाना पसंद नहीं करती है। बचपन से ही बच्चे अपने माता-पिता को उपहार देना पसंद करते हैं जो यह बताता है कि उपहार देना प्रेम की मूलभूत प्रक्रिया है।

उपहार प्रेम के दिखने वाले प्रतीक हैं। अधिकांश विवाह समारोहों में अँगूठी का आदान-प्रदान किया जाता है। समारोह कराने वाला धार्मिक व्यक्ति कहता है. 'ये अंगूठियाँ उस आंतरिक और आध्यात्मिक बंधन की बाह्य और प्रत्यक्ष प्रतीक हैं, जो दो प्रेमी दिलों को अनंत काल तक बाँधे रखेंगी।'

यह कोरी लफ्फ़ाज़ी नहीं है। इसमें एक महत्वपूर्ण सत्य छुपा हुआ है- प्रतीकों का भावनात्मक मूल्य होता है। शायद इसीलिए विवाह टूटते समय हमें इसका ज़्यादा जीवंत और साफ़ चित्रण तब देखने को मिलता है जब पति या पत्नी शादी की अंगूठी पहनना बंद कर देते हैं। यह एक प्रत्यक्ष प्रतीक है कि विवाह में कोई गंभीर परेशानी है। एक पति ने कहा, 'जब उसने शादी की अंगूठी उतारकर मेरी तरफ़ फेंकी और गुस्से से घर के बाहर निकलकर धड़ाम से दरवाज़ा बंद कर दिया तो मुझे पता चल गया था कि हमारी शादी में

गंभीर परेशानी है। मैंने दो दिन तक उसकी अंगूठी नहीं उठाई और जब मैंने अँगूठी उठाई तो मैं फूट-फूटकर रोया।' अँगूठी विवाह का प्रतीक थी, पर पत्नी की उँगली के बजाय पति के हाथ में रखी अँगूठी यह बता रही थी कि उनकी शादी टूट रही थी। अकेली अंगूठी ने पति के हृदय में गहरी भावनाओं को जगा दिया था।

प्रेम के प्रत्यक्ष प्रतीक कुछ लोगों के लिए सामान्य से ज़्यादा महत्वपूर्ण हो सकते हैं। इसीलिए शादी की अँगूठियों के बारे में लोगों के अलग-अलग दृष्टिकोण होते हैं। कई लोग शादी के बाद कभी अँगूठी नहीं उतारते हैं। कई लोग उसे कभी नहीं पहनते हैं। यह भी दर्शाता है कि लोगों की प्राथमिक प्रेमभाषाएँ अलग-अलग होती हैं। अगर उपहार लेना मेरी प्राथमिक प्रेमभाषा है तो मैं उस अंगूठी का सम्मान करूँगा जो आपने मुझे दी है और उसे गर्व से पहनूँगा। मैं आपके द्वारा पिछले वर्षों में दिए गए दूसरे उपहारों का भी भावनात्मक मूल्य समझूँगा और उन्हें प्रेम की अभिव्यक्ति के रूप में देखूँगा। अगर मैं उपहारों को प्रेम का प्रत्यक्ष प्रतीक न मानूँ तो मैं आपके प्रेम पर शक कर सकता हूँ।

उपहार कई रंगों और आकारों के होते हैं, कुछ महँगे होते हैं और कुछ बिलकुल मुफ़्त। उस व्यक्ति के लिए जिसकी प्राथमिक प्रेमभाषा उपहार लेना है, उपहार की क़ीमत मायने नहीं रखती, जब तक कि यह आपके बज़ट से अप्रत्याशित रूप से बेमेल न हो। अगर कोई करोड़पति नियमित रूप से सिर्फ़ एक डॉलर के तोहफ़े देने लगे तो उसकी पत्नी के मन में यह सवाल उठना स्वाभाविक है कि क्या यह प्रेम का इज़हार है। पर जब परिवार के आर्थिक संसाधन सीमित हों तो इसी एक डॉलर के उपहार में करोड़ों डॉलर का प्रेम समा सकता है।

अगर आपके जीवनसाथी की प्राथमिक प्रेमभाषा उपहार लेना है, तो आप उपहार देने में निपुण बन सकते हैं। दरअसल सीखने में यह सबसे आसान प्रेमभाषा है।

उपहार ख़रीदे जा सकते हैं, पाए जा सकते हैं, बनाए जा सकते हैं। वह पति जो सड़क के किनारे लगा फूल तोड़कर पत्नी को देता है, प्यार का इज़हार करता है बशर्ते कि उसकी पत्नी को फूल से एलर्जी न हो। जो आदमी ग्रीटिंग कार्ड ख़रीद सकता है वह पाँच डॉलर से कम कीमत में सुंदर सा कार्ड ख़रीद सकता है। जिस आदमी के पास ग्रीटिंग कार्ड ख़रीदने के लिए पैसे नहीं हैं, वह मुफ़्त में ग्रीटिंग कार्ड बना सकता है। अपने दफ़्तर में एक अच्छा सा काग़ज़ लें, उसे बीच से मोड़ें और कैंची से दिल का आकार बनाकर उस पर लिख दें, 'आई लव यू' और नीचे अपना नाम लिख दें। उपहार महँगे हों यह बिलकुल ज़रूरी नहीं है।

पर उस आदमी का क्या करें जो यह कहता है, 'मुझे उपहार देना नहीं आता। मुझे कभी उपहार मिले ही नहीं। मैंने उपहारों को पसंद करना या चुनना कभी सीखा ही नहीं।

यह मेरे लिए स्वाभाविक नहीं है।' बधाइयाँ, आपने अभी सफल प्रेमी बनने की दिशा में पहली खोज कर ली है। आप और आपकी पत्नी अलग-अलग प्रेमभाषाएँ बोलते हैं। अब जब आपने यह खोज ही लिया है तो इस दूसरी भाषा को सीखना भी शुरू कर दें। अगर आपके जीवनसाथी की प्राथमिक प्रेमभाषा उपहार लेना है तो आप उपहार देने में निपुण बन सकते हैं। दरअसल सीखने में यह सबसे आसान प्रेमभाषा है।

आप कहाँ से शुरू करें? उन सब तोहफ़ों की सूची बनाएँ जिन्हें प्राप्त करने के बाद आपका जीवनसाथी पिछले कुछ सालों में रोमांचित और ख़ुश हुआ है? ये उपहार या तो आपने या परिवार के दूसरे सदस्यों या दोस्तों ने दिए होंगे। इस सूची से आपको यह पता लग जाएगा कि आपके जीवनसाथी को किस तरह के उपहार पाकर विशेष ख़ुशी होगी। अगर आप अब भी असमंजस में हों तो परिवार के उन सदस्यों की मदद लें जो आपके जीवनसाथी को जानते हों। इस दौरान उपहारों के बारे में सोचते रहिए जिन्हें ख़रीदने, बनाने, खोजने और जीवनसाथी को देने में आप आरामदेह अनुभव करते हो। किसी ख़ास मौके का इंतज़ार न करें। अगर उपहार प्राप्त करना उसकी प्राथमिक प्रेमभाषा है तो जो कुछ भी आप देंगे, उसे प्रेम का इज़हार मान लिया जाएगा (अगर वह अतीत में आपके द्वारा दिए गए उपहारों की आलोचना करती हो और कभी भी उनकी सराहना न करती हो तो यह जान लें कि उपहार प्राप्त करना उसकी प्राथमिक प्रेमभाषा नहीं है।)

उपहार और धन

अगर आपको प्रभावी उपहार देने वाला बनना है तो आपको पैसे के बारे में अपना नज़रिया बदलना होगा। पैसे के बारे में हममें से हर एक का व्यक्तिगत नज़रिया होता है और इसे ख़र्च करते समय हमारे मन में कई भाव उठते हैं। हममें से कई बेहद ख़र्चीले होते हैं। पैसा उड़ाते समय हमें बहुत अच्छा लगता है। कइयों का स्वभाव बचत और निवेश का होता है। जब ऐसे लोग पैसे बचाकर उसका उचित निवेश करते हैं तो हमें अच्छा महसूस होता है।

अगर आप ख़र्चीले हैं तो आपको अपने जीवनसाथी के लिए उपहार ख़रीदने में ख़ास मुश्किल नहीं आएगी। पर अगर आपमें बचत करने की आदत है तो आपके अंदर प्रेम के प्रतीक के रूप में उपहारों पर ख़र्च करने का स्वाभाविक विरोध उपस्थित होगा। आप अपने लिए सामान ख़रीदना पसंद नहीं करते हैं तो आप अपनी पत्नी के लिए सामान क्यों खरीदें? पर यह नज़रिया यह पहचानने में असफल हो जाता है कि अंततः आप अपने लिए ही उपहार ख़रीद रहे हैं। बचत करके और उसका निवेश करके आप ख़ुद की संतुष्टि और भावनात्मक सुरक्षा ख़रीद रहे हैं। आप अपनी भावनात्मक ज़रूरतों की चिंता उसी तरह कर रहे हैं जिस तरह आप अपने पैसे की करते हैं। आप जो नहीं कर रहे हैं वह यह कि आप अपने जीवनसाथी की भावनात्मक ज़रूरत को पूरा नहीं कर रहे हैं। जब आपको यह पता चलता है कि आपके जीवनसाथी की प्राथमिक प्रेमभाषा उपहार प्राप्त करना है तो शायद आप यह समझ लेंगे कि उसके लिए उपहार ख़रीदना आपके लिए सबसे अच्छा पूँजी निवेश है। आप संबंधों में निवेश कर रहे हैं और अपने जीवनसाथी के भावनात्मक लव टैंक को

भर रहे हैं, और भरे हुए लव टैंक से वह अपने भावनात्मक प्रेम को आपके प्रति उस भाषा में व्यक्त करेगा या करेगी जो आप समझते हैं। जब दोनों की भावनात्मक ज़रूरतें पूरी हो जाती हैं तो आपके विवाह को एक बिलकुल नया आयाम मिल जाता है। बचत की चिंता न करें। आप हमेशा बचत कर लेंगे पर अपनी पत्नी के प्रेम में निवेश करके आप सबसे बहुमूल्य स्टॉक में निवेश कर रहे हैं।

स्वयं का उपहार

एक ऐसा तोहफ़ा होता है जो हाथ में लिए जा सकने वाले किसी भी तोहफ़े से ज़्यादा बेशक़ीमती होता है। मैं इसे स्वयं का उपहार या उपस्थिति का उपहार कहना चाहूँगा। जब आपके जीवनसाथी को आपकी ज़रूरत हो, तब मौज़ूद रहना भी उस व्यक्ति के लिए किसी उपहार से कम नहीं है जिसकी प्राथमिक प्रेमभाषा उपहार प्राप्त करना है। जेन ने मुझसे एक बार कहा था, 'मेरे पति डॉन मुझसे ज़्यादा प्रेम सॉफ़्टबॉल से करते हैं।'

मैंने पूछा, 'तुम ऐसा कैसे कह सकती हो?'

'जिस दिन हमारे यहाँ बेटा पैदा हुआ था, वे साफ़्टबॉल खेल रहे थे। मैं सारी दोपहर अस्पताल में पड़ी रही और वे सॉफ़्टबॉल खेलने चले गए।'

'क्या वे बेटा पैदा होते समय वहाँ थे?'

'हाँ वे बेटा पैदा होने तक रुके और दस मिनट के बाद ही वे सॉफ़्टबॉल खेलने चल दिए। मैं पूरी तरह टूट चुकी थी। यह हमारी ज़िंदगी का बहुत महत्वपूर्ण क्षण था। मैं चाहती थी कि हम इसे इकट्ठे एक-दूसरे के साथ गुज़ारें। मैं चाहती थी कि वे मेरे पास ही रहें। पर ये मुझे छोड़कर खेलने चले गए।'

हो सकता है उस पति ने उसे दर्जनों गुलाब भेजे हों पर उन उपहारों में से कोई भी इतना बहुमूल्य नहीं हो सकता था जितनी अस्पताल के कमरे में उसकी उपस्थिति। मुझे अंदाज़ा था कि जेन को उस अनुभव से कितना गहरा आघात लगा होगा। वह बच्चा अब पंद्रह साल का हो चुका था। पर जेन अब भी उस घटना के प्रति इतनी भावुक है जैसे यह कल की ही बात हो। मैंने आगे जानकारी लेनी चाही। 'क्या इसी एक अनुभव के आधार पर आपने यह राय बना ली कि डॉन आपसे ज़्यादा प्रेम सॉफ़्टबॉल से करते हैं ?'

'अरे नहीं,' उसने कहा, 'मेरी माँ की मौत के दिन भी वे सॉफ़्टबॉल खेल रहे थे।'

'क्या वे अंत्येष्टि में गए थे ?'

'हाँ, वे अंत्येष्टि में गए थे, पर जैसे ही सब कुछ ख़त्म हुआ, वे सॉफ़्टबॉल खेलने चल दिए। मुझे तो इस बात पर यक़ीन ही नहीं हो रहा था। मेरे भाई और बहनें मेरे साथ घर आए, पर मेरे पति सॉफ़्टबॉल खेल रहे थे।'

बाद में मैंने डॉन से इन दोनों घटनाओं के बारे में पूछा। वह अच्छी तरह जानता था कि मैं किस बारे में बात कर रहा हूँ। 'मैं जानता था वह यही बात कहेगी। मैं तब तक मौज़ूद

रहा, जब तक बच्चा पैदा नहीं हो गया। मैंने तस्वीरें भी खींची, मैं बेहद ख़ुश था। मैं अपनी टीम के साथियों को यह ख़ुशखबरी देने से ख़ुद को रोक नहीं पाया। पर जब उस शाम को मैं अस्पताल लौटकर आया तो मेरे पूरे उत्साह पर पानी फिर गया। वह गुस्से से आगबबूला हो रही थी। मुझे समझ में ही नहीं हो रहा था कि वह क्यों गुस्सा हो रही थी? मुझे लग रहा था टीम के साथियों को यह ख़बर देने में उसे गर्व का अनुभव होगा?'

अगर आपके जीवनसाथी की प्राथमिक प्रेमभाषा उपहार प्राप्त करना है तो आप उसे जो सबसे अच्छा उपहार दे सकते हैं वह है संकट के समय अपनी शारीरिक निकटता।

'और जब उसकी माँ की मौत हुई थी? उसने शायद आपको बताया नहीं कि उनकी मौत के पहले मैंने एक हफ्ते की छुट्टी ली थी और पूरा सप्ताह अस्पताल में बिताया था और उसकी माँ के घर की मरम्मत कराई थी। जब उनकी मृत्यु हो गई और अंत्येष्टि हो गई तो मुझे लगा मैं जितना कर सकता था, मैंने कर दिया है। अब मुझे भी राहत चाहिए थी। मुझे सॉफ़्टबॉल खेलना पसंद है और मैं जानता था कि इससे मेरा तनाव कम होगा और मुझे राहत मिलेगी। मुझे लगता था वह मेरे तनाव को समझकर मेरी राहत की ज़रूरत को समझ लेगी।'

'मैंने वह सब किया जो मुझे लगता था कि उसके लिए महत्वपूर्ण था, पर उसकी नज़र में वह पर्याप्त नहीं था। वह मुझे इन दो मौक़ों को कभी भी नहीं भूलने देती है। वह कहती है कि मैं उससे ज़्यादा प्रेम सॉफ़्टबॉल से करता हूँ। यह मूर्खतापूर्ण है।'

वह एक अच्छा पति था पर वह यह समझ नहीं पाया था कि उपस्थिति में कितनी प्रबल भावनात्मक शक्ति होती है। उसकी पत्नी के लिए सबसे ज़्यादा महत्वपूर्ण बात यह थी कि वह वहाँ मौज़ूद रहे। अगर आपके जीवनसाथी की प्राथमिक प्रेमभाषा उपहार प्राप्त करना है, तो आप उसे जो सबसे अच्छा उपहार दे सकते हैं वह है संकट के समय अपनी शारीरिक निकटता। आपका शरीर आपके प्रेम का प्रतीक बन जाता है। इस प्रतीक को हटा दें और प्रेम का एहसास काफ़ूर हो जाता है। परामर्श के दौरान डॉन और जेन ने अतीत की चोटों और ग़लतफ़हमियों को नज़रअंदाज़ करना सीख लिया। आख़िर, जेन ने उसे माफ़ कर दिया और डॉन यह समझ गया कि उसकी शारीरिक उपस्थिति उसकी पत्नी के लिए क्यों महत्वपूर्ण थी।

अगर आपके जीवनसाथी की शारीरिक उपस्थिति आपके लिए महत्वपूर्ण है तो मैं आपसे आग्रह करता हूँ कि आप इसे अपने जीवनसाथी को बता दें। उससे यह उम्मीद न करें कि वह बिना बताए आपके दिल की बात जान सकता है। दूसरी तरफ़ अगर आपका जीवनसाथी आपसे कहता है, 'मैं चाहती हूँ कि तुम मेरे साथ आज रात, कल, आज दोपहर रहो' तो आप उसके आग्रह को गंभीरता से लें। हो सकता है आपकी नज़र में वह मौक़ा

महत्वपूर्ण न हो। पर अगर आप उस आग्रह को पूरा नहीं करते हैं तो आप ऐसा संदेश प्रेषित कर रहे हैं जो आप भेजना नहीं चाहते हैं। एक पति ने एक बार मुझसे कहा था, 'जब मेरी माँ की मृत्यु हुई थी, तब मेरी पत्नी के सुपरवाइज़र ने कहा था कि उसे अंत्येष्टि के लिए सिर्फ़ दो घंटे की छुट्टी मिल सकती है पर उसे दोपहर तक दफ़्तर में लौटना होगा। मेरी पत्नी ने उससे साफ़ कह दिया कि उसे लगता है उसके पति को उसके भावनात्मक समर्थन की ज़रूरत है और इसलिए वह पूरे दिन की छुट्टी ले रही है।

"सुपरवाइज़र ने जवाब दिया, 'अगर आप पूरे दिन नहीं आएँगी तो हो सकता है आपको नौकरी से हटा दिया जाए।' "

''मेरी पत्नी ने कहा, 'मेरे लिए नौकरी से ज़्यादा महत्वपूर्ण मेरे पति हैं।' उसने पूरा दिन मेरे साथ गुज़ारा। न जाने क्यों उस दिन मुझे उसके प्रेम का एहसास पहले से ज़्यादा हुआ। उसने मेरे लिए जो किया, वह मैं कभी नहीं भूल पाया। और हाँ, उसे नौकरी भी नहीं छोड़नी पड़ी। उसका सुपरवाइज़र जल्दी ही दूसरी जगह चला गया और मेरी पत्नी को काम पर वापस बुला लिया गया।'' वह पत्नी अपने पति की प्रेमभाषा में बातें कर रही थी और पति उसे कभी नहीं भूल पाया।

प्रेम के विषय पर जितना भी लिखा गया है, वह दर्शाता है कि प्रेम के मूल में देने की भावना छुपी हुई है। सभी पाँच प्रेमभाषाएँ हमें चुनौती देती हैं कि हम अपने जीवनसाथी को कुछ दें, परंतु कइयों के लिए उपहार पाना ज़्यादा महत्वपूर्ण होता है। उपहार प्रेम के दिखने वाले प्रतीक हैं जो प्रेम के स्वर को सबसे तेज़ आवाज़ में बोलते हैं। मैंने इस सत्य का सबसे जीवंत चित्रण शिकागो में देखा, जहाँ में जिम और जेनिस से मिला।

उन्होंने मेरे विवाह सेमिनार में भाग लिया और शनिवार दोपहर के सेमिनार के बाद मुझे आ'हारा हवाई अड्डे तक छोड़ने के लिए तैयार हो गए। मेरी उड़ान से पहले हमारे पास दो-तीन घंटे का समय था और उन्होंने मुझसे पूछा कि क्या मैं किसी रेस्त्रों में चलना पसंद करूंगा। मेरे पेट में चूहे कूद रहे था, इसलिए मैं तत्काल राजी हो गया। उस दोपहर मुझे मुफ़्त भोजन तो मिला ही, साथ में कुछ और भी मिला।

जिम और जेनिस दोनों इलिनॉय के खेतों पर बड़े हुए थे और दोनों के घरों के बीच सौ मील से ज़्यादा का फ़ासला नहीं था। वे अपनी शादी के ठीक बाद शिकागो में रहने लगे थे। मैं उनकी कहानी शादी के पंद्रह साल और तीन बच्चों के बाद सुन रहा था। जैसे ही हम बैठे, जेनिस ने तत्काल बातें करना शुरू कर दिया। उसने कहा, 'डॉ. चैपमैन, जिस कारण हम आपको हवाई अड्डे तक छोड़ना चाहते थे। वह यह था कि हम आपको अपने चमत्कार के बारे में बताना चाहते थे।' इस 'चमत्कार' शब्द में ऐसा कुछ है जो मुझे हमेशा सतर्क कर देता है, ख़ासकर तब जब मैं वक्ता को ठीक से नहीं जानता। अब *मैं कौन सी रहस्यमयी, अद्भुत कहानी सुनने जा रहा हूँ*, मैंने कल्पना की। पर मैंने अपने विचारों को अपने पास ही रखा और जेनिस की बातों पर पूरा ध्यान दिया। मुझे एक झटका लगने वाला था।

उसने कहा, 'डॉ. चैपमैन, ईश्वर ने हमारे विवाह में आपके माध्यम से चमत्कार किया है।' मुझे अपराध बोध होना स्वाभाविक था। एक पल पहले ही मैं उसके 'चमत्कार' शब्द

पर संदेह व्यक्त कर रहा था और अब उसके दिमाग़ में मैं ही चमत्कार का माध्यम बन गया था। अब मैं और भी ज़्यादा ध्यान से उसकी बातें सुन रहा था। जेनिस ने बात आगे बढ़ाई, 'तीन साल पहले, हमने शिकागो में पहली बार आपके विवाह सेमिनार में भाग लिया। मैं व्यग्र थी। मैं गंभीरता से जिम को छोड़ने के बारे में सोच रही थी और मैंने उन्हें यह बता भी दिया था। हमारी शादी काफ़ी लंबे समय से नीरस हो गई थी। मैं हार चुकी थी। सालों तक मैंने जिम से यह शिकायत की थी कि मुझे उनके प्रेम की ज़रूरत है पर उन्होंने कभी मेरी बात नहीं मानी। मैं बच्चों से प्यार करती थी और यह जानती थी कि वे भी मुझसे प्यार करते हैं। पर जिम की तरफ़ से मुझे प्यार नहीं मिल रहा था। वास्तव में, उस समय तक मैं जिम से नफ़रत करने लगी थी। वे एक मशीनी व्यक्ति थे। वे हर चीज़ रूटिन के हिसाब से करते थे। उनके काम घड़ी के हिसाब से तय होते थे और वे यह बर्दाश्त नहीं कर पाते थे कि कोई उनके रूटिन को तोड़े।'

उसने कहा, 'वर्षों तक मैंने अच्छी पत्नी बनने की पूरी कोशिश की। मैंने खाना बनाया, कपड़े धोए, प्रेस की। मैंने वे सारी चीज़ें कीं जो मेरे हिसाब से एक अच्छी पत्नी को करना चाहिए। मैंने उनके साथ सेक्स से भी जी नहीं चुराया, क्योंकि मैं जानती थी कि यह उनके लिए महत्वपूर्ण है। पर मुझे उनकी तरफ़ से प्रेम मिलना शुरू नहीं हुआ। मुझे ऐसा लगा जैसे उन्होंने शादी के बाद मुझे प्यार करना और मुझे महत्वपूर्ण मानना छोड़ दिया था। मुझे सराहना मिलना तो दूर, मुझे लग रहा था मानो मेरा शोषण हो रहा हो।

'जब मैंने जिम को अपनी भावनाओं के बारे में बताया तो वे मुझ पर हंसे और उन्होंने कहा कि हमारी शादी बाक़ी शादियों की तरह ही है। वे यह नहीं समझ पा रहे थे कि मैं दुखी क्यों थी। वे मुझे बताते थे कि बिल समय पर चुकाए जा रहे हैं, कि हमारे पास एक अच्छा घर और नई कार है, कि मैं घर के बाहर काम करने या न करने के लिए आज़ाद हूँ और यह कि मुझे हर समय शिकायत करते रहने के बजाय ख़ुश रहने की आदत डालनी चाहिए। उन्होंने मेरी भावनाएँ समझने की कोशिश ही नहीं की। मुझे पूरी तरह नकारे जाने का एहसास हो रहा था।

'खैर', उसने अपनी चाय की प्याली को हटाते हुए और आगे झुकते हुए कहा, 'हम तीन साल पहले आपके विवाह सेमिनार में पहुँचे। इससे पहले हम किसी विवाह सेमिनार में नहीं गए थे। मुझे मालूम नहीं था कि हमें इस सेमिनार से कितने फ़ायदे की उम्मीद करनी चाहिए, पर सच पूछिए तो मुझे कोई ख़ास उम्मीद नहीं थी। मुझे नहीं लगता था कि जिम कभी बदल सकेंगे। सेमिनार के दौरान और बाद में जिम ने कुछ ख़ास नहीं कहा। उन्हें यह पसंद आया था। उन्होंने कहा कि आप बहुत मज़ेदार व्यक्ति हैं। पर उन्होंने मुझसे सेमिनार के विचारों के बारे में कोई बात नहीं की। मुझे ऐसा होने की उम्मीद भी नहीं थी और मैंने उनसे ऐसा करने के लिए कहा भी नहीं। जैसा मैं पहले ही कह चुकी हूँ, मैं तब तक हार मान चुकी थी।

'जैसा कि आपको पता है', उसने कहा, 'सेमिनार शनिवार दोपहर को ख़त्म हुआ। शनिवार की रात और रविवार सामान्य गुज़रे पर सोमवार दोपहर वे ऑफ़िस से घर आए

और उन्होंने मुझे गुलाब का फूल दिया। मैंने आश्चर्यचकित होकर पूछा, 'आप यह कहाँ से लाए?' उन्होंने जवाब दिया, 'मैंने इसे सड़क किनारे की दुकान से ख़रीदा। मैंने सोचा तुम इस क़ाबिल हो कि तुम्हें गुलाब भेंट किया जाए। मैं यह सुनकर रोने लगी, 'ओह, जिम, आप कितने अच्छे हैं?'

'मेरे दिमाग़ में मैं जानती थी,' उसने कहा, 'कि उन्होंने यह गुलाब एक किशोर से ख़रीदा है। मैंने उस दोपहर उस किशोर को गुलाब बेचते हुए देखा था, पर उससे कोई ख़ास फर्क नहीं पड़ा था। असली बात तो यह थी कि वे मेरे लिए गुलाब ख़रीदकर लाए थे। मंगलवार को उन्होंने दोपहर डेढ़ बजे ऑफ़िस से फ़ोन किया और मुझसे पूछा कि वे ऑफ़िस से लौटते वक़्त एक पिज़्ज़ा ख़रीदकर घर लाना चाहते हैं ताकि मुझे डिनर पकाने से छुट्टी मिल सके। मैंने उनसे कहा कि यह बहुत बढ़िया विचार है और फिर ये पिज़्ज़ा लेकर घर आए और हमने मजे का समय गुज़ारा। बच्चों को भी पिज़्ज़ा पसंद आया और उन्होंने इसके लिए डैडी को धन्यवाद दिया। मैंने भी उन्हें गले लगा लिया और कहा कि मुझे भी इसमें बहुत मज़ा आया।

'जब वे बुधवार को घर लौटे तो हर बच्चे के लिए क्रेकर जैक्स का एक बक्सा था और वे मेरे लिए गमले में छोटा सा पौधा लाए। उन्होंने कहा कि वे जानते थे कि गुलाब का फूल जल्दी ही मुरझा जाएगा और इसलिए उन्होंने सोचा कि मुझे ऐसी चीज़ पसंद आएगी, जो कुछ समय तक आस-पास रहे। मुझे लग रहा था जैसे मैं सपना देख रही हूँ। जिम जो कर रहे थे, मुझे उस पर यकीन ही नहीं हो रहा था। मैं सोच नहीं पा रही थी कि वे ऐसा क्यों कर रहे थे। डिनर के बाद गुरुवार की रात उन्होंने मुझे एक कार्ड दिया जिस पर यह संदेश लिखा था कि उन्हें अपने प्यार का अच्छी तरह इज़हार करना नहीं आता, पर उन्हें आशा थी कि यह कार्ड उनके प्यार को व्यक्त कर देगा। दुबारा मेरी आँखों में आँसू आ गए, मैंने उनकी तरफ देखा और एक बार फिर उन्हें गले से लगाकर चूम लिया। उन्होंने कहा, 'क्यों न हम शनिवार रात घर पर आया को बुला लें और हम दोनों डिनर के लिए कहीं बाहर चलें।' मैंने कहा, 'बेहतरीन विचार' है। शुक्रवार की दोपहर वे कुकी शॉप के पास रुक गए और हम सबके लिए मनपसंद कुकी ख़रीदी। एक बार फिर उन्होंने इसे रहस्य रखा और हमें सिर्फ यही बताया कि डिनर के बाद खाने के लिए कुछ है।

'शनिवार की रात तक', उसने कहा, 'मैं आसमान में थी।' मुझे नहीं पता था कि जिम को क्या हो गया है और ऐसा कब तक चलेगा। परंतु मैं हर पल आनंद उठा रही थी। रेस्त्राँ में डिनर के बाद मैंने उनसे पूछ ही लिया, 'जिम मुझे बताओ कि क्या हुआ है। मुझे कुछ समझ में नहीं आ रहा है।'

उसने मुझे ध्यान से देखा और कहा, 'डॉ. चैपमैन, आप इसे समझ लें। जब से हमारी शादी हुई थी, इस व्यक्ति ने उस समय तक मुझे एक गुलाब भी नहीं दिया था। उन्होंने मुझे कभी किसी मौक़े पर एक ग्रीटिंग कार्ड नहीं दिया था। वे मुझसे कहते थे, 'यह पैसे की बर्बादी है, आप कार्ड को देखते हो और फेंक देते हो।' हम पाँच साल में सिर्फ़ एक बार डिनर के लिए बाहर गए थे। उन्होंने बच्चों के लिए कभी कुछ नहीं ख़रीदा था और वे चाहते थे कि मैं भी सिर्फ ज़रूरी चीजें ही ख़रीदें। वे कभी डिनर के लिए घर पर पिज़्ज़ा नहीं लाए

थे। वे मुझसे हर रात डिनर पकाने की उम्मीद रखते थे। मैं समझ नहीं पा रही थी कि उनके व्यवहार में इतना क्रांतिकारी परिवर्तन कैसे आ गया था।'

मैं जिम की तरफ़ मुड़ा और उससे पूछा, 'जब जेनिस ने पूछा कि तुममें क्रांतिकारी परिवर्तन कैसे आया तो तुमने उससे क्या कहा?'

'मैंने उसे बताया कि मैंने सेमिनार में प्रेमभाषाओं पर आपका भाषण सुना था और मैंने महसूस किया कि उसकी प्रेमभाषा उपहार लेना थी। मैंने यह भी सोचा कि मैंने इतने बरसों में एक बार भी उसे उपहार नहीं दिया था, मेरा मतलब है शादी के बाद। मुझे याद आया कि शादी के पहले जब हम डेटिंग कर रहे थे तब मैं उसके लिए फूल और छोटे-मोटे उपहार लेकर जाता था पर शादी के बाद मुझे लगा कि यह फ़िजूलख़र्ची है। मैंने उसे बताया कि मैंने यह फ़ैसला किया था कि मैं एक हफ्ते तक हर रोज़ उसे एक उपहार ख़रीदकर दूँगा और देखूंगा कि इससे कुछ फ़र्क़ पड़ता है या नहीं, मुझे यह मानना पड़ा कि एक हफ़्ते में ही उसके व्यवहार में बहुत बड़ा परिवर्तन आ गया था।

'मैंने उसे बताया कि मेरी राय में आपकी बातें और प्रेमभाषाओं की आपकी अवधारणा वास्तव में सच है और सही प्रेमभाषा सीखना किसी व्यक्ति के प्रेम की कुंजी है। मैंने दुख व्यक्त किया कि पिछले सालों में मैं कितना नासमझ और मूर्ख था और प्रेम की उसकी ज़रूरत को समझने में असफल रहा था। मैंने उसे बताया कि मैं उसे सचमुच प्यार करता था और बच्चों तथा मेरे लिए वह जो भी करती थी, मैं उसकी सराहना करता था। मैंने उसे बताया कि ईश्वर की कृपा से मैं जिंदगी भर उसे तोहफे देता रहूँगा।'

''उसने कहा, 'पर जिम आपके जिंदगी भर हर रोज एक तोहफ़ा कैसे खरीद सकते हो? आपके पास इतने पैसे नहीं है।' 'हो सकता है रोज़ नहीं, पर कम से कम हफ्ते में एक बार इसका मतलब है एक साल में बावन उपहार। जबकि पिछले पाँच सालों में मैंने एक भी उपहार नहीं दिया था।' मैंने कहा, 'और किसने कहा है कि मैं उन सबको ख़रीदने वाला हूँ? मैं उनमें से कुछ को बना भी सकता हूँ या मैं डॉ. चैपमैन का विचार अपनाकर वसंत में सामने के बगीचे से एक मुफ़्त फूल भी दे सकता हूँ।'

जेनिस ने बीच में हस्तक्षेप किया, 'डॉ. चैपमैन, मुझे याद नहीं है कि उन्होंने तीन साल में एक भी तोहफ़ा दिया हो। वे एक नए व्यक्ति बन चुके थे। आप यकीन नहीं करेंगे हम कितने ख़ुश हैं। हमारे बच्चे अब हमें प्रेम के पंछी कहते हैं। मेरा लव टैंक भरा हुआ है और छलक रहा है।'

मैं जिम की तरफ़ मुड़ा और पूछा, 'पर तुम्हारे बारे में क्या है, जिम? क्या तुम्हें जेनिस के प्रेम का एहसास हुआ?'

'हाँ, डॉ. चैपमैन मुझे हमेशा से उसके प्रेम का एहसास था। वह दुनिया की सबसे अच्छी गृहिणी है। वह बहुत अच्छी कुक है। वह मेरे कपड़े साफ़ और प्रेस किए हुए रखती है। वह बच्चों के लिए भी एक अच्छी माँ है। मैं जानता हूँ कि वह मुझसे प्यार करती है।' वह मुस्कराया और उसने कहा, 'अब मैं जानता हूँ कि मेरी प्रेमभाषा क्या है, नहीं क्या?'

मैं जानता था और मैं यह भी जानता था कि जेनिस ने *चमत्कार* शब्द का प्रयोग क्यों किया था।

यह ज़रूरी नहीं कि उपहार महँगे ही हो, न ही उन्हें हर सप्ताह देने की ज़रूरत है। पर कुछ लोगों के लिए उनका मूल्य उनके पैसों की क़ीमत से ताल्लुक नहीं रखता है, बल्कि प्रेम से ताल्लुक रखता है।

अध्याय 7 में हम जिम की प्रेमभाषा को स्पष्ट करेंगे।

प्रेम की पाँच भाषाएँ
सकारात्मक शब्द
प्रतिबद्ध समय
उपहार लेना
सेवा के कार्य
शारीरिक स्पर्श

अध्याय 7

प्रेमभाषा # 4 :
सेवा के कार्य

इससे पहले कि हम जिम और जेनिस से विदा लें, मेरे सवाल के जवाब में जिम ने जो कहा था उसका विश्लेषण करें, 'पर तुम्हारे बारे में क्या है, जिम? क्या तुम्हें जेनिस के प्रेम का एहसास हुआ?'

'हाँ, डॉ. चैपमैन। मुझे हमेशा से उसके प्रेम का एहसास था। वह दुनिया की सबसे अच्छी गृहिणी है। वह बहुत अच्छी कुक है। वह मेरे कपड़े साफ़ और प्रेस किए हुए रखती है। वह बच्चों के लिए भी एक अच्छी माँ है। मैं जानता हूँ कि वह मुझसे प्यार करती है।'

जिम की प्राथमिक प्रेमभाषा वह थी जिसे मैं 'सेवा के कार्य' का नाम देना चाहूँगा। सेवा के कार्य से मेरा आशय उन कामों से है जिनकी आपका जीवनसाथी आपसे उम्मीद करता है। आप इन सेवा के कार्यों से उसे ख़ुश करना चाहते हैं, उसके लिए काम करके आप अपने प्यार का इज़हार करते हैं।

कई काम जैसे खाना पकाना, मेज साफ़ करना, बर्तन साफ़ करना, घर में वैक्यूम क्लीनिंग करना, कमोड साफ़ करना, सिंक से बाल हटाना, शीशे को सफ़ेद धब्बे हटाकर चमकाना, कचरा बाहर ले जाना, बच्चे के डायपर बदलना, बेडरूम पेंट करना, पुस्तकों की धूल साफ़ करना, कार की साफ़-सफ़ाई व सामान्य मरम्मत, कार को धोना और वैक्यूम करना, गैरेज साफ़ करना, घास तराशना, झाडियों को काटना, पत्ते बुहारना, पर्दे साफ़ करना, कुत्ते को घुमाना और मछली के जार में पानी बदलना – ये सभी सेवा के कार्य हैं। इनमें दिमाग़, योजना, समय, प्रयास और ऊर्जा की ज़रूरत होती है। अगर इन कामों को सकारात्मक भाव से किया जाए तो ये प्रेम की अभिव्यक्ति बन सकते हैं।

ईसामसीह ने सेवा के कार्य को प्रेम की अभिव्यक्ति बनाने का एक सरल परंतु बढ़िया उदाहरण प्रस्तुत किया था, जब उन्होंने अपने शिष्यों के पैर धोए थे। एक ऐसी संस्कृति में

जहाँ लोग सेंडल पहनते थे और धूल भरी सड़कों पर चलते थे, वहाँ पर यह आम तौर पर घर के नौकर का काम होता था कि वह अतिथियों के पैर धोए। ईसामसीह ने, जिन्होंने अपने शिष्यों को एक-दूसरे को प्रेम करने की शिक्षा दी थी, उनके सामने प्रेम व्यक्त करने का उदाहरण प्रस्तुत किया, जब उन्होंने अपने हाथ में पानी का बर्तन और तौलिया लिया और उनके पैर धोना शुरू कर दिए।[1] प्रेम की इस सरल अभिव्यक्ति के बाद उन्होंने अपने शिष्यों को अपने उदाहरण का अनुसरण करने के लिए प्रोत्साहित किया।

इससे पहले के अपने जीवनकाल में ईसा ने यह संकेत दिया था कि उनके राज्य में वे लोग महान होंगे जो सेवक हैं। अधिकांश समाजों में जो लोग महान होते हैं, वे छोटे लोगों पर शासन करते हैं पर ईसा ने कहा कि जो महान होते हैं। वे दूसरों की सेवा करते हैं। धर्मोपदेशक पॉल ने संक्षेप में इस दर्शन को स्पष्ट किया है, 'प्रेम से एक-दूसरे की सेवा करो।'[2]

मैंने उत्तर केरोलिना के चाइना प्रव नामक छोटे से गाँव में सेवा के कार्यों का प्रभाव देखा। चाइना ग्रव उत्तर केरोलिना के केंद्र में स्थित है और माउन्ट पायलट से डेढ़ घंटे की दूरी पर है। इस कहानी के समय, चाइना ग्रव वस्त्रोद्योग का केंद्र था। यहाँ की जनसंख्या मात्र 1500 थी। मैं इस स्थान से दस साल से ज़्यादा समय तक दूर रहा था और इस दौरान मैंने मानव विज्ञान, मनोविज्ञान और धर्मशास्त्र का अध्ययन किया था। मैं साल में दो बार अपनी जड़ों से जुड़े रहने के लिए यहाँ की यात्रा करता था और फ़िलहाल मैं इसी तरह की एक यात्रा कर रहा था।

मिल में मैं लगभग हर एक को जानता था, सिर्फ़ डॉ. शिन और डॉ. स्मिथ को छोड़कर। डॉ. शिन मेडिकल डॉक्टर थे और डॉ. स्मिथ दंत चिकित्सक थे। और धर्मोपदेशक ब्लैकबर्न भी थे, जो चर्च के पादरी थे। चाइना द्रव के ज़्यादातर दंपतियों का जीवन काम और चर्च के चारों तरफ़ घूमता था। मिल में सुपरिंटेंडेंट के नवीनतम निर्णय पर चर्चा छिड़ जाती थी और यह विचार होने लगता था कि इससे उनके काम पर क्या असर पड़ेगा। चर्च में स्वर्ग में मिलने वाले आनंदों पर चर्चा होती थी। इस प्राकृतिक अमेरिकी गाँव में मैंने प्रेमभाषा क्रमांक चार को खोजा।

मैं रविवार को चर्च के बाद एक पेड़ के नीचे खड़ा था। मार्क और मैरी मेरे क़रीब आए। मैं उनमें से किसी को भी नहीं पहचान पाया था। मैंने अनुमान लगाया कि मेरे बाहर रहते वक़्त वे बड़े हुए होंगे। अपना परिचय देते हुए मार्क ने कहा, 'मैं जानता हूँ कि आप परामर्श देने का अध्ययन कर रहे हैं।'

मैं मुस्कराया और कहा, 'हाँ, थोड़ा बहुत।'

'मेरा एक सवाल है,' उसने कहा, 'क्या एक दंपति जो हर बात पर असहमत हों, एक साथ सुखी रह सकते हैं?'

यह एक ऐसा सैद्धांतिक प्रश्न था जिसके बारे में मुझे पता था कि इसकी जड़ व्यक्तिगत है। मैंने उस प्रश्न के सैद्धांतिक स्वरूप को एक तरफ़ हटाते हुए उससे सीधे यह व्यक्तिगत सवाल पूछा,' आपकी शादी को कितने साल हुए हैं?

'दो साल। और हम किसी बात पर भी सहमत नहीं हो पाते हैं।'

मैंने कहा, 'कुछ उदाहरण दीजिए।'

'जैसे मैरी मेरे शिकार पर जाने को पसंद नहीं करती है। मैं पूरे सप्ताह मिल में काम करता हूँ और मैं शनिवार को शिकार पर जाना पसंद करता हूँ – हर शनिवार को नहीं, बल्कि सिर्फ़ शिकार के मौसम में।'

इस बिंदु तक मैरी पूर्णतः ख़ामोश थी पर अब उसने कहा, 'जब शिकार का मौसम नहीं होता है, तब वह मछली पकड़ने चला जाता है। इसके अलावा वह सिर्फ़ शनिवार को ही शिकार नहीं करता है। वह शिकार के लिए ऑफ़िस से छुट्टियाँ भी लेता है।'

'साल में एक या दो बार मैं पहाड़ों पर अपने दोस्तों के साथ शिकार पर जाता हूँ और इसके लिए दो या तीन दिनों के लिए काम से छुट्टी लेता हूँ तो इसमें मैं क्या गलत करता हूँ?'

मैंने पूछा, 'और किस बात पर आप असहमत होते हैं?'

'वह मुझे हमेशा चर्च ले जाना चाहती है। मुझे रविवार सुबह जाने में तो दिक्क़त नहीं होती है पर रविवार की रात को मैं पूरी तरह आराम करना चाहता हूँ। मुझे उसके चर्च जाने में कोई तकलीफ़ नहीं है, पर मुझे नहीं लगता कि मुझे भी चर्च जाना चाहिए।'

दुबारा, मैरी ने हस्तक्षेप किया, 'दरअसल तुम तो यह भी नहीं चाहते हो कि मैं भी चर्च जाऊँ। जब भी मैं बाहर जाती हूँ, तुम झगड़ना शुरू कर देते हो।'

मैं जानता था कि चर्च के सामने एक छायादार वृक्ष के नीचे इतनी गर्मजोशी की बातें होना कोई अच्छी बात नहीं थी। परामर्शदाता बनने के इच्छुक किसी भी युवक की तरह ही मेरा भी दिमाग़ चकरा रहा था पर मुझे सवाल पूछने और जवाब सुनने का प्रशिक्षण दिया गया था, इसलिए मैंने पूछा, 'और भी बातें होंगी जिन पर आप असहमत होंगे?'

इस बार मैरी ने जवाब दिया, 'वह चाहता है कि मैं दिन भर घर में रहूँ और काम में जुटी रहूँ। वह पागल हो जाता है, अगर मैं अपनी माँ से मिलने या शॉपिंग करने चली जाती हूँ या कुछ और करने के लिए घर की चौखट लाँघकर बाहर चली जाती हूँ।'

उसने कहा, 'मुझे इस बात से कोई तकलीफ़ नहीं कि वह अपनी माँ से मिलने जाए, पर मैं इतना तो चाहता ही हूँ कि जब मैं शाम को घर लौटूँ तो मुझे घर साफ़-सुथरा मिले। कई सप्ताहों में तो वह तीन या चार दिन तक बिस्तर ही नहीं लगाती है और खाना बनाने में भी देर लगाती है। मैं कड़ी मेहनत करता हूँ। और घर लौटकर मैं डटकर खाना चाहता हूँ। इसके अलावा, घर मलबे के ढेर की तरह लगता है। बच्चे की चीजें फ़र्श पर चारों तरफ़ बिखरी रहती हैं, बच्चा गंदा रहता है और मुझे गंदगी बिलकुल पसंद नहीं है। ऐसा लगता है कि उसे घर को कबूतरखाना बनाने में ही ख़ुशी मिलती है। हमारे पास ज़्यादा सामान तो है नहीं और हम मिल के दिए हुए छोटे से घर में रहते हैं, पर कम से कम हम इस छोटे से घर को साफ़ तो रख सकते हैं।'

मैरी ने पूछा, 'घर में मेरी मदद कराने में क्या गलत है? उसे लगता है कि पतियों को घर के काम नहीं करना चाहिए। उसे तो अपने काम और शिकार के अलावा कुछ सूझता

ही नहीं। वह मुझी से हर काम करने की उम्मीद करता है। वह तो मुझसे अपनी कार भी धुलवाना चाहता है।'

यह विचार करके कि अब मुझे समाधानों की तरफ़ ध्यान देना चाहिए, न कि और ज़्यादा मतभेदों को आमंत्रित करना चाहिए, मैंने मार्क की तरफ़ देखा और कहा, 'मार्क, शादी से पहले जब तुम डेटिंग कर रहे थे, तब क्या तुम हर शनिवार शिकार पर जाते थे?'

'ज़्यादातर शनिवारों को जाता था, उसने कहा, 'पर मैं हमेशा घर जल्दी लौट आता था ताकि मैं उससे शनिवार रात को मिल सकूँ। ज़्यादातर समय, मैं इतना समय रखकर घर लौटता था कि उससे मिलने जाने से पहले अपना ट्रक धो लूँ। मैं उससे मिलने के लिए गंदा ट्रक लेकर नहीं जाना चाहता था।'

'मैरी, शादी के वक़्त तुम्हारी उम्र क्या थी?' मैंने पूछा।

'मैं अठारह साल की थी.' उसने कहा, 'जैसे ही मैंने हाई स्कूल ख़त्म किया, हमने तत्काल शादी कर ली। मार्क ने मुझसे एक साल पहले ग्रेजुएशन कर लिया था और उसे नौकरी मिल गई थी।'

'हाई स्कूल के आख़िरी साल में मार्क कितनी बार तुमसे मिलने आता था?' मैंने पूछा।

'वह लगभग हर रात को आता था। वास्तव में वह दोपहर में आता था और रुक जाता था और मेरे परिवार के साथ रात में सपर लेता था। वह घर में मेरे काम में हाथ बँटाकर मेरी मदद भी कर देता था और फ़िर हम सपर तक बैठकर बातें करते थे।'

'मार्क, सपर के बाद तुम दोनों क्या करते थे?'

मार्क ने हल्की सी मुस्कराहट से मुझे देखा और कहा, 'वही जो डेटिंग में आम तौर पर होता है।'

मैरी ने कहा, 'अगर मुझे कोई स्कूल प्रोजेक्ट पूरा करना होता था तो वह मेरी मदद कर देता था। कई बार हम स्कूल प्रोजेक्ट्स पर घंटों साथ-साथ काम करते थे। मैं सीनियर क्लास के क्रिसमस कार्यक्रम की प्रमुख थी। उसने तीन सप्ताह तक हर दोपहर मेरी मदद की। उस समय वह मेरी कितनी मदद करता था?'

मैंने गियर बदले और उनके मतभेद के तीसरे बिंदु पर अपना ध्यान केंद्रित किया, 'मार्क, जब तुम डेटिंग कर रहे थे, तब क्या तुम मैरी के साथ रविवार की रात को चर्च जाते थे?'

'हाँ, मैं जाता था,' उसने कहा, 'अगर मैं उसके साथ चर्च नहीं जाता तो इसका मतलब यह होता कि उस रात मैं उससे नहीं मिल पाता। उसके पिताजी इस मामले में बहुत सख्त थे।'

मैरी ने कहा, 'और उसने कभी इस बारे में कोई शिकायत नहीं की। दरअसल उसे इसमें मज़ा आता था। उसने क्रिसमस के कार्यक्रम में भी हमारी मदद की। जब हमने क्रिसमस

फ़्लोट प्रोजेक्ट पूरा कर लिया तो हमने चर्च में क्रिसमस कार्यक्रम के लिए सेट पर काम करना चालू कर दिया। हमने एक साथ काम करते हुए लगभग दो सप्ताह गुज़ारे। चित्रकला और सेट बनाने में उसका जवाब नहीं।'

मुझे लग रहा था कि मुझे आशा की किरण दिखाई दे रही थी पर मुझे यक़ीन नहीं था कि मार्क और मैरी इसे देख पा रहे होंगे। मैं मैरी की तरफ़ मुखातिब हुआ और उससे पूछा, 'जब तुम मार्क के साथ डेटिंग पर थीं, तब तुम्हें किस बात से लगता था कि वह तुमसे सच्चा प्यार करता था? जिन और व्यक्तियों के साथ तुमने डेटिंग की थी, उनमें और मार्क में क्या अंतर था?'

'जिस तरह से वह हर चीज़ में मेरी मदद करता था, उसकी यह अदा औरों से हटकर थी।' उसने कहा, 'वह मेरी मदद करने के लिए बहुत उत्सुक रहता था। और किसी ने भी इन चीज़ों में रुचि तक नहीं दिखाई थी, पर मार्क के लिए यह बिलकुल सहज और स्वाभाविक था। जब वह हमारे घर सपर पर आता था तो वह बर्तन साफ़ करने में भी मेरी मदद करता था। वह मेरी नज़र में सबसे अद्भुत व्यक्ति था। पर हमारी शादी के बाद वह बिलकुल बदल गया है। उसने मेरी मदद करना पूरी तरह से छोड़ दिया है।'

मार्क की तरफ़ मुड़ते हुए मैंने उससे पूछा, 'तुम्हें क्या लगता है तुम शादी से पहले मैरी की इतनी मदद क्यों करते थे?'

'यह मेरे लिए सहज और स्वाभाविक प्रक्रिया थी। मैं अपनी प्रेमिका से भी इसी तरह की मदद की उम्मीद करता,अगर उसे मेरी परवाह होती।'

मैंने पूछा, 'फ़िर तुमने शादी के बाद उसकी मदद करना क्यों छोड़ दिया?'

'मुझे लगता है कि मैं अपने परिवार की परंपरा निभाना चाहता था। पिताजी काम पर जाते थे और माँ घर की देखभाल करती थी। मैंने कभी अपने पिता को फ़र्श वैक्यूम करते या बर्तन साफ़ करते या घर में कोई भी काम करते नहीं देखा। चूँकि माँ घर के बाहर काम पर नहीं जाती थीं, इसलिए वह घर चमकाकर रखती थीं, रसोई पकाती थीं, कपड़े धोती और प्रेस करती थीं। और मैंने यह मान लिया कि काम का बँटवारा इसी तरह होना चाहिए।'

यह आशा करते हुए कि मार्क भी वही देख रहा होगा जो मैं देख रहा था. मैंने पूछा, 'मार्क, एक मिनट पहले तुमने मैरी की बात सुनी थी, जब उसने मेरी बात के जवाब में यह बताया था कि डेटिंग के वक़्त उसने तुममें क्या खासियत देखी थी, वह तुमसे क्यों प्रेम करती थी ?'

उसने जवाब दिया, 'मैं हर काम में उसकी मदद करता था।'

आग्रह प्रेम को दिशा देते हैं,
पर मांगें प्रेम का बहाव रोक देती है।

'तो अब तुम समझ सकते हो,' मैंने अपनी बात जारी रखी, 'कि तुम्हारे मदद करना बंद कर देने से उसे क्यों लग रहा है कि तुम उसे प्रेम नहीं करते हो?'

उसका सिर ऊपर-नीचे हो रहा था। 'तुम्हारे लिए यह सहज बात थी कि तुम अपने माता-पिता के मॉडल का अनुसरण करो। हममें से ज़्यादातर लोग यही करते हैं, पर मैरी के प्रति तुम्हारा व्यवहार शादी के बाद पूरी तरह बदल गया। वह एक चीज़ जिससे उसे तुम्हारे प्रेम पर भरोसा था, वही ख़त्म हो गई।

फ़िर मैं मैरी की तरफ़ मुड़ा और उससे पूछा, "तुमने अभी मार्क का जवाब सुना। मैंने उससे यह सवाल पूछा था, 'तुम्हें क्या लगता है तुम शादी से पहले मैरी की इतनी मदद क्यों करते थे?'"

'उसने कहा था कि यह उसके लिए सहज और स्वाभाविक था,' मैरी ने जवाब दिया।

'बिलकुल ठीक', मैंने कहा, 'और उसने यह भी कहा था कि वह अपनी प्रेमिका से भी इसी तरह की मदद की उम्मीद करता, अगर वह उसे प्रेम करती हो। वह तुम्हारे लिए और तुम्हारे साथ ये चीज़ें इसलिए करता था, क्योंकि उसके विचार से यही प्रेम दर्शाने का तरीक़ा था। एक बार आप दोनों की शादी हो गई और दोनों अपने घर में रहने आ गए तो उसके मन में आपसे स्पष्ट आशाएँ थीं कि चूँकि आप उससे प्रेम करती थीं, इसलिए आप घर को साफ़ रखेंगी, खाना बनाएँगी आदि। संक्षेप में आप ये चीज़ें करके उसके प्रति अपना प्रेम व्यक्त करतीं। जब उसने देखा कि आप ये काम नहीं कर रही हैं तो स्वाभाविक रूप से उसने यह निष्कर्ष निकाला कि आप उससे प्रेम नहीं करती हैं। क्या आप समझ पा रही हैं?' अब मैरी का सिर हिल रहा था। मैंने कहा, 'मेरा अनुमान है कि आप दोनों विवाह में इसलिए दुखी हैं क्योंकि आपमें से कोई भी एक-दूसरे की मदद के काम करके अपने प्रेम का इज़हार नहीं कर रहा है।'

मैरी ने कहा, 'मुझे लगता है आप सही हैं। मैंने उसकी ख़ुशी के लिए काम करना इसलिए बंद कर दिया, क्योंकि मैं उसकी माँगों से नफ़रत करने लगी थी। ऐसा लगता था जैसे वह मुझे अपनी माँ की तरह बनाने की कोशिश कर रहा था।'

'आप बिलकुल सही हैं,' मैंने कहा, 'और कोई भी यह पसंद नहीं करता कि उससे कोई काम ज़बर्दस्ती करवाया जाए। वास्तव में, प्रेम हमेशा उन्मुक्तता से ख़ुद दिया जाता है। प्रेम माँगा नहीं जा सकता। हम एक-दूसरे से आग्रह कर सकते हैं पर हमें कभी भी कोई चीज़ माँगनी नहीं चाहिए। आग्रह प्रेम को दिशा देते हैं, जबकि माँगें प्रेम का बहाव रोक देती हैं।'

मार्क बीच में बोल पड़ा, 'वह सही है, डॉ. चैपमैन। मैं उसकी आलोचना करता था और उससे माँगें करता था, क्योंकि मैं पत्नी के रूप में उससे निराश था। मैं जानता हूँ कि मैंने उससे कई कड़वी बातें भी कहीं और मैं समझ सकता हूँ कि वह मुझसे परेशान क्यों थी?'

'मुझे लगता है इस मोड़ पर हम घटनाओं का रुख़ बदल सकते हैं, मैंने कहा। मैंने अपनी जेब से दो काग़ज़ निकाले, 'चलिए हम कुछ कोशिश करते हैं। मैं आप दोनों से चर्च की सीढ़ियों पर बैठकर एक आग्रह सूची बनवाता हूँ। मार्क, आप तीन या चार चीज़ें लिख दें जिन्हें अगर मैरी करे तो आपको यह एहसास हो जाए कि वह आपसे प्रेम करती

है। अगर आपकी नज़र में बिस्तर लगाना महत्वपूर्ण है तो उसे लिख दें। मैरी, मैं आपसे भी यही चाहता हूँ कि आप भी तीन या चार कामों की सूची बनाओ जो अगर मार्क करे तो तुम्हें इस बात का एहसास हो जाए कि वह तुम्हें प्रेम करता है।' (मुझे सूचियों से प्रेम है, क्योंकि वे हमारे विचारों को स्पष्ट करती हैं।)

पाँच या छह मिनट बाद उन दोनों ने अपनी-अपनी सूचियाँ मुझे थमा दीं।

मार्क की सूची इस तरह थी :

1. हर रोज़ बिस्तर लगाना
2. जब मैं घर लौटूँ तो बच्चे का मुँह साफ़ रखना
3. मेरे घर लौटने से पहले वह अपने जूते सही जगह पर रख दे।
4. मेरे घर लौटने से पहले वह सपर बनाना शुरू कर दे ताकि घर आने के 30-40 मिनट के भीतर में इसे खा सकूँ।

मैंने इस सूची को ज़ोर से पढ़ा और मार्क से कहा, 'मुझे आशा है कि अगर मैरी ये चार काम करेगी तो तुम इन्हें उसके प्रेम का प्रतीक समझोगे।'

'हाँ', उसने कहा, 'अगर वह ये चार चीज़ें करती है तो उसके प्रति मेरा नज़रिया काफ़ी बदल जाएगा।'

इसके बाद मैंने मैरी की सूची पढ़ी :

1. मैं चाहती हूँ कि वह हर सप्ताह कार ख़ुद धोया करे और मुझसे यह काम करने की उम्मीद न रखा करे।
2. मैं चाहती हूँ कि दोपहर में जब वह घर लौटे और मैं सपर बना रही हूँ तो वे बच्चे का डायपर बदल दे।
3. मैं चाहती हूँ कि सप्ताह में एक बार वह मेरे लिए घर वैक्यूम कर दे।
4. मैं चाहती हूँ कि गर्मियों में हर हफ़्ते वह घास काट दिया करे और उसे इतना लंबा न होने दिया करे कि मुझे अपने आँगन पर शर्म आए।

मैंने कहा, 'मैरी, क्या मैं यह समझूँ कि अगर मार्क ये चार काम करता है। तो तुम इन्हें उसके प्रेम की वास्तविक अभिव्यक्ति समझोगी?'

'बिलकुल', उसने कहा, 'अगर वह मेरे लिए यह सब करता है तो मज़ा ही आ जाएगा।'

'क्या यह सूची तुम्हें ठीक लगती है, मार्क? क्या तुम ये सब काम कर सकते हो?'

'हाँ।'

'मैरी, क्या मार्क की सूची तुम्हें ठीक लगती है? अगर तुम ऐसा करने का सोचो तो क्या तुम यह काम कर सकती हो?'

'हाँ,' उसने कहा, 'मैं कर सकती हूँ। अतीत में तो मुझ पर काम का इतना सारा मानसिक बोझ लदा हुआ था, क्योंकि मैं जितना भी करती थी, इनकी नज़र में पर्याप्त नहीं था।'

'मार्क', मैंने कहा, 'तुम समझ सकते हो कि जो सुझाव मैं तुम्हें देने जा रहा हूँ, वह तुम्हारे माता-पिता की गृहस्थी के मॉडल से हटकर है।' 'नहीं', उसने कहा, 'मेरे पिताजी घास काटते थे और कार धोते थे।'

'पर वे डायपर नहीं बदलते थे और फ़र्श वैक्यूम नहीं करते थे, है ना?'

'हाँ', उसने कहा।

'तुम्हें भी ऐसा करने की ज़रूरत नहीं है। फिर भी, अगर तुम ऐसा करते हो तो यह मैरी के प्रति तुम्हारे प्रेम का सूचक होगा।'

शादी से पहले हम एक-दूसरे के लिए जो करते हैं
वह इस बात का सूचक नहीं होता कि
हम शादी के बाद भी एक-दूसरे के लिए वही करेंगे।

और मैंने मैरी से कहा, 'तुम समझ सकती हो कि तुम्हें भी ये चीजें करने की ज़रूरत नहीं है, पर अगर तुम मार्क के लिए प्रेम व्यक्त करना चाहती हो तो उसके लिए ये चार आसान तरीके हैं। मैं यह सुझाव देना चाहता हूँ कि आप दोनों इन बिंदुओं पर दो माह तक चलने की कोशिश करें और देखें कि इनसे कितनी मदद मिलती है। अगर दो माह के बाद आप अपनी सूचियों में कुछ अतिरिक्त आग्रह जोड़ना चाहते हैं तो एक-दूसरे की सहमति से जोड़ लें। पर एक माह में सिर्फ़ एक अतिरिक्त आग्रह ही जोड़ना उचित होगा।'

मैरी ने कहा, 'यह समझदारीपूर्ण होगा। मार्क ने कहा, 'मैं सोचता हूँ आपने हमारी काफ़ी मदद की है।' वे दोनों एक-दूसरे का हाथ थामकर अपनी कार की तरफ़ बढ़ गए और मैंने अपने आप से ऊँचे स्वर में कहा, 'मैं सोचता हूँ चर्च का यही उद्देश्य है। मुझे लगता है कि मुझे परामर्शदाता के काम में आनंद आएगा।' जो अंतर्दृष्टि मुझे उस वृक्ष के नीचे मिली, उसे मैं कभी भी नहीं भूल सकता।

वर्षों के शोध के बाद अब मुझे अहसास हुआ है कि मार्क और मैरी की स्थिति कितनी अद्भुत थी। यह दुर्लभ है कि जोड़े में से दोनों की प्रेमभाषा एक ही हो। मार्क और मेरी दोनों ही की प्राथमिक प्रेमभाषा 'सेवा के कार्य' थी। सैकड़ों व्यक्ति मार्क और मैरी के

साथ भावनात्मक जुड़ाव अनुभव कर सकते हैं और यह स्वीकार कर सकते हैं कि अगर उनका जीवनसाथी 'सेवा के कार्य' करे तो उन्हें उसकी तरफ़ से प्रेम का अनुभव होगा। जूते सही जगह रखना, बच्चे का डायपर बदलना, बर्तन या कार धोना, घर वैक्यूम करना, लॉन तराशना जैसे काम उस व्यक्ति के लिए बहुत महत्वपूर्ण हो जाते हैं जिसकी प्राथमिक प्रेमभाषा 'सेवा के कार्य' है।

आप ताज्जुब कर रहे होंगे कि *अगर मार्क और मैरी की प्राथमिक प्रेमभाषा एक ही थी तो उन्हें इतनी दिक़्क़त क्यों आ रही थी।* इसका जवाब यह है कि उनकी भाषा तो एक थी, पर वे अलग-अलग बोलियाँ बोल रहे थे। वे एक-दूसरे के लिए चीज़ें कर रहे थे, पर वे एक-दूसरे के लिए सबसे महत्वपूर्ण चीज़ें नहीं कर रहे थे। जब ये क्रमबद्ध रूप से सोचने के लिए मज़बूर हुए तो उन्होंने आसानी से अपनी विशिष्ट बोलियों को पहचान लिया। मैरी के लिए यह कार धोना, बच्चे का डायपर बदलना, फ़र्श वैक्यूम करना और घास काटना था, जबकि मार्क के लिए यह बिस्तर लगाना, बच्चे का मुँह साफ़ रखना, जूते सही जगह रखना और सपर बनाना शुरू कर देना था। जब उन दोनों ने सही बोलियाँ बोलना शुरू कर दिया तो उनका लव टैंक भरना भी शुरू हो गया। चूँकि उन दोनों की प्राथमिक प्रेमभाषा 'सेवा के कार्य' ही थी इसलिए एक-दूसरे की बोली सीखना उनके लिए अपेक्षाकृत आसान था।

इससे पहले कि हम मार्क और मैरी से विदा लें, मैं तीन निष्कर्ष निकालना चाहूँगा। पहला, इससे हमें यह तथ्य ज्ञात होता है कि शादी से पहले हम एक-दूसरे के लिए जो करते हैं, वह इस बात का सूचक नहीं है कि हम शादी के बाद भी एक-दूसरे के लिए वही करेंगे। शादी से पहले हममें प्रेम की दीवानगी और उन्माद भरा होता है जो हमसे अस्वाभाविक कार्य करवाने की क्षमता रखता है। विवाह के बाद हम अपने स्वाभाविक रूप में आ जाते हैं, जैसा हम 'प्रेम में पड़ने' से पहले थे। हमारे कार्य हमारे माता-पिता के मॉडल, हमारे अपने व्यक्तित्व, प्रेम के हमारे विचार, हमारी भावनाओं, ज़रूरतों और इच्छाओं के द्वारा संचालित होते हैं। हमारे व्यवहार के बारे में एक ही बात निश्चित या तय होती है, हमारा व्यवहार वह नहीं होगा जो 'प्रेम में पड़ने' के उन्माद के समय होता है।

इसके बाद मार्क और मैरी के उदाहरण में छुपे दूसरे सत्य को जान लें। प्रेम चुनाव है और इसे शक्ति या दबाव के माध्यम से हासिल नहीं किया जा सकता। मार्क और मैरी एक-दूसरे के व्यवहार की आलोचना कर रहे थे, पर उससे उन्हें कोई फ़ायदा नहीं हो रहा था। एक बार जब उन दोनों ने माँगों के बजाय आग्रहों पर ज़ोर देने का निर्णय लिया तो उनके विवाह में प्रेम का आगमन हो गया। आलोचना और माँगों से प्रेम में गाँठ पड़ती है। ज़्यादा आलोचना से आप अपने जीवनसाथी से अपना मनचाहा काम तो करवा सकते हैं। वह आपके द्वारा चाहा गया काम कर भी देगा पर शायद वह प्यार का इज़हार नहीं होगा। आप आग्रह द्वारा अपने प्रेम को नई दिशा दे सकते हैं, 'मैं चाहती हूँ कि तुम कार धो दो, बच्चे का डायपर बदल दो, घास काट दो' पर आप प्रेम की इच्छा निर्मित नहीं कर सकते। हममें से हर एक व्यक्ति को रोज़ यह फ़ैसला करना होता है कि उसे अपने जीवनसाथी से प्रेम करना है या नहीं। अगर हम प्रेम करने का चुनाव करते हैं तो अपने जीवनसाथी के आग्रहों के अनुसार उसे व्यक्त करना हमारे प्रेम का सबसे प्रभावी भावनात्मक कार्य होगा।

एक तीसरा सत्य भी है जो केवल परिपक्व प्रेमी ही समझ सकता है। मेरे व्यवहार के बारे में मेरे जीवनसाथी की आलोचना से मुझे उसकी प्राथमिक प्रेमभाषा का सबसे स्पष्ट संकेत मिलता है। लोग अपने जीवनसाथी की आलोचना सबसे ज़्यादा उसी क्षेत्र में करते हैं जिस क्षेत्र में उनकी गहनतम भावनात्मक ज़रूरत होती है। उनकी आलोचना प्रेम के आग्रह का प्रभावहीन तरीक़ा होती है। अगर हम इसे समझ लें तो हम उनकी आलोचना का ज़्यादा रचनात्मक तरीक़े से उपयोग कर सकते हैं। एक पत्नी अपने पति की आलोचना सुनने के बाद यह कह सकती है, 'मुझे लगता है यह तुम्हारे लिए बहुत महत्वपूर्ण है क्या तुम इसे स्पष्ट करोगे कि यह तुम्हारे लिए इतना महत्वपूर्ण क्यों है?'

आलोचना में अक्सर स्पष्टीकरण की ज़रूरत होती है। इस तरह की चर्चा से अंततः आलोचना माँग के बजाय आग्रह में बदल जाएगी। मैरी मार्क के शिकार पर जाने की लगातार आलोचना करती थी पर इसका यह अर्थ नहीं था कि वह शिकार के खेल से नफ़रत करती थी। वह शिकार को इसलिए दोष देती थी, क्योंकि उसके कारण मार्क कार नहीं धोता था, घर वैक्यूम नहीं करता था, घास नहीं काटता था। जब मार्क ने अपनी पत्नी की भावनात्मक प्रेमभाषा में बोलना शुरू कर दिया तो मैरी ने शिकार की आलोचना करना भी बंद कर दिया।

पायदान या प्रेमी?

'मैंने बीस साल तक उसकी सेवा की। मैं उसकी सेवा के लिए एक पैर पर खड़ी रहती थी। पर मैं उसके लिए महज पायदान थी और उसने मुझे हमेशा नज़रअंदाज किया, मेरे साथ दुर्व्यवहार किया और मेरे दोस्तों तथा परिवार के लोगों के सामने मुझे अपमानित किया। मैं उससे नफ़रत नहीं करती हूँ। मैं उसका बुरा भी नहीं चाहती हूँ। पर मुझे उस पर गुस्सा आता है और अब मैं उसके साथ एक पल भी नहीं रहना चाहती है।' इस पत्नी ने बीस सालों तक 'सेवा के कार्य' किए हैं, पर ये कार्य प्रेम की अभिव्यक्ति नहीं थे। वे डर, अपराधबोध या आक्रोश के कारण किए गए थे।

पिछले तीस सालों के सामाजिक परिवर्तनों के कारण
अब अमेरिकी समाज में पुरुष और महिला के
सर्वस्वीकृत मॉडल नहीं रह गए हैं।

पायदान निर्जीव वस्तु है। आप इस पर पैर पोंछ सकते हैं खड़े हो सकते हैं, इसे लात मार सकते हैं या इसका जो करना चाहें कर सकते हैं। इसकी खुद की कोई इच्छा नहीं होती है। यह आपकी सेवक हो सकती है, प्रेमी नहीं। जब हम अपने जीवनसाथी से वस्तु की तरह

व्यवहार करने लगते हैं तो हम प्रेम की संभावना को ही समाप्त कर देते हैं। अपराध बोध द्वारा काम करवाना ("अगर तुम एक अच्छे जीवनसाथी हो तो तुम मेरे लिए यह करोगे") प्रेम की भाषा नहीं है। डर द्वारा धमकाना ("अगर तुमने यह काम नहीं किया तो इसके परिणाम अच्छे नहीं होंगे") प्रेम के क्षेत्र में आता ही नहीं है। कोई भी व्यक्ति पायदान नहीं हो सकता। हम अपना उपयोग होने दे सकते हैं पर हम सभी वास्तव में भावनाओं, विचारों और इच्छाओं वाले जीवित प्राणी होते हैं और हममें निर्णय लेने और उनके अनुरूप कार्य करने की योग्यता होती है। अपने आपका इस्तेमाल होने देना या भयाक्रांत हो जाना प्रेम की निशानी नहीं है। दरअसल यह धोखे का कार्य है। आप उसमें अमानवीय आदत विकसित होने दे रहे हैं। प्रेम कहता है, 'मैं तुम्हें इतना ज़्यादा प्रेम करता हूँ कि तुम्हें इस तरह का व्यवहार नहीं करने दूंगा। यह व्यवहार न तो तुम्हारे लिए अच्छा है, न ही मेरे लिए।'

दक़ियानूसी मान्यताओं से पार पाना

'सेवा के कार्य' की प्रेमभाषा सीखने के लिए हमें पतियों और पत्नियों की भूमिकाओं के बारे में प्रचलित दक़ियानूसी मान्यताओं का पुनर्परीक्षण करना होगा। मार्क वही कर रहा था जो हममें से ज़्यादातर लोग सहजता से करते हैं। वह अपने माता-पिता के रोल मॉडल का अनुसरण कर रहा था, पर वह पूरी तरह यह भी नहीं कर रहा था। उसके पिता कार धोते थे और घास काटते थे, जो मार्क नहीं करता था। पर उसके दिमाग़ में यह तस्वीर स्पष्ट थी कि एक पति को क्या करना चाहिए। उस तस्वीर में उसने अपने आपको फ़र्श साफ़ करते या बच्चे के डायपर बदलते हुए नहीं देखा था। उसकी प्रशंसा करनी होगी कि जब उसने यह महसूस किया कि यह मैरी के लिए कितना महत्वपूर्ण है तो वह अपनी मान्यता को बदलने के लिए तैयार हो गया। यह हम सभी के लिए ज़रूरी है अगर हमारे जीवनसाथी की प्राथमिक प्रेमभाषा हमसे ऐसा कुछ करने की माँग करती है, जो हमारी भूमिका से मेल नहीं खाता।

पिछले तीस सालों के सामाजिक परिवर्तनों के कारण अब अमेरिकी समाज में पुरुष और महिला के सर्वस्वीकृत मॉडल नहीं रह गए हैं। पर इसका यह अर्थ नहीं है कि सभी मान्यताएँ ख़त्म हो गई हैं। इसका यह अर्थ है कि मान्यताओं की संख्या बढ़ गई है। टेलीविज़न के आने से पहले एक व्यक्ति के अनुसार पति या पत्नी को क्या करना चाहिए, इस बात का निर्धारण उसके माता-पिता के प्रभाव से होता था। टेलीविज़न के आने के बाद और एक-पालक के परिवारों की संख्या में बढ़ोतरी के बाद रोल मॉडल घर के बाहर की शक्तियों से बहुत प्रभावित होते हैं। हमारे विचार जो भी हों, इस बात की काफ़ी संभावना है कि आपका जीवनसाथी विवाह की भूमिका के बारे में आपसे अलग राय रखता होगा। अगर हम प्रेम को ज़्यादा प्रभावी ढंग से व्यक्त करना चाहते हैं तो मान्यता को जाँचने और उसे बदलने की इच्छा रखना ज़रूरी है। याद रखें, दक़ियानूसी मान्यताओं को बनाए रखने के लिए आपको कोई पुरस्कार नहीं मिलने वाला है, पर अगर आप अपने जीवनसाथी की भावनात्मक ज़रूरतों को पूरा करेंगे तो उसमें आपको ढेरों पुरस्कार मिलेंगे।

हाल ही में एक पत्नी ने मुझसे कहा, 'डॉ. चैपमैन, मैं अपने सभी दोस्तों को आपके सेमिनार में भेजने वाली हूँ।'

'क्यों ?' मैंने पूछा।

'क्योंकि इसने हमारे विवाह में आमूलचूल परिवर्तन कर दिया है। सेमिनार से पहले बॉब ने कभी किसी क्षेत्र में मेरी मदद नहीं की। हमने कॉलेज के ठीक बाद अपना कैरियर शुरू कर दिया था, पर घर के सारे काम करना मेरे ही जिम्मे था। यह उनके दिमाग में आया ही नहीं कि उन्हें मेरी मदद करना चाहिए। सेमिनार के बाद उन्होंने मुझसे पूछना शुरू कर दिया, 'मैं इस शाम को तुम्हारी मदद करने के लिए क्या कर सकता हूँ?' यह आश्चर्यजनक परिवर्तन था। पहले तो मुझे यकीन ही नहीं हो रहा था कि यह सच है, पर यह तीन सालों से लगातार हो रहा है।

'मुझे यह मानना पड़ेगा कि शुरुआती हफ़्तों में कई मुश्किलें और हँसी के क्षण आए , क्योंकि वे जानते ही नहीं थे कि काम कैसे किया जाता है। पहली बार जब उन्होंने कपड़े धोए तो सामान्यतः प्रयुक्त डिटर्जेन्ट के बजाय उन्होंने बिना पानी मिलाए ब्लीच का प्रयोग कर दिया। हमारे नीले तौलिए पर सफ़ेद निशान पड़ गए। फ़िर पहली बार जब उन्होंने कचरे को साफ़ किया तो थोड़ी ही देर बाद बग़ल वाले सिंक की नाली से साबुन के बुलबुले निकलने लगे। वे नहीं जानते थे कि क्या हो रहा है, जब तक कि मैंने सफ़ाई के बटन को बंद नहीं कर दिया। मैंने अपना हाथ अंदर डालकर देखा तो मुझे नए साबुन का टुकड़ा मिला जो अब एक चौथाई बचा था। पर वे मेरी भाषा में मुझे प्रेम कर रहे थे और मेरा लव टैंक भर रहा था। अब वे जानते हैं कि घर के कामकाज कैसे किए जाते हैं और वह हमेशा मेरी मदद करते हैं। हम दोनों इकट्ठे ज़्यादा समय गुज़ार पाते हैं क्योंकि मुझे हमेशा काम में नहीं जुटे रहना पड़ता है। मेरा यक़ीन कीजिए, मैंने उनकी प्रेमभाषा सीख ली है और मैं उनका लव टैंक भी भरा हुआ रखती हूँ।'

क्या यह इतना सहज है?

सहज? हाँ। आसान? नहीं। बॉब पिछले पैंतीस सालों से जिस दक़ियानूसी मान्यता के साथ जी रहा था, उसे तोड़ने में उसे बहुत मेहनत करना पड़ी। यह आसान नहीं था पर वह आपको बता सकता है कि अपने जीवनसाथी की प्राथमिक प्रेमभाषा को सीखने और उसे बोलने से विवाह के भावनात्मक मौसम में पूरी तरह बदलाव आ सकता है। अब हम प्रेमभाषा क्रमांक 5 की तरफ़ चलते हैं।

नोट्स

1. जॉन 13:3-17
2. गेलेशियन्स 5:13

प्रेम की पाँच भाषाएँ
सकारात्मक शब्द
प्रतिबद्ध समय
उपहार लेना
सेवा के कार्य
शारीरिक स्पर्श

अध्याय 8

प्रेमभाषा # 5 : शारीरिक स्पर्श

हम काफ़ी समय से जानते हैं कि शारीरिक स्पर्श भावनात्मक प्रेम अभिव्यक्त करने का एक तरीक़ा है। शिशु विकास के क्षेत्र में जारी बहुत से शोध कार्य इस निष्कर्ष पर पहुँचे हैं कि जिन बच्चों को छुआ, गोद लिया और चूमा जाता है, वे ज़्यादा स्वस्थ भावनात्मक जीवन जीते हैं बजाय उन बच्चों के जो ज़्यादातर समय शारीरिक स्पर्श के बगैर रहते हैं। बच्चों को छूने का महत्व कोई आधुनिक विचार नहीं है। पहली सदी में फ़िलिस्तीन में रहने वाले हिब्रू लोग ईसामसीह को एक धर्मोपदेशक के रूप में पहचानकर अपने बच्चों को उनके पास लाते थे, ताकि वे उन्हें छू भर लें।[1] आपको शायद यह याद होगा कि ईसामसीह के शिष्यों ने उन माता-पिताओं को तिरस्कृत किया, क्योंकि उनका विचार था कि ईसामसीह के पास इन तुच्छ कामों के लिए समय नहीं होगा। पर धर्मग्रंथ बताते हैं कि "ईसा इस बात पर अपने शिष्यों पर नाराज़ हो गए और उन्होंने कहा, 'बच्चों को मेरे पास आने दो, उन्हें रोको मत, क्योंकि ईश्वर का राज्य इन्हीं जैसे लोगों का है। मैं तुम्हें हक़ीक़त बताता हूँ। जो ईश्वर के राज्य को एक छोटे बच्चे की तरह स्वीकार नहीं करेगा, वह कभी इसमें प्रवेश नहीं कर पाएगा।' और उन्होंने बच्चों को अपनी बाँहों में ले लिया, उनके चेहरों पर अपने हाथ फेरे और उन्हें आशीर्वाद दिया।"[2] हर संस्कृति में समझदार माता-पिता स्पर्श करने वाले माता-पिता होते हैं।

शारीरिक स्पर्श वैवाहिक प्रेम संप्रेषित करने का भी सशक्त माध्यम है। हाथ पकड़ना, चुंबन, आलिंगन और सेक्स अपने जीवनसाथी के प्रति भावनात्मक प्रेम संप्रेषित करने के तरीक़े हैं। कुछ लोगों के लिए शारीरिक स्पर्श प्राथमिक प्रेमभाषा होती है। इसके बिना उन्हें प्रेम किए जाने का अहसास ही नहीं होता। इससे उनका भावनात्मक टैंक भरा रहता है और वे अपने जीवनसाथी के प्रेम में सुरक्षित महसूस करते हैं।

पुराने लोग कहा करते थे, 'पुरुष के दिल का रास्ता उसके पेट से होकर जाता है।' जो औरतें इस बात पर भरोसा करती हैं उनके पतियों की तोंद निकल आई है और उन्हें हृदय रोग हो गया है। पर पुराने लोगों का विचार शरीर में स्थित हृदय के बारे में नहीं था, बल्कि पुरुष के रूमानी केंद्र के बारे में था। यह कहना ज़्यादा सही होगा, 'कुछ पुरुषों के दिल का रास्ता उनके पेट से होकर जाता है।' मुझे उस पति की याद आती है जिसने कहा था, 'डॉ. चैपमैन, मेरी पत्नी बेहतरीन कुक है। वह किचन में घंटों गुज़ारती है। वह खाने में ढेर सारे व्यंजन बनाती है। और मैं? मैं सिर्फ़ मांस और आलू खाने वाला व्यक्ति हूँ। मैं उसे बताता हूँ कि वह अपना समय बर्बाद कर रही है। मुझे सादा खाना पसंद है। इस बात से उसे चोट पहुँचती है और वह कहती है कि मैं उसकी तारीफ़ नहीं करता। मैं उसकी तारीफ़ करता हूँ। पर मैं चाहता हूँ कि वह इतने सारे पकवान बनाने में अपना समय बर्बाद न करे। तब हमारे पास इकट्ठे रहने के लिए ज़्यादा समय होगा और उसके पास दूसरे काम करने के लिए ऊर्जा बची रहेगी।' स्पष्ट रूप से खाने के ढेर से पकवानों के बजाय 'दूसरे काम' उसके दिल के ज़्यादा करीब थे।

उस आदमी की पत्नी कुंठित प्रेमी थी। जिस परिवार में यह बड़ी हुई थी, वहाँ माँ एक अच्छी कुक थी और उसके पिता माँ के खाने की तारीफ़ किया करते थे। उसे याद था कि पिताजी माँ से कहते थे, 'जब मैं इस तरह का खाना खाने के लिए बैठता हूँ तो तुम्हें प्रेम करना मेरे लिए कितना आसान हो जाता है।' उसके पिता उसकी माँ की पाककला की प्रशंसा करते नहीं थकते थे। अकेले में और सबके सामने वे उसकी पाककला का गुणगान किया करते थे। पुत्री भी अपनी माँ के मॉडल से ही सीखी। समस्या यह थी कि उसकी शादी अपने पिता से नहीं हुई थी। उसके पति की प्रेमभाषा दूसरी ही थी।

पति के साथ मेरी चर्चा में मुझे यह पता लगाने में ख़ास वक़्त नहीं लगा कि 'दूसरे कामों' से उसका आशय सेक्स से था। जब उसकी पत्नी उसके साथ सेक्स का आनंद उठाती थी, तो वह उसके प्रेम में सुरक्षित अनुभव करता था। पर जब किसी भी कारण से वह सेक्स से पीछे हटती थी तो उसकी सारी पाककला भी उसके पति को यह नहीं जता पाती थी कि वह उसे सचमुच प्रेम करती थी। पति को उसके भोजन से कोई दिक़्क़त नहीं थी पर उसके दिल में यह 'प्रेम' का विकल्प नहीं था।

संभोग शारीरिक स्पर्श की प्रेमभाषा की सिर्फ़ एक बोली है। पाँच इंद्रियों में से एक स्पर्श बाक़ी चार इंद्रियों की तरह शरीर के एक निश्चित भाग तक ही सीमित नहीं रहता। हमारे शरीर में हर तरफ़ छोटे-छोटे स्पर्श संवाहक लगे होते हैं। जब भी इन संवाहकों को छुआ या दबाया जाता है तो तंत्रिकाएँ मस्तिष्क तक संवेग ले जाती हैं। मस्तिष्क इन संवेगों का विश्लेषण करता है और हमें यह अनुभव होता है कि जो वस्तु हमें छू रही है वह गर्म है या ठंडी, कड़ी है या नर्म। इसी से दर्द या आनंद का पता चलता है। इसी से हम प्रेम भरे और शत्रुतापूर्ण स्पर्श में भेद कर पाते हैं।

शारीरिक स्पर्श किसी संबंध को बना या बिगाड़ सकता है। यह प्रेम या घृणा संप्रेषित कर सकता है।

शरीर के कुछ हिस्से दूसरे हिस्सों की तुलना में ज़्यादा संवेदनशील होते हैं। इसका कारण यह है कि छोटे स्पर्श संवाहक शरीर में समान रूप से नहीं फैलकर समूहों में स्थित होते हैं। इसी कारण जीभ की नोंक स्पर्श के प्रति बेहद संवेदनशील होती है जबकि कंधों पर सबसे कम संवेदनशीलता होती है। उँगलियों की नोंक या नाक की नोंक भी बेहद संवेदनशील क्षेत्र है। हमारा उद्देश्य स्पर्श के अनुभव के तंत्रिका-विज्ञान के आधार को समझना नहीं है बल्कि इसके मनोवैज्ञानिक महत्व को समझना है।

शारीरिक स्पर्श किसी संबंध को बना या बिगाड़ सकता है। यह प्रेम या घृणा संप्रेषित कर सकता है। यह व्यक्ति जिसकी प्राथमिक प्रेमभाषा शारीरिक स्पर्श है, उसके लिए शारीरिक स्पर्श का संदेश ज़्यादा तेज़ी से पहुंचेगा। शब्दों में 'मैं तुमसे घृणा करता हूँ' या 'मैं तुमसे प्रेम करता हूँ' कहने के बजाय उस व्यक्ति से शारीरिक स्पर्श की भाषा में यह कहा जाए तो वह ज़्यादा असरदार होगा। किसी भी बच्चे के गाल पर चांटा मारना उसके लिए तकलीफ़देह होता है, पर यह उस बच्चे के लिए भीषण होता है जिसकी प्राथमिक प्रेमभाषा शारीरिक स्पर्श है। एक कोमल आलिंगन किसी भी बच्चे को प्रेम का अहसास दिलाता है, पर जिस बच्चे की प्राथमिक प्रेमभाषा शारीरिक स्पर्श है उसके लिए यह ज़्यादा प्रबल भावनात्मक अनुभव है। यही वयस्को के बारे में भी सही है।

विवाह में, प्रेम का स्पर्श कई रूप ले सकता है। चूंकि स्पर्श संवाहक पूरे शरीर में होते हैं, इसलिए प्रेम में अपने जीवनसाथी को कहीं भी स्पर्श करना प्रेम की अभिव्यक्ति बन जाता है। इसका यह अर्थ नहीं है कि सभी स्पर्श समान होते हैं। कुछ स्पर्श आपके जीवनसाथी को बाक़ी स्पर्शो की तुलना में ज़्यादा आनंद देंगे। आपका सबसे बढ़िया प्रशिक्षक आपका जीवनसाथी है। आख़िर उसके प्रति ही तो आप अपना प्रेम व्यक्त करना चाहते हैं। उससे अच्छी तरह कौन जान सकता है कि उसे कौन सा स्पर्श प्रेम भरा लगता है? आप उसे अपनी पसंद और अपने समय से स्पर्श करने की न ठान लें। उसकी प्रेम की बोली बोलना सीखें। आपके जीवनसाथी को कुछ स्पर्श असहज या कष्टकारी लग सकते हैं, उन्हीं स्पर्शो को करते रहना प्रेम की विपरीत भावना संप्रेषित करेगा। इससे यह पता चलेगा कि आप उसकी ज़रूरतों के प्रति संवेदनहीन हैं और आपको उसकी भावनाओं की ज़रा भी परवाह नहीं है। यह विश्वास करने की गलती कभी न करें कि जिस स्पर्श से आपको सुख मिलता है, उसी से सामने वाले को भी सुख मिलेगा।

प्रेम स्पर्श सुस्पष्ट हो सकते हैं और आपका पूरा ध्यान चाह सकते हैं जैसे पीठ मलने या कामक्रीड़ा के पूर्व स्पर्श, जिसकी चरम परिणति संभोग में होती है। दूसरी ओर, प्रेम स्पर्श क्षणिक या अस्पष्ट भी हो सकते हैं और उनमें एक पल का समय भी लग सकता है जैसे कप

में कॉफ़ी डालते समय उसके कंधे पर हाथ रख देना या किचन में उसके करीब से गुज़रते समय उसके शरीर से अपना शरीर रगड़ते हुए निकल जाना। सुस्पष्ट प्रेम स्पर्शों में ज़्यादा समय लगता है। न सिर्फ़ उन्हें करने में बल्कि यह समझने में भी कि आपके जीवनसाथी को किस तरह का सुस्पष्ट स्पर्श चाहिए। अगर पीठ पर मालिश करने से आपके जीवनसाथी को प्रेम का प्रबल अहसास होता है तो अच्छी मालिश करना सीखने के लिए आपका जितना भी समय, धन और ऊर्जा खर्च हो, आपको अच्छी मालिश करना सीखना चाहिए। अगर कामक्रीड़ा आपके जीवनसाथी की मूलभूत बोली है तो कामकला के बारे में पढ़ने और विचार-विमर्श से आपके प्रेम की अभिव्यक्ति ज्यादा सशक्त बनेगी।

क्षणिक प्रेम स्पर्श में कम समय की ज़रूरत होती है, ख़ासकर तब जब शारीरिक स्पर्श आपकी प्राथमिक प्रेमभाषा नहीं है और आप एक 'स्पर्श करने वाले परिवार' में बड़े नहीं हुए हैं। एक-दूसरे से सटकर सोफ़े पर बैठकर अपना पसंदीदा टेलीविज़न कार्यक्रम देखने में आपको अतिरिक्त समय नहीं लगेगा, पर इससे आपका प्रेम आपके जीवनसाथी तक ऊँची आवाज़ में पहुंचेगा। जीवनसाथी कमरे में जहाँ बैठा है, वहाँ तक पहुँचकर उसे छूने में सिर्फ़ एक पल लगता है। घर से जाते वक़्त या घर लौटते वक़्त एक-दूसरे को छूने में एक छोटा चुंबन या आलिंगन ही ज़रूरी होता है पर यह आपके जीवनसाथी के लिए बहुत बड़ी बात होती है।

एक बार आप यह जान जाएँ कि शारीरिक स्पर्श आपके जीवनसाथी की प्राथमिक प्रेमभाषा है तो फिर प्रेम अभिव्यक्त करने के तरीक़ों के बारे में आपकी कल्पनाशक्ति ही आपकी सीमा है। नए-नए तरीक़ों और स्पर्श स्थानों की खोज एक रोमांचक चुनौती हो सकती है। अगर आप 'मेज़ के नीचे स्पर्श करने वाले' नहीं हैं तो बाहर खाना खाते वक़्त आपको इसमें अतिरिक्त आनंद प्राप्त होगा। अगर आपको सार्वजनिक स्थानों पर हाथों में हाथ डालने की आदत नहीं है तो आप पाएँगे कि पार्किंग में जाते वक़्त अगर आप ऐसा करेंगे तो इससे आपके जीवनसाथी का भावनात्मक लव टैंक भरा रहेगा। अगर आप कार में इकट्ठे बैठते वक़्त आम तौर पर चुंबन नहीं करते हैं तो आप पाएँगे कि ऐसा करने से आपकी यात्रा ज़्यादा खुशनुमा हो जाती है, जब आपकी पत्नी शॉपिंग पर जा रही हो तो उसका आलिंगन करने से न सिर्फ़ आपका प्रेम व्यक्त होता है बल्कि यह शॉपिंग करके पर जल्दी भी लौट आती है। नए स्थानों पर नए स्पर्श करने की कोशिश करें और अपने जीवनसाथी से पता करते रहें कि उसे किस स्पर्श में आनंद आता है और किसमें नहीं। याद रखें, आपके जीवनसाथी का निर्णय अंतिम है, क्योंकि आप उसी की भाषा बोलना सीख रहे हैं।

शरीर स्पर्श के लिए है

जो भी मुझमें है, वह मेरे शरीर में है। मेरे शरीर को छूना मुझे छूना है। मेरे शरीर से दूर होना भावनात्मक रूप से मुझसे दूर होना है। हमारे समाज में हाथ मिलाना दूसरे व्यक्ति के प्रति खुलापन और सामाजिक निकटता संप्रेषित करता है। कुछ दुर्लभ अवसरों पर जब कोई व्यक्ति दूसरे व्यक्ति से हाथ मिलाने से इंकार कर देता है तो इससे यह संदेश संप्रेषित होता

है कि उनके संबंधों में सब कुछ ठीक-ठाक नहीं चल रहा है। सभी समाजों में सामाजिक अभिवादन के लिए शारीरिक स्पर्श के किसी न किसी तरीक़े का प्रयोग किया जाता है। हो सकता है। कि सामान्य अमेरिकी पुरुष को यूरोपीय लोगों का आलिंगन या चुंबन पसंद न आए, पर यूरोप में यह अभिवादन का उसी तरह का एक तरीका है जैसा हमारे यहाँ हाथ मिलाना।

हर समाज में विपरीत लिंग के सदस्यों को छूने के उचित और अनुचित तरीके हैं। सेक्स संबंधी उत्पीड़न के बारे में हाल ही में उठी चिंताओं ने अनुचित तरीक़ों को रेखांकित किया है। पर विवाह के अंदर कौन सा स्पर्श उचित है और कौन सा अनुचित, एक निश्चित वृहद् सीमा के भीतर यह दंपति को ख़ुद तय करना होता है। शारीरिक प्रताड़ना समाज द्वारा अनुचित समझी जाती है और ऐसे सामाजिक संगठन भी बने हैं जो उत्पीड़ित पत्नी या उत्पीड़ित पति की मदद के लिए बने हैं। स्पष्ट रूप से हमारे शरीर स्पर्श के लिए हैं, उत्पीड़न के लिए नहीं।

अगर आपके जीवनसाथी की प्राथमिक प्रेमभाषा शारीरिक स्पर्श है तो उसके रोते समय उसे गले लगाने से ज्यादा महत्वपूर्ण कुछ भी नहीं है।

यह युग सेक्स के खुलेपन और स्वतंत्रता के युग के रूप में जाना जाता है। इस स्वतंत्रता के कारण हम देखते हैं कि खुले विवाह भी होते हैं जिसमें पति या पत्नी दूसरे व्यक्तियों के साथ सेक्स संबंध स्थापित करने के लिए स्वतंत्र होते हैं। पर जो ऐसे विवाहों की नैतिक आधार पर आलोचना नहीं करते, वे भी इनकी अंततः भावनात्मक आधार पर आलोचना ज़रूर करते हैं। अंतरंगता और प्रेम की हमारी ज़रूरत ही इस तरह की होती है कि हम अपने जीवनसाथी को यह स्वतंत्रता लेने की अनुमति नहीं दे सकते। भावनात्मक दर्द गहरा होता है और अंतरंगता काफ़ूर हो जाती है, जब हमें यह पता चलता है कि हमारे जीवनसाथी का किसी और के साथ सेक्स-संबंध है। परामर्शदाताओं की फ़ाइलें इस तरह के पति-पत्नियों के रिकॉर्ड से भरी पड़ी हैं जो एक बेवफ़ा जीवनसाथी के भावनात्मक सदमे से जूझने की कहानी बयान करती हैं। यह सदमा उस व्यक्ति के लिए ज़्यादा दर्दनाक होता है जिसकी प्राथमिक प्रेमभाषा शारीरिक स्पर्श है। वह चीज़ जिसके लिए उसके मन में प्रबलतम आकांक्षा है- प्रेम जो शारीरिक स्पर्श द्वारा अभिव्यक्त होता है- अब किसी दूसरे को दिया जा रहा है। उसका भावनात्मक लव टैंक न सिर्फ़ खाली हो जाता है बल्कि उसमें विस्फोट हो जाता है। उसकी भावनात्मक ज़रूरतों को पूरा करने में अब बहुत ज़्यादा मरम्मत और मरहम की आवश्यकता होगी।

संकट और शारीरिक स्पर्श

संकट के समय हम अनायास ही एक-दूसरे से लिपट जाते हैं। क्यों? क्योंकि शारीरिक स्पर्श प्रेम का एक सशक्त संप्रेषक है। दूसरे किसी भी समय से ज़्यादा, संकट के क्षणों में हमें प्रेम महसूस करने की ख़ास ज़रूरत होती है। हम हमेशा घटनाओं को तो नहीं बदल सकते, पर अगर हमें यह एहसास हो कि हमें प्रेम किया जा रहा है तो हम उन्हें झेलकर बच ज़रूर सकते हैं।

सभी विवाहों में संकट के क्षण आते हैं। पालकों की मृत्यु अवश्यंभावी है। सड़क दुर्घटनाओं में हर साल हज़ारों लोग मरते या अपंग होते हैं। बीमारी किसी व्यक्ति का सम्मान नहीं करती। निराशाएँ हर एक के जीवन का हिस्सा होती हैं। संकट के समय जो सबसे महत्वपूर्ण चीज़ आप अपने जीवनसाथी के लिए कर सकते हैं, वह यह कि आप उसे प्रेम करें। अगर आपके जीवनसाथी की प्राथमिक प्रेमभाषा शारीरिक स्पर्श है तो उसके रोते समय उसे गले लगाने से ज़्यादा महत्वपूर्ण कुछ भी नहीं है। आपके शब्दों का अर्थ कुछ ख़ास नहीं होगा पर आपके शारीरिक स्पर्श से यह संप्रेषित हो जाएगा कि आप उसकी चिंता करते हैं। संकट प्रेम अभिव्यक्त करने का अनोखा अवसर उपलब्ध कराते हैं। संकट बीतने पर भी आपके कोमल स्पर्शों की यादें लंबे समय तक साथ रहती हैं। स्पर्श करने में आपकी असफलता हमेशा याद रखी जाएगी।

कई साल पहले मैं फ़्लोरिडा के बेस्ट पाम बीच पर अपनी पहली यात्रा पर गया था। तब से मैंने हमेशा उस क्षेत्र में विवाह सेमिनार कराने का स्वागत किया है। ऐसे ही एक अवसर पर मैं पीट और पेट्सी से मिला। वे लोग फ़्लोरिडा के मूल निवासी नहीं थे (बहुत कम लोग हैं), पर वे यहाँ बीस सालों से रह रहे थे और उसे ही अपना गृहनगर समझते थे। मेरा सेमिनार एक स्थानीय चर्च द्वारा आयोजित किया गया था और जब हम हवाई अड्डे से रवाना हुए तो मुझे बताया गया कि पीट और पेट्सी ने उस रात मुझसे अपने घर में रुकने का आग्रह किया था। मैंने धन्यवाद ज्ञापित करने का अभिनय किया पर मैं अनुभव से जानता था कि इस तरह के आग्रह का मतलब था देर रात तक चलने वाला परामर्श सत्र। बहरहाल, उस रात मुझे एक से ज़्यादा झटके लगने वाले थे।

जब पादरी और मैं स्पेनिश शैली के बड़े सुसज्जित घर में दाख़िल हुए तो मेरा परिचय पेट्सी और चार्ली (पारिवारिक बिल्ले) से कराया गया। घर को देखने के बाद मैंने अनुमान लगाया कि या तो पीट का व्यवसाय काफ़ी सफल रहा है या फिर उसके पिता उसके नाम ढेर सारी दौलत छोड़ गए हैं या फिर वह बहुत सारे कर्ज़े में डूबा है। बाद में मुझे पता चला कि मेरा पहला अनुमान सही था। जब मुझे अतिथि कक्ष दिखाया गया तो मैंने देखा कि चार्ली (बिल्ला) उस बिस्तर पर बैठा हुआ था, जहाँ पर मुझे सोना था।

कुछ समय में ही पीट घर लौट आया। हमने एक जायकेदार नाश्ता इकट्ठे किया और फिर हम इस बात पर सहमत हुए कि सेमिनार के बाद डिनर लेंगे। कुछ घंटों बाद डिनर लेते वक़्त मैं परामर्श सत्र शुरू होने की उम्मीद कर रहा था। यह सत्र कभी शुरू हुआ ही नहीं, इसके बजाय मैंने पीट और पेट्सी के विवाह को स्वस्थ और सुखद विवाह पाया। एक

परामर्शदाता के लिए यह एक अजीब बात थी। मैं उनका रहस्य जानने के लिए उत्सुक था, पर चूँकि मैं बहुत थका हुआ था और मुझे मालूम था कि अगले ही दिन पीट और पेट्सी मुझे हवाई अड्डे तक छोड़ने जाने वाले हैं, इसलिए मैंने अगले दिन उनका रहस्य जानने का विचार बनाया। उन्होंने मुझे मेरा कमरा दिखाया।

जब मैं अपने कमरे में पहुँचा तो चार्ली (बिल्ला) प्रेम से कमरा छोड़कर चला गया। बिस्तर से उछलकर वह सीधे दूसरे शयनकक्ष की तरफ़ चल दिया और मैं बिस्तर पर लेट गया। दिन के संक्षिप्त विश्लेषण के बाद मैं नींद की शुरुआती अवस्था में पहुँच गया था। पर नींद आने के थोड़ा पहले, जब मैं दुनिया से अपना नाता तोड़ने ही वाला था, तभी मेरे शयनकक्ष का दरवाजा खुला और मेरे ऊपर एक राक्षस कूदा। मैंने फ़्लोरिडा के बिच्छुओं के बारे में सुन रखा था, पर यह कोई छोटा-मोटा बिच्छू नहीं था। बिना सोचे-समझे मैंने अपने शरीर पर ओढ़ी हुई चादर उठाई और एक ज़ोरदार चीख़ के साथ मैंने उस राक्षस को दीवार पर दे मारा। मैंने उसके शरीर के दीवार से टकराने की आवाज़ सुनी और फिर सन्नाटा छा गया। पीट और पेट्सी दौड़ते हुए वहाँ आए और उन्होंने बिजली का स्विच दबाया और हम सबने देखा- चार्ली बेहोश पड़ा था।

पीट और पेट्सी मुझे कभी नहीं भूले और मैं भी उन्हें कभी नहीं भूला। चार्ली कुछ मिनट में ही होश में आ गया पर वह दुबारा मेरे कमरे में लौटकर नहीं आया। वास्तव में, पीट और पेट्सी ने मुझे बाद में बताया कि चार्ली फिर कभी उस शयनकक्ष में नहीं गया।

चार्ली पर मेरे प्रहार के बाद मुझे पक्का यक़ीन नहीं था कि पीट और पेट्सी अगले दिन मुझे हवाई अड्डे तक छोड़ने जाएँगे या उन्हें भविष्य में मुझमें कोई दिलचस्पी रहेगी। बहरहाल, सेमिनार के बाद मेरा डर ख़त्म हो गया जब पीट ने कहा, 'डॉ. चैपमैन, मैंने बहुत से सेमिनारों में भाग लिया है पर मैंने कभी पेट्सी और मेरे बारे में किसी को इतने स्पष्ट रूप से वर्णन करते नहीं सुना। प्रेमभाषा का विचार बिलकुल सही है। मैं आपको अपनी कहानी सुनाने के लिए ज़रा भी इंतज़ार नहीं कर सकता।'

कुछ मिनटों में सेमिनार में भाग लेने वाले लोगों से अलविदा कहने के बाद हम कार में बैठकर हवाई अड्डे तक की पैंतालीस मिनट की यात्रा पर चल दिए। पीट और पेट्सी मुझे अपनी कहानी सुनाने लगे। शादी के शुरुआती सालों में उन्हें बहुत ज़्यादा परेशानियों का सामना करना पड़ा था। पर बाईस साल पहले उनके सभी दोस्त सहमत हो गए थे कि वे 'आदर्श दंपति' हैं। पीट और पेट्सी का प्रबल विश्वास था कि उनकी जोड़ी 'स्वर्ग में बनाई गई' है।

वे एक ही जगह से आए थे, एक ही चर्च में बैठे थे और एक ही स्कूल में पढ़े थे। उनके माता-पिता की जीवनशैलियाँ और जीवनमूल्य भी लगभग एक से थे। अधिकांश मामलों में पीट और पेट्सी की पसंद बिलकुल एक सी थी। दोनों को ही टेनिस और बोटिंग से प्रेम था और वे अक्सर ये बातें किया करते थे कि उनकी रुचियाँ कितनी समान हैं? इस तरह उनके जीवन में अपेक्षाकृत कम असमानताएँ थीं, जो विवाह में कम मुश्किलें दर्शाती थीं।

उन्होंने हाई स्कूल के आख़िरी साल में डेटिंग करना शुरू कर दिया था। वे अलग-अलग कॉलेज में पढ़े, पर दोनों महीने में कम से कम एक बार ज़रूर मिलते थे और कई बार इससे भी ज़्यादा मुलाकातें हो जाती थीं। कुछ ही समय बाद दोनों को पक्का यक़ीन हो गया था कि ये दोनों 'एक-दूजे के लिए' बने हैं। वे दोनों इस बात पर सहमत थे कि शादी से पहले कॉलेज पूरा कर लिया जाए। अगले तीन सालों तक उन्होंने एक आदर्श डेटिंग संबंध का भरपूर मज़ा लिया। एक सप्ताहांत वह उसके कैंपस में आता था, अगले सप्ताहांत में वह उसके कैंपस में मिलने जाती थी, तीसरे सप्ताहांत में वे अपने माता-पिता से मिलने जाते थे, फिर भी वे ज़्यादातर समय एक-दूसरे के साथ ही गुज़ारते थे। हर माह के चौथे सप्ताहांत में वे दोनों एक-दूसरे से नहीं मिलते थे ताकि दोनों को अपनी व्यक्तिगत रुचियाँ विकसित करने की स्वतंत्रता मिल सके। जन्मदिन जैसे ख़ास मौकों को छोड़कर वे लगातार इसी नियम से मिलते रहे। तीन साल बाद जब पीट व्यवसाय में स्नातक हुआ और पेट्सी समाजशास्त्र में, तो दोनों ने शादी कर ली। दो माह बाद वे फ़्लोरिडा चले गए जहाँ पीट को एक अच्छा काम मिल गया था। वे अपने सबसे नज़दीकी रिश्तेदार से दो हज़ार मील दूर थे। वे हमेशा अपना 'हनीमून' मना सकते थे।

उनके पहले तीन महीने बहुत रोमांचकारी थे- नई जगह जाना, नया घर खोजना, इकटठे जिंदगी जीना। उनके बीच सिर्फ़ एक ही मतभेद था वह था बर्तन धोने के मसले पर। पीट के विचार में उसका तरीका ज़्यादा कारगर था, जबकि पेट्सी यह मानने को तैयार नहीं थी। आख़िरकार दोनों ने फ़ैसला किया कि जो भी बर्तन साफ़ करेगा, वह अपना तरीक़ा अपनाने के लिए स्वतंत्र होगा और इस तरह वह संघर्ष टल गया। उन दोनों की शादी के छह महीने बाद पेट्सी को यह लगने लगा कि पीट उससे दूर होता जा रहा है। वह ज़्यादा घंटों तक काम करता था और जब वह घर पर होता था, तब भी कम्प्यूटर पर ही बैठा रहता था। जब उसने पीट के सामने अपने भावनाएँ व्यक्त कीं तो पीट ने उसे बताया कि वह उससे दूर नहीं हो रहा था बल्कि अपने काम में तरक्की चाहता है, इसलिए ज़्यादा घंटों तक काम करता है। उसने यह भी कहा कि पेट्सी उसके काम के दबाव को महसूस नहीं कर रही है, जबकि काम पर उसके पहले साल में कुछ कर दिखाना उसके लिए बहुत ज़्यादा महत्वपूर्ण है। पेट्सी यह जानकर ख़ुश नहीं हुई, पर उसने उसे स्वतंत्रता देने का निर्णय लिया।

पहले साल के अंत तक पेट्सी घोर
निराशा में डूबी थी।

पेट्सी ने आस-पड़ोस में रहने वाली दूसरी महिलाओं से दोस्ती बढ़ा ली। अक्सर जब उसे यह पता होता था कि पीट देर रात तक काम करने वाला है तो वह काम से सीधे घर लौटने के बजाय अपनी किसी सहेली के साथ शॉपिंग करने चली जाती थी। कई बार पीट के घर लौटने पर पेट्सी घर पर नहीं होती थी। इससे पीट को चिढ़ होती थी और उसने पेट्सी पर

विचारहीन और ग़ैर-ज़िम्मेदार होने का आरोप लगाया। पेट्सी कहती थी, 'गलती खुद करते हो और इल्ज़ाम मुझे देते हो। ग़ैर-ज़िम्मेदार कौन है? तुमने मुझे फ़ोन तक नहीं किया, यह भी नहीं बताया कि घर कब लौट रहे हो? मैं यहाँ मौजूद कैसे रहूँ जबकि मुझे यह भी नहीं पता कि तुम कब घर आओगे? और जब तुम यहाँ होते हो, तब तुम सारा समय उस गूँगे कम्प्यूटर से चिपके रहते हो। तुम्हें तो पत्नी की ज़रूरत ही नहीं है, तुम्हें ज़रूरत है सिर्फ़ कम्प्यूटर की।'

इस पर पीट ने ज़ोर से कहा, 'मुझे पत्नी की ज़रूरत है। क्या तुम्हें यह समझ में नहीं आता। यही तो बात है। मुझे पत्नी की ज़रूरत है।'

पर पेट्सी की समझ में कुछ नहीं आया। वह बहुत परेशान थी। जवाब की तलाश में वह सार्वजनिक पुस्तकालय गई और विवाह पर कई पुस्तकें पढ़ीं, 'विवाह इस तरह से नहीं चलना चाहिए। मुझे इस स्थिति का हल खोजना ही होगा।' जब पीट अपने कम्प्यूटर कक्ष में रहता था, तब पेट्सी अपनी पुस्तक उठा लेती थी। दरअसल कई बार तक तो वह आधी रात तक पढ़ती रहती थी। बिस्तर पर जाते समय पीट उसकी तरफ़ देखकर ताना मारता था, 'अगर तुमने इतना कॉलेज में पढ़ा होता तो तुम्हें प्रथम श्रेणी मिल गई होती।' पेट्सी का जवाब होता, 'मैं कॉलेज में नहीं हूँ। मैं वैवाहिक जीवन में हूँ और हाल-फ़िलहाल तो मैं तृतीय श्रेणी से भी संतुष्ट हो जाऊँगी।' पीट दुबारा उसकी तरफ़ देखे बिना ही अपने बिस्तर पर चला जाता।

पहले साल के अंत तक, पेट्सी घोर निराशा में डूबी हुई थी। हालाँकि वह पहले भी इसका ज़िक्र कर चुकी थी, पर इस बार उसने पीट से शांतिपूर्वक कहा, 'मैं किसी विवाह परामर्शदाता से मिलने जा रही हूँ। क्या तुम मेरे साथ आना चाहोगे?' पर पीट ने उत्तर दिया, 'मुझे विवाह सलाहकार की ज़रूरत नहीं है। मेरे पास विवाह सलाहकार के पास जाने का समय नहीं है और बर्बाद करने के लिए पैसे भी नहीं है।' पेट्सी ने कहा, 'फिर मैं अकेली ही चली जाऊँगी।'

'ठीक है, वैसे भी तुम्हीं को परामर्श की ज़रूरत है।'

चर्चा समाप्त हो गई थी। पेट्सी पूरी तरह एकाकी अनुभव कर रही थी पर अगले सप्ताह उसने एक विवाह परामर्शदाता से मुलाक़ात की। तीन सत्र बाद परामर्शदाता ने पीट को फ़ोन करके पूछा कि क्या वह अपने विवाह पर प्रकाश डालने के लिए उससे मिल सकता है। पीट सहमत हो गया और निदान की प्रक्रिया शुरू हो गई। छह महीने बाद उन्होंने जब विवाह परामर्शदाता का कक्ष छोड़ा तो उनकी शादी बिलकुल नई हो गई थी। मैंने पीट और पेट्सी से कहा, 'आपने परामर्श में क्या सीखा जिसने आपके विवाह को बदलकर रख दिया?'

'सारांश में, डॉ. चैपमैन', पीट ने कहा, 'हमने एक-दूसरे की प्रेमभाषा बोलना सीख लिया। सलाहकार ने इस शब्द का प्रयोग नहीं किया था पर आज जब आपने इस बारे में बताया तो मेरे मस्तिष्क में प्रकाश फैल गया। मेरे दिमाग में हमारा परामर्श अनुभव ताजा हो गया और मुझे महसूस हुआ कि ठीक यही तो हमारे साथ हुआ था। हमने अंततः एक-दूसरे की प्रेमभाषा में बोलना सीख लिया।

'तो तुम्हारी प्रेमभाषा क्या थी, पीट?', मैंने पूछा ।

'शारीरिक स्पर्श', उसने बिना झिझक के कहा ।

पेट्सी ने कहा, 'निश्चित ही शारीरिक स्पर्श।'

'और तुम्हारी, पेट्सी?'

'प्रतिबद्ध समय, डॉ. चैपमैन। इसीलिए तो मैं इतनी परेशान थी, जब वह अपने काम और कम्प्यूटर में समय बर्बाद करता था । '

'तुम्हें यह कैसे पता चला कि शारीरिक स्पर्श पीट की प्रेमभाषा थी?'

'इसमें कुछ समय लगा,' पेट्सी ने कहा, 'धीरे-धीरे परामर्श के दौरान मुझे यह लगने लगा कि हो न हो शारीरिक स्पर्श ही पीट की प्रेमभाषा है। पहले तो शायद पीट को भी इसका पता नहीं था।'

'वह ठीक कह रही है', पीट ने कहा, 'मैं इतना असुरक्षित महसूस कर रहा था कि मुझे यह जानने में काफ़ी समय लगा कि उसका स्पर्श न मिलने के कारण मैं उससे दूरी अनुभव कर रहा था। मैंने उसे कभी नहीं बताया कि मैं उसके द्वारा छुआ जाना पसंद करता हूँ, हालाँकि मैं मन ही मन प्रार्थना कर रहा था कि वह मेरे पास आए और मुझे छुए। हमारे डेटिंग के संबंध में मैंने हमेशा हाथ पकड़ने, चुंबन लेने और आलिंगन करने में पहल की थी, पर उसकी प्रतिक्रिया हमेशा सकारात्मक रही थी। मैंने महसूस किया कि वह मुझे प्रेम करती थी। पर शादी के बाद कई बार ऐसा हुआ जब मेरे शारीरिक स्पर्श के प्रत्युत्तर में उसकी तरफ़ से सकारात्मक प्रतिक्रिया नहीं मिली। हो सकता है कि उसके नए काम की ज़िम्मेदारियों के कारण वह थक जाती हो। मुझे पता नहीं था, पर मैंने इसे व्यक्तिगत रूप में लिया। मुझे लगा कि मैं उसे अब आकर्षक नहीं लग रहा था। फ़िर मैंने निर्णय लिया कि मैं अब पहल नहीं करूँगा, क्योंकि मैं नकारा नहीं जाना चाहता था। इसलिए मैंने इंतज़ार किया कि देखें, वह कब चुंबन या स्पर्श या सेक्स संबंध की पहल करती है। एक बार तो मैंने छह सप्ताह तक इंतज़ार किया और तब जाकर उसने मुझे छुआ। मुझे यह प्रतीक्षा असहनीय लग रही थी। मेरा दूर होना उस दर्द से बचने का तरीका था जो मुझे उसके साथ रहने पर होता था। मुझे लग रहा था कि मुझे नकारा जा रहा था, मुझे प्रेम नहीं किया जा रहा था और उसे मेरी ज़रूरत नहीं थी।'

फिर पेट्सी ने कहा, 'मुझे तो ख़्याल ही नहीं आया था कि पीट ऐसा सोच रहा होगा। मैं जानती थी कि वह मेरे नज़दीक नहीं आ रहा है। हम पहले की तरह चुंबन या आलिंगन नहीं कर रहे थे, पर मुझे लगा कि चूँकि हम अब शादी-शुदा थे इसलिए अब यह उसके लिए महत्वपूर्ण नहीं रह गया है। मैं जानती थी कि अपने काम को लेकर वह तनाव में रहता है। पर मैंने यह सोचा ही नहीं था कि वह मुझसे पहल की उम्मीद रखता है।'

'वह सही है। मैं हफ़्तों तक उसे नहीं छूती थी। ऐसा करने का विचार ही मेरे दिमाग़ में नहीं आया। मैं खाना बनाती थी, घर साफ़ रखती थी, उसके कपड़े साफ़ करती थी और उसके रास्ते से दूर रहती थी। मुझे सचमुच यह पता नहीं था कि मुझे और क्या करना चाहिए

था। मैं उसकी दूरी और मेरे प्रति उसकी बेरुख़ी को समझ नहीं सकी थी। ऐसा नहीं है कि मैं स्पर्श को नापसंद करती हूँ, पर यह मेरे लिए कभी उतना महत्वपूर्ण नहीं था। जब हम इकट्ठे समय गुज़ारते थे, जब मुझ पर ध्यान दिया जाता था, तब मुझे प्रेम किए जाने का एहसास होता था। मुझे इस बात से फ़र्क़ नहीं पड़ता था कि हम आलिंगनबद्ध है या चुंबन ले रहे हैं। जब तक वह मुझ पर ध्यान दे रहा था, मुझे प्रेम किए जाने का एहसास बराबर होता था।

'समस्या की जड़ पता चलने में हमें बहुत समय लगा, पर एक बार जब हम यह जान गए कि हम एक-दूसरे की प्रेम की भावनात्मक ज़रूरतें पूरी नहीं कर पा रहे हैं तो हमने अपना रवैया बदल दिया। एक बार मैंने शारीरिक स्पर्श के क्षेत्र में पहल करना शुरू कर दिया, फिर तो मुझे उसके आश्चर्यजनक परिणाम प्राप्त हुए। उसका पूरा व्यक्तित्व, उसकी सोच सब कुछ पूरी तरह बदल गया। मुझे अब एक नया पति मिल गया था। एक बार जब उसे विश्वास हो गया कि मैं उसे सचमुच प्रेम करती थी, फिर तो वह मेरी ज़रूरतों को पूरा करने में ज़्यादा सक्रिय हो गया।'

'क्या अब भी घर में कम्प्यूटर है?', मैंने पूछा।

'हाँ', उसने कहा, 'पर अब वह उस पर कम बैठता है और जब वह बैठता है तो मुझे कोई तकलीफ़ नहीं होती, क्योंकि मैं जानती हूँ कि उसकी शादी कम्प्यूटर से नहीं हुई है। हम इतनी सारी चीजें इकट्ठे करते हैं कि अब मेरे लिए यह आसान हो गया है कि उसकी इच्छा के अनुसार उसे कम्प्यूटर का उपयोग करने की स्वतंत्रता दूँ।'

'आज सेमिनार में मुझे इस बात पर हैरत हुई', पीट ने कहा, 'कि प्रेमभाषाओं पर आपके भाषण ने मुझे बरसों पहले के इस अनुभव की याद ताज़ा कर दी। जो बातें पता करने में हमें छह महीने लग गए, उसे आपने बीस मिनट में कह दिया।'

'इस बात से ख़ास फ़र्क़ नहीं पड़ता कि आप इसे कितनी जल्दी सीखते हैं। फ़र्क़ इस बात से पड़ता है कि आप इसे कितनी अच्छी तरह सीखते हैं। और ज़ाहिर है, कि इसे आप दोनों ने बहुत अच्छी तरह सीखा है।'

पीट उन बहुत से व्यक्तियों में से एक है जिनकी प्राथमिक प्रेमभाषा शारीरिक स्पर्श है। भावनात्मक रूप से वे चाहते हैं कि उनका जीवनसाथी उन्हें छुए। बालों में हाथ फिराना, पीठ की मालिश करना, हाथ पकड़ना, आलिंगन करना, सेक्स- ये सभी 'प्रेम स्पर्श'- उस व्यक्ति के लिए भावनात्मक जीवनरेखा बन जाते हैं जिसकी प्राथमिक प्रेमभाषा शारीरिक स्पर्श है।

नोट्स

1. मार्क 10:13
2. मार्क 10:14-16

प्रेम की पाँच भाषाएँ
सकारात्मक शब्द
प्रतिबद्ध समय
उपहार लेना
सेवा के कार्य
शारीरिक स्पर्श

अध्याय 9

आपकी प्राथमिक प्रेमभाषा खोजना

अगर आप अपने जीवनसाथी के भावनात्मक लव टैंक को भरा हुआ रखना चाहते हैं तो आपके लिए उसकी प्राथमिक प्रेमभाषा खोजना अनिवार्य है। परंतु पहले यह पक्का कर लें कि आपको खुद अपनी प्रेमभाषा का ज्ञान हो। पाँच प्रेमभाषाओं

सकारात्मक शब्द

प्रतिबद्ध समय

उपहार लेना

सेवा के कार्य

शारीरिक स्पर्श

को जानने के बाद कुछ व्यक्ति तो तत्काल ही अपनी प्राथमिक प्रेमभाषा पहचान लेंगे। पर ज़्यादातर लोगों के लिए यह इतना आसान नहीं होगा। कुछ लोग परमा हाइट्स, ओहियो के बॉब की तरह होंगे जिसने पाँच भावनात्मक प्रेमभाषाओं को सुनने के बाद मुझसे कहा था, 'मुझे नहीं मालूम। ऐसा लगता है कि इनमें से दो मेरे लिए समान महत्व रखती हैं।'

मैंने पूछा, 'कौन सी दो?'

" 'शारीरिक स्पर्श' और 'सकारात्मक शब्द' " 'बॉब ने जवाब दिया।

'शारीरिक स्पर्श' से आपका क्या अर्थ है?'

'ख़ासकर सेक्स', बॉब ने जवाब दिया।

मैंने ज़्यादा जानने के लिए फिर पूछा, 'क्या तुम्हें अच्छा लगता है जब तुम्हारी पत्नी तुम्हारे बालों में हाथ फिराती है या तुम्हारी पीठ मलती है या हाथ पकड़ती है या चुंबन-आलिंगन करती है जब तुम कामक्रीड़ा नहीं कर रहे हो?'

बॉब ने कहा, 'ये सब बातें ठीक हैं। मैं इन्हें नापसंद नहीं करता हूँ, पर खास बात है संभोग। उस समय मुझे प्रबल अनुभव होता है कि वह मुझे सचमुच प्रेम करती है।'

एक क्षण के लिए शारीरिक स्पर्श के विषय को छोड़ते हुए मैं सकारात्मक शब्दों की तरफ़ मुड़ा और पूछा, 'जब आप कहते हैं कि 'सकारात्मक शब्द' भी महत्वपूर्ण हैं तो आपको किस तरह के वाक्य ज़्यादा महत्वपूर्ण लगते हैं?'

'कोई भी सकारात्मक वाक्य।' बॉब ने जवाब दिया, 'जब वह मुझे बताती है कि मैं कितना अच्छा दिखता हूँ, मैं कितना स्मार्ट हूँ, मैं कितनी कड़ी मेहनत करता हूँ, जब वह घर में किए गए मेरे काम की सराहना करती है, जब वह बच्चों के साथ समय बिताने के लिए मेरी सराहना करती है, तब वह मुझे अप्रत्यक्ष रूप से यह बताती है कि वह मुझे प्रेम करती है-इन सब चीज़ों का मेरे लिए काफ़ी महत्व है।'

'क्या आपके माता-पिता से आपको इस तरह की बातें सुनने को मिली हैं?'

'ज़्यादा बार नहीं,' बॉब ने कहा, 'मेरे माता-पिता ने मुझे आम तौर पर जो दिया वह थे आलोचना या माँगों से भरे शब्द। मुझे लगता है, इसीलिए मैंने कैरोल को इतना ज़्यादा पसंद किया, क्योंकि उसने मुझे सकारात्मक और सराहना पूर्ण शब्द दिए।'

'मैं आपसे यह पूछना चाहता हूँ कि अगर कैरोल आपकी सेक्स की ज़रूरत पूरी करती है, यानी जितना संभोग आप चाहते हैं उतना वह पूरी रुचि से करती है, पर वह आपको नकारात्मक शब्द देती है, आलोचनात्मक टिप्पणी करती है, दूसरों के सामने आपको नीचा दिखाती है, तब आपको क्या लगता है कि आपको उससे प्रेम का एहसास होगा?'

'मुझे नहीं लगता,' उसने जवाब दिया, 'मैं सोचता हूँ इससे मुझे गहरा आघात पहुँचेगा। मैं सोचता हूँ मैं तनावग्रस्त हो जाऊँगा।'

'बॉब,' मैंने कहा, 'मुझे लगता है कि हमने यह खोज लिया है कि आपकी प्राथमिक प्रेमभाषा 'सकारात्मक शब्द' है। संभोग आपके लिए काफी महत्वपूर्ण है और कैरोल के साथ आपकी अंतरंगता के एहसास के लिए भी ज़रूरी है, पर उसके सकारात्मक शब्द आपके लिए भावनात्मक रूप से ज़्यादा महत्वपूर्ण हैं। अगर वह सारा समय आपकी शाब्दिक आलोचना करती रहे और लोगों के सामने आपको नीचा दिखाती रहे तो एक समय ऐसा आएगा, जब आप उसके साथ शारीरिक संबंध बनाने के लिए भी इच्छुक नहीं होंगे, क्योंकि वह आपके लिए गहरे दुख का स्रोत होगी।'

बॉब ने वही गलती की थी, जो बहुत से लोग करते हैं। वे यह मान लेते हैं। कि शारीरिक स्पर्श उनकी प्राथमिक प्रेमभाषा है क्योंकि कामक्रीडा में उनकी गहरी रुचि होती है। पुरुष के लिए सेक्स की इच्छा मूलतः शारीरिक होती है। सेक्स की इच्छा उसकी शुक्राणु कोशिकाओं की संरचना से और शुक्राणु कोष में भरे शुक्राणु द्रव से प्रेरित होती है। जब

शुक्राणु कोष भरा होता है तो बाहर निकलने के लिए शारीरिक दबाव पड़ता है। इस तरह सेक्स संबंध के लिए पुरुष की इच्छा का आधार शारीरिक होता है।

विवाह में ज़्यादातर सेक्स संबंधी समस्याएँ शारीरिक तकनीक से संबंधित नहीं होतीं बल्कि भावनात्मक आवश्यकताओं की पूर्ति से संबंधित होती हैं।

महिला के लिए सेक्स की इच्छा उसकी शारीरिक रचना में केंद्रित न होकर भावनात्मक संरचना से संबंधित है। ऐसा कोई भी शारीरिक कारण नहीं होता जो उसे शारीरिक संबंध बनाने के लिए मजबूर करे। उसकी इच्छा पूरी तरह उसकी भावनाओं पर आधारित होती है। अगर वह समझती है कि उसका पति उसे प्रेम कर रहा है, उसकी सराहना कर रहा है और उसे चाह रहा है तो उसकी शारीरिक अंतरंगता की इच्छा जागृत होती है। पर भावनात्मक निकटता के बिना उसकी शारीरिक इच्छा न के बराबर होती है।

चूँकि पुरुष की सेक्स भावना नियमित रूप से शारीरिक मुक्ति की ज़रूरत पर आधारित होती है, इसलिए वह अपने आप यह मान लेता है कि यह उसकी प्राथमिक प्रेमभाषा है। परंतु यदि सेक्स के अलावा बाकी समय में उसे शारीरिक स्पर्श में मजा नहीं आता है तो यह उसकी प्रेमभाषा बिलकुल नहीं कही जा सकती। सेक्स की इच्छा प्रेम किए जाने की भावनात्मक ज़रूरत से बिलकुल अलग होती है। इसका यह अर्थ नहीं होता कि सेक्स संबंध उसके लिए महत्वहीन हैं –यह बेहद महत्वपूर्ण हैं – पर केवल सेक्स संबंध से उसके प्रेम की ज़रूरत पूरी नहीं होती। उसकी पत्नी को उसकी प्राथमिक भावनात्मक प्रेमभाषा बोलना चाहिए।

हक़ीकत में जब उसकी पत्नी उसकी प्राथमिक प्रेमभाषा बोलती है और पति का भावनात्मक लव टैंक भरा होता है तथा जब पति उसकी प्राथमिक प्रेमभाषा बोलता है और पत्नी का भावनात्मक लव टैंक भरा रहता है तो उनके संबंधों का सेक्स पहलू अपने आप ठीक रहता है। विवाह में ज़्यादातर सेक्स संबंधी समस्याएँ शारीरिक तकनीक से संबंधित नहीं होतीं बल्कि भावनात्मक आवश्यकताओं की पूर्ति से संबंधित होती हैं।

बाद की चर्चा और विचार-विमर्श के दौरान बॉब ने कहा, 'मैं सोचता हूँ आप सही हैं। निश्चित रूप से सकारात्मक शब्द मेरी प्राथमिक प्रेमभाषा हैं। जब वह शाब्दिक रूप से मेरी आलोचना करती है तो मैं उससे सेक्स संबंध कम कर देता हूँ और दूसरी महिलाओं के बारे में कल्पना करने लगता हूँ। पर जब वह मुझे बताती है कि वह मुझे कितना पसंद करती है और मेरी सराहना करती है, तो मेरी स्वाभाविक सेक्स इच्छाएँ उसकी तरफ़ मुड़ जाती है।' बॉब ने हमारी संक्षिप्त चर्चा के दौरान एक महत्वपूर्ण खोज की थी।

आपकी प्राथमिक प्रेमभाषा क्या है? आपको अपनी पत्नी द्वारा सर्वाधिक प्रेम किस बात से महसूस होता है? आप सर्वाधिक अपेक्षा किस चीज़ की करती हैं? अगर इन सवालों का जवाब तत्काल ही आपके दिमाग़ में नहीं आता तो शायद इन प्रेमभाषाओं के नकारात्मक प्रयोग की ओर नज़र डालने से आपको अपने प्रयास में सफलता मिल जाएगी। आपका जीवनसाथी क्या करता है, क्या कहता है या क्या नहीं करता है, क्या नहीं कहता है जिससे आपको गहरी चोट पहुंचती है? उदाहरण के तौर पर अगर आपको अपने जीवनसाथी के आलोचनापूर्ण शब्दों से गहरी चोट पहुँचती है तो शायद आपकी प्रेमभाषा सकारात्मक शब्द है। अगर आपकी प्राथमिक प्रेमभाषा आपके जीवनसाथी द्वारा नकारी जाती है– जब वह उसके बिलकुल विपरीत काम करता है– तो आपको किसी दूसरे व्यक्ति से ज़्यादा गहरा आघात पहुँचेगा। ऐसा इसलिए नहीं होता क्योंकि वह आपकी प्राथमिक प्रेमभाषा बोलने की उपेक्षा कर रहा है बल्कि इसलिए होता है, क्योंकि वह उस भाषा का आपके दिल में चाकू की तरह प्रयोग कर रहा है।

मुझे किचनर, ओन्टेरिया में रहने वाली मैरी की याद आती है जिसने कहा था, 'डॉ. चैपमैन, मुझे इस बात से सबसे ज़्यादा आघात पहुँचता है कि रॉन घर में मेरी मदद करने के लिए हाथ भी नहीं हिलाता। वह टेलीविज़न देखता रहता है और मैं घर का सारा काम करती रहती हूँ। मैं यह नहीं समझ पाती कि अगर वह सचमुच मुझसे प्रेम करता है तो वह ऐसा कैसे कर सकता है?' मैरी की गहनतम चोट, इसलिए कि रॉन घर में उसकी मदद करने के लिए तैयार नहीं था, उसकी प्राथमिक प्रेमभाषा का सुराग़ था, 'सेवा के कार्य'। अगर आपको इस बात से सबसे ज़्यादा चोट पहुँचती है कि आपका जीवनसाथी शायद ही किसी मौक़े पर उपहार देता है तो शायद आपकी प्राथमिक प्रेमभाषा उपहार प्राप्त करना है। अगर आपकी गहनतम चोट यह है कि आपका जीवनसाथी आपके साथ ज़्यादा समय नहीं गुजारता तो वही आपकी प्राथमिक प्रेमभाषा है।

अपनी प्राथमिक प्रेमभाषा खोजने की एक और तकनीक यह है कि आप अपनी शादी के पिछले दिनों के बारे में सोचें और खुद से पूछें, 'मैंने अपने जीवनसाथी से किस चीज़ के लिए सबसे ज़्यादा आग्रह किए हैं।' आपने जिस चीज़ के लिए सबसे ज़्यादा आग्रह किए हैं, वही चीज़ शायद आपकी प्राथमिक प्रेमभाषा का पता बताएगी। इस तरह के आग्रहों को आपका जीवनसाथी परेशान करने वाला मानेगा, जबकि दरअसल वे आग्रह आपके जीवनसाथी से भावनात्मक प्रेम की सुरक्षा प्राप्त करने के लिए आपके प्रयत्न थे।

एलिजाबेथ मेरीविले इंडियाना में रहती थी और उसने अपनी प्राथमिक प्रेमभाषा खोजने में इसी तकनीक का प्रयोग किया था। एक सेमिनार सत्र की समाप्ति पर उसने मुझसे कहा, 'जब भी मैं अपनी शादी के पिछले दस सालों के बारे में सोचती हूँ और ख़ुद से पूछती हूँ कि किस बात के लिए मैंने पीटर से सबसे ज़्यादा आग्रह किया था तो मेरी प्रेमभाषा साफ़ नज़र आ जाती है। मैंने सबसे ज़्यादा आग्रह प्रतिबद्ध समय के लिए किया था। बार-बार मैंने उससे कहा था कि हमें पिकनिक पर जाना चाहिए, कहीं दूर जाकर सप्ताहांत गुज़ारना चाहिए, एक घंटे के लिए टी.वी. बंद करके एक-दूसरे से बात करना चाहिए, साथ-साथ टहलने जाना चाहिए आदि।

मैं ख़ुद को उपेक्षित और अनचाहा महसूस करती थी, क्योंकि वह अक्सर मेरे आग्रह को अनसुना कर देता था। वह मेरे जन्मदिन और दूसरे विशेष अवसरों पर बढ़िया तोहफ़े देता था और उसे हैरत होती थी कि मैं उन्हें पाकर रोमांचित नहीं होती थी।'

उसने अपनी बात जारी रखी, 'आपके सेमिनार के दौरान, हम दोनों के दिमाग़ की बत्तियाँ एक साथ जल उठीं। सेमिनार के बीच में मेरे पति ने मुझसे माफ़ी माँगी कि इतने साल तक वह मेरी बात को समझ ही नहीं पाया था और इसीलिए वह मेरे आग्रहों को अनसुना कर देता था। उसने मुझसे वादा भी किया कि भविष्य में स्थिति भिन्न होगी और मुझे यक़ीन है कि ऐसा ही होगा।'

आपकी प्राथमिक प्रेमभाषा खोजने का एक और तरीक़ा यह परीक्षण करना है कि अपने जीवनसाथी के प्रति प्रेम व्यक्त करने के लिए आप क्या करते हैं या क्या कहते हैं। इस बात के अवसर अधिक हैं कि जो आप उसके लिए करते होंगे, उसी बात की आप सबसे अधिक अपेक्षा भी रखते होंगे। अगर आप लगातार अपने जीवनसाथी के लिए सेवा के कार्य करते हैं तो शायद (हालांकि हमेशा नहीं) यही आपकी प्रेमभाषा है। अगर सकारात्मक शब्द आपकी प्रेमभाषा है तो इस बात के अधिक अवसर हैं कि आप अपने जीवनसाथी के प्रति प्रेम व्यक्त करने के लिए उनका सबसे ज़्यादा इस्तेमाल करते होंगे। इस तरह आप अपनी प्रेमभाषा यह पूछकर भी जान सकते हैं, 'मैं किस तरह अपने जीवनसाथी के प्रति अपना प्रेम व्यक्त करता हूँ?'

पर याद रखें, यह तरीका आपकी प्राथमिक प्रेमभाषा जानने का एक संभावित सुराग़ है, यह बिलकुल पक्का या अचूक सूचक नहीं है। उदाहरण के तौर पर पति ने अपने पिता से यह सीखा हो सकता है कि पत्नी को अच्छे उपहार देकर प्यार जताया जाता है और पिता के व्यवहार के कारण वह पति भी अपनी पत्नी को अच्छे उपहार देकर अपना प्यार जताना चाहता हो, जैसा उसने अपने पिता से सीखा है, हालांकि 'उपहार प्राप्त करना' पति की प्राथमिक प्रेमभाषा नहीं है। वह ऐसा इसलिए कर रहा है क्योंकि यह उसने अपने पिता की देखा-देखी सीखा है।

यह लिखने में कुछ समय गुज़ारिए कि आपकी नज़र में आपकी प्राथमिक प्रेमभाषा क्या है। फिर आप महत्व के क्रम में बाक़ी चार को भी सूचीबद्ध कर लें।

मैंने तीन तरीक़े सुझाए हैं जिनसे आप अपनी प्राथमिक प्रेमभाषा पता कर सकते हैं।

1. आपका जीवनसाथी क्या करता है या क्या नहीं करता है जिससे आपको सबसे ज़्यादा चोट पहुँचती है? आपको चोट पहुँचाने वाली बात के ठीक विपरीत ही शायद आपकी प्रेमभाषा होगी।
2. आप अपने जीवनसाथी से सबसे ज़्यादा आग्रह किस बात के लिए करते हैं? जिस बात के लिए सर्वाधिक आग्रह किए जाएँगे, वही शायद आपकी प्रेमभाषा होगी। उसी बात से आपको यह मालूम होता होगा कि आपको प्रेम किया जा रहा है।
3. आप किस तरह अपने जीवनसाथी के प्रति नियमित रूप से प्रेम व्यक्त करते हैं? प्रेम अभिव्यक्त करने का आपका तरीक़ा यह बता सकता है कि आपको किस बात से प्रेम किए जाने का एहसास होता है।

इन तीन तकनीकों का प्रयोग करने से आपको अपनी प्राथमिक प्रेमभाषा ढूँढ़ने में मदद मिलेगी। अगर दो भाषाएँ समान महत्व की प्रतीत होती हैं यानी दोनों बराबर ऊँचे स्वर में बोलती हैं तो शायद आप द्विभाषी होंगे। यदि ऐसा है तो यह आपके जीवनसाथी के लिए ज़्यादा आसान होगा। अब आपके जीवनसाथी के पास दो विकल्प हैं, जिनमें से कोई भी एक आपके प्रति प्रेम जताने के लिए प्रभावी भाषा होगी।

दो तरह के लोगों को अपनी प्राथमिक प्रेमभाषा खोजने में कठिनाई आ सकती है। पहली तरह के लोग तो वे, जिनका भावनात्मक लव टैंक काफ़ी लंबे समय से भरा हुआ है। ऐसे लोगों के जीवनसाथी ने कई तरीकों से प्रेम अभिव्यक्त किया है और इसलिए वे यह तय नहीं कर पाते कि किस तरीके से उन्हें सर्वाधिक प्रेम का अहसास होता है। उन्हें सिर्फ़ यह पता होता है कि उन्हें प्रेम किया जा रहा है। दूसरे वे लोग जिनका लव टैंक इतने लंबे समय से ख़ाली है कि उन्हें यह याद ही नहीं है कि उन्हें प्रेम का एहसास किस चीज़ से होता है। दोनों ही मामलों में अगर आप प्रेम में पड़ने के अनुभव तक जाएँ और अपने आप से पूछें, 'उन दिनों में मुझे अपने जीवनसाथी की क्या बात पसंद आती थी? वह ऐसा क्या करता था और कहता था जिससे मुझे उसके साथ समय बिताने की इच्छा होती थी ?' अगर आप इन यादों को ताज़ा कर सकें तो इससे आपको अपनी प्राथमिक प्रेमभाषा का थोड़ा-बहुत आभास हो जाएगा। एक और शैली ख़ुद से यह पूछना है, 'मेरे लिए आदर्श जीवनसाथी कैसा होगा? अगर मुझे परिपूर्ण जीवनसाथी मिल जाए, तो यह कैसा होना चाहिए?' अपने परिपूर्ण या आदर्श जीवनसाथी की तस्वीर से भी आपको अपनी प्राथमिक प्रेमभाषा का आभास हो जाएगा।

इतना कहने के बाद मैं यह सुझाव भी देना चाहता हूँ कि यह लिखने में कुछ समय गुज़ारिए कि आपकी नज़र में आपकी प्राथमिक प्रेमभाषा क्या है। फिर आप महत्व के क्रम में बाक़ी चार को भी सूचीबद्ध कर लें। यह भी लिखें कि आपकी नज़र में आपके जीवनसाथी की प्राथमिक प्रेमभाषा क्या है। आप बाक़ी चार को भी महत्व के क्रम से सूचीबद्ध करना चाहें तो कर लें। अपने जीवनसाथी के साथ बैठकर विचार-विमर्श कर लें कि आपके

अनुमान से उसकी प्राथमिक प्रेमभाषा यह होना चाहिए। फिर एक-दूसरे को बताएं कि आपकी नज़र में आपकी खुद की प्राथमिक प्रेमभाषा क्या है।

एक बार आप इस सूचना का आदान-प्रदान कर लें। फिर में आपको तीन सप्ताह तक हर हफ़्ते तीन बार यह खेल खेलने की सलाह देता हूँ। यह खेल 'टैंक चेक' कहलाता है और यह इस तरह खेला जाता है। जब आप घर आते हैं, आप सामने वाले से कहते हैं, 'जीरो से दस तक के स्केल पर आज रात को आपके लव टैंक का स्कोर क्या है?' शून्य का मतलब पूरी तरह ख़ाली है और दस का मतलब है, 'मैं प्रेम से भरा हुआ हूँ और मुझे इससे ज़्यादा प्रेम की ज़रूरत नहीं है।' आप अपने भावनात्मक लव टैंक को पढ़कर यह बताएँ - 10, 9, 8, 7, 6, 5, 4, 3, 2, 1 या 0 यह सूचित करते हुए कि यह कितना भरा है। आपका जीवनसाथी कहता है, 'इसे भरने के लिए मैं क्या कर सकता हूँ?'

तब आप कोई सुझाव दें- वह चीज़ जो आप उस शाम अपने जीवनसाथी से करने या कहने की उम्मीद रखते हैं। अपनी क्षमता के अनुरूप वह आपके आग्रह को पूरा करने की कोशिश करेगा। फिर आप इसी प्रक्रिया को विपरीत क्रम में करें ताकि दोनों को एक-दूसरे के लव टैंक को पढ़ने का मौक़ा मिले और उसे भरने के लिए सुझाव दिए जा सकें। अगर आप तीन हफ़्तों तक यह खेल खेलते हैं तो फिर आपको इसकी आदत पड़ जाएगी और यह विवाह में प्रेम की अभिव्यक्ति को बढ़ाने का एक रोचक तरीका हो सकता है।

एक पति का कहना था, 'मैं इस लव टैंक के खेल को पसंद नहीं करता। मैंने इसे अपनी पत्नी के साथ खेला है। मैं घर आया और उससे कहा, 'शून्य से दस तक के स्केल पर आज रात आपके लव टैंक का स्कोर क्या है?' उसने कहा, 'सात के क़रीब।' 'मैं इसे भरने के लिए क्या कर सकता हूँ?' उसने कहा, 'आज रात तुम मेरे लिए जो सबसे बड़ी मदद कर सकते हो, वह यह है कि तुम लांड्री कर दो।' मैंने कहा, 'प्रेम और लांड्री? मुझे इनका संबंध समझ में नहीं आता।'

इस पर मैंने कहा, 'यही तो समस्या है। शायद आप अपनी पत्नी की प्रेमभाषा नहीं समझ पाए हैं। आपकी प्राथमिक प्रेमभाषा क्या है?'

बिना झिझक के उसने कहा, 'शारीरिक स्पर्श, और ख़ासकर विवाह में सेक्स वाला हिस्सा।'

मैंने कहा, 'मेरी बात ध्यान से सुनिए। जिस प्रेम का एहसास आपको अपनी पत्नी के शारीरिक स्पर्श से मिलता है, उसी प्रेम का एहसास आपकी पत्नी को तब होता है जब आप लांड्री करते हैं।'

उसने तेज़ आवाज़ में कहा, 'लांड्री ले आओ। अगर इससे तुम्हें ख़ुशी मिलती है तो मैं हर रात कपड़े धोने के लिए तैयार हूँ।'

बहरहाल, अगर आपको अब भी अपनी प्राथमिक प्रेमभाषा पता नहीं पड़ी है तो टैंक चेक खेल के रिकॉर्ड रखें। जब आपकी पत्नी कहती है, 'मैं आपके टैंक को भरने के लिए क्या कर सकती हूँ' तो आपके ज़्यादातर सुझाव आपकी प्राथमिक प्रेमभाषा को अभिव्यक्त

करेंगे। आप सभी पाँच प्रेमभाषाओं की चीज़ों के लिए आग्रह कर सकते हैं पर आपके सबसे ज़्यादा आग्रह उसी बिंदु पर होंगे जो आपकी प्राथमिक प्रेमभाषा है।

शायद आपमें से कई अपने दिमाग़ में यह कह रहे होंगे जो रेमन्ड और हेलन ने झियान, इलिनॉय में मुझसे कहा था, 'डॉ. चैपमैन, यह सब सुनने में कितना बढ़िया लगता है, पर अगर आपके जीवनसाथी की प्रेमभाषा ऐसी है जो आपको नहीं आती है तो क्या किया जाए?

इस सवाल का जवाब अध्याय 10 में दिया जाएगा।

प्रेम की पाँच भाषाएँ

सकारात्मक शब्द

प्रतिबद्ध समय

उपहार लेना

सेवा के कार्य

शारीरिक स्पर्श

अध्याय 10

प्रेम एक चुनाव है

हम एक-दूसरे की प्रेमभाषा कैसे बोल सकते हैं, जब हम अतीत की असफलताओं के कारण चोट, क्रोध और आक्रोश से भरे होते हैं। इस सवाल का जवाब इंसान के मूल स्वभाव में मिलता है। हम चुनाव करने वाले प्राणी हैं। इसका यह मतलब है कि हममें ग़लत निर्णय लेने की क्षमता है, जो हम सभी करते हैं। हम आलोचनात्मक शब्द बोलते हैं और हम चोट पहुँचाने वाले काम करते हैं। हालांकि उस समय हमें यह सही चुनाव लगता है, परंतु बाद में हमें इस चुनाव पर गर्व नहीं होता। अतीत में अगर हमने कोई ग़लत फ़ैसला किया है तो उसका यह मतलब नहीं होता कि हम भविष्य में भी उसी तरह के ग़लत फ़ैसले करें। इसके बजाय हम कह सकते हैं, 'मुझे ख़ेद है। मैं जानता हूँ कि मैंने तुम्हें चोट पहुँचाई है, पर मैं भविष्य में ऐसा नहीं करूंगा। मैं तुम्हें तुम्हारी भाषा में प्रेम करूँगा। मैं तुम्हारी भावनात्मक ज़रूरतों को पूरा करने की कोशिश करूँगा।' अपने रिश्तों के किसी भी मोड़ पर अगर पति-पत्नी प्रेम करने का विकल्प चुनते हैं तो मैंने यह देखा है कि विवाह का रिश्ता तलाक़ की कगार तक पहुँचकर भी बच जाता है।

प्रेम से अतीत की इबारत तो नहीं मिटती, पर इससे भविष्य की लेखनी बदल सकती है। जब हम अपने जीवनसाथी की प्राथमिक प्रेमभाषा में प्रेम की सक्रिय अभिव्यक्ति का चयन करते हैं तो हम एक ऐसा भावनात्मक मौसम बनाते हैं जिसमें हम संघर्षों और असफलताओं का मुक़ाबला कर सकते हैं।

ब्रेन्ट मेरे ऑफ़िस में था और उसका चेहरा सपाट तथा भावहीन था। इसका कारण शायद यह था कि वह यहाँ ख़ुद की इच्छा से नहीं, बल्कि मेरे आग्रह पर आया था। एक हफ़्ते पहले उसकी पत्नी बेकी उसी कुर्सी में बैठकर फूट-फूटकर रो रही थी। आँसुओं के सैलाब के बीच उसने मुझे बताया कि ब्रेन्ट उससे अलग होना चाहता था। ब्रेन्ट का कहना था कि वह अब उससे प्रेम नहीं करता था, इसलिए वह उसे छोड़कर जा रहा था। बेकी धराशायी हो गई।

जब उसने अपना आपा सँभाला तो उसने कहा, 'हमने पिछले दो या तीन सालों में कड़ी मेहनत की है। मुझे लगता था कि हम साथ-साथ उतना समय नहीं गुज़ार रहे हैं जितना हम पहले गुजारते थे पर मैं सोचती थी कि हम एक साझे लक्ष्य के लिए काम कर रहे हैं, इसलिए ब्रेन्ट इसे समझ रहा होगा। मुझे यक़ीन नहीं हो रहा था कि वह क्या कह रहा है। वह हमेशा से दयालु और उदार था। वह बच्चों के लिए बहुत ही अच्छा पिता था। अब वह हमारे साथ ऐसा कैसे कर सकता था?'

मैं सुनता रहा और वह अपने बारह वर्ष के वैवाहिक जीवन का वर्णन करती रही। यह एक ऐसी कहानी थी जो मैंने इससे पहले कई बार सुनी थी। उनका रोमांस ख़ासा रोमांचपूर्ण था। प्रेम की दीवानगी की चरम अवस्था में उन्होंने विवाह कर लिया था। शादी की शुरुआत में उन्होंने आपसी तालमेल बिठा लिया था और सफलता के अमेरिकी सपने का पीछा करने लगे थे। कुछ समय बाद वे प्रेम की दीवानगी की भावनात्मक चोटी से नीचे उतर आए पर उन्होंने एक-दूसरे की प्रेमभाषा बोलना ठीक से नहीं सीखा। इसलिए पिछले कुछ सालों से बेकी का लव टैंक सिर्फ़ आधा भरा हुआ था। उसे प्रेम की सिर्फ़ इतनी अभिव्यक्तियाँ मिल रही थीं कि हर चीज़ ठीक-ठाक लगती थी। ब्रेन्ट को ज़्यादा समस्या आ रही थी, क्योंकि उसका लव टैंक बिलकुल खाली था।

मैंने बेकी से कहा कि मैं देखता हूँ अगर ब्रेन्ट मुझसे बात करने को तैयार हो जाए। मैंने ब्रेन्ट को फ़ोन किया, 'जैसा आप जानते हैं, बेकी मुझसे मिलने आई थी और उसने मुझे अपने संघर्ष के बारे में बताया जो उसे शादी बचाने के लिए करना पड़ रहा है। मैं उसकी मदद करना चाहता हूँ और ऐसा करने के लिए मेरे लिए यह जानना ज़रूरी है कि आप इस बारे में क्या सोचते हैं।'

वह बिना झिझक के सहमत हो गया और अब वह मेरे ऑफ़िस में बैठा था। उसका बाहरी व्यक्तित्व बेकी के ठीक विपरीत था। वह फूट-फूटकर रो रही थी जबकि यह पूरी तरह दार्शनिक मुद्रा में था। मुझे ऐसा आभास हुआ जैसे उसका रोना हफ़्तों या शायद महीनों पहले बंद हो चुका है और उसके आँसू अंदरूनी आँसू थे। ब्रेन्ट की कहानी से मेरा शक पुख़्ता हो गया।

'मैं अब उससे बिलकुल प्रेम नहीं करता। एक लंबे अरसे से उसके प्रति मेरा प्यार ख़त्म हो चुका है। मैं उसे चोट नहीं पहुँचाना चाहता, पर हम नज़दीक नहीं हैं। हमारे संबंध ख़त्म हो चुके हैं। अब मुझे उसके साथ रहने में बिलकुल मज़ा नहीं आता। मुझे नहीं मालूम कि क्या हुआ। काश स्थितियाँ भिन्न होतीं, पर आज की तारीख़ में उसके प्रति मेरे मन में कोई भावना नहीं बची है।'

ब्रेन्ट वही सोच रहा था और महसूस कर रहा था जो हज़ारों पतियों ने सालों तक सोचा और महसूस किया है। 'मैं अब उससे प्रेम नहीं करता' इस मानसिक स्थिति से पुरुषों को यह भावनात्मक स्वतंत्रता मिलती है कि वे किसी और से प्रेम कर लें। यही उन पत्नियों पर भी लागू होता है जिनके पास यही बहाना होता है।

मैंने ब्रेन्ट से सहानुभूति व्यक्त की, क्योंकि मुझे उसकी भावनाओं का आभास था। हज़ारों पतियों और पत्नियों को इन भावनाओं का एहसास था- भावनात्मक ख़ालीपन, सही क़दम उठाने की इच्छा, किसी को चोट न पहुँचाने की इच्छा परंतु भावनात्मक ज़रूरतों के कारण विवाहेतर प्रेम खोजने की कोशिश। सौभाग्य से अपनी शादी के शुरुआती सालों में मैंने यह जान लिया था कि 'प्रेम की दीवानगी के अनुभव' और किसी के द्वारा चाहे जाने की 'भावनात्मक ज़रूरत' में अंतर होता है। हमारे समाज के ज़्यादातर लोग अब तक इस अंतर को नहीं समझ पाए है। फिल्मों, सोप ऑपेरा यानी टी.वी. धारावाहिकों और रोमांटिक पत्रिकाओं ने इन दोनों क़िस्म के प्रेमों को मिला दिया है जिससे हमारी दुविधा और बढ़ जाती है। पर वे वास्तव में बिलकुल अलग हैं।

'प्रेम की दीवानगी का अनुभव' जिसे हमने अध्याय तीन में स्पष्ट किया है, इंद्रियों के स्तर पर होता है। यह पूर्व नियोजित नहीं होता, यह तो स्त्री-पुरुष संबंधों के सामान्य संदर्भ में अपने आप होता है। इसे घटाया-बढ़ाया नहीं जा सकता, क्योंकि यह हमारे सचेतन चयन द्वारा नहीं आता। यह कम समय तक रहता है (सामान्यतः दो साल या इससे भी कम) और इससे मानव जाति को वही लाभ मिलते हैं जो कैनेडियन हँसों के संभोग-पूर्व स्वर से मिलते हैं यानी मनुष्य प्रजाति चलती रहती है।

'प्रेम की दीवानगी के अनुभव' से मनुष्य के प्रेम की भावनात्मक ज़रूरत तत्काल पूरी होती है। इससे हममें यह भावना आती है कि कोई हमारी परवाह करता है, कोई हमारी प्रशंसा और सराहना करता है। हमारी भावनाएँ इस विचार के साथ आसमान में उड़ती हैं कि कोई दूसरा व्यक्ति हमें नंबर वन पर रखता है, कि हमारे साथ संबंध बनाने के लिए वह अपना समय और ऊर्जा लगाने के लिए इच्छुक है। थोड़े समय के लिए, जितने भी समय तक यह चले, प्रेम की हमारी भावनात्मक ज़रूरत पूरी होती रहती है। हमारा टैंक भरा रहता है, हम दुनिया को जीत सकते हैं। कुछ भी असंभव नज़र नहीं आता। कई व्यक्तियों के लिए ऐसा पहली बार होता है कि उनका भावनात्मक टैंक भरा होता है और यह स्वर्गिक अनुभव होता है।

अपनी पत्नी के प्रेम की ज़रूरत पूरी करना एक ऐसा चयन है जो मैं हर रोज़ करता हूँ। अगर मैं उसकी प्राथमिक प्रेमभाषा जानता हूँ और इसे बोलने का विकल्प चुनता हूँ तो उसकी गहनतम भावनात्मक ज़रूरत पूरी हो जाती है और वह मेरे प्रेम में सुरक्षा का अनुभव करती है।

कुछ समय बाद हम उस आकाश से असली दुनिया में वापस लौटकर आ जाते हैं। अगर हमारे जीवनसाथी ने हमारी प्राथमिक प्रेमभाषा में बोलना सीख लिया है, तो प्रेम की हमारी

आवश्यकता संतुष्ट होती रहती है। दूसरी तरफ़, अगर वह हमारी प्राथमिक प्रेमभाषा नहीं बोलता है तो हमारे लव टैंक धीरे-धीरे परंतु निश्चित रूप से ख़ाली होने लगते हैं और हमें चाहे जाने का एहसास नहीं होता है। अपने जीवनसाथी की इस आवश्यकता की पूर्ति करना निश्चित रूप से एक चुनाव है जो हम करते हैं। अगर मैं अपने जीवनसाथी की भावनात्मक प्रेमभाषा सीखता हूँ और इसे अक्सर बोलता हूँ तो उसे प्रेम महसूस होता रहेगा। जब वह प्रेम की दीवानगी की अवस्था से नीचे उतरेगी तो उसे इस बात का पता ही नहीं चलेगा, क्योंकि उसका भावनात्मक लव टैंक भरता रहेगा। अगर मैंने अपनी पत्नी की प्राथमिक प्रेमभाषा नहीं सीखी है या उसे बोलने का फ़ैसला नहीं किया है तो जब वह अपनी दीवानगी के आकाश से नीचे उतरती है, तो वह अपनी अपूर्ण भावनात्मक आवश्यकताओं की स्वाभाविक पूर्ति के लिए परेशान होती है। ख़ाली लव टैंक के साथ कुछ साल के बाद उसके किसी और से प्रेम में पड़ने की संभावना है और वही चक्र फिर से शुरू हो जाएगा।

अपनी पत्नी के प्रेम की ज़रूरत पूरी करना एक ऐसा चयन है जो मैं हर रोज़ करता हूँ। अगर मैं उसकी प्राथमिक प्रेमभाषा जानता हूँ और इसे बोलने का विकल्प चुनता हूँ तो उसकी गहनतम भावनात्मक ज़रूरत पूरी हो जाती है और वह मेरे प्रेम में सुरक्षा का अनुभव करती है। अगर वह मेरे लिए भी यही करती है और मेरी भावनात्मक ज़रूरत पूरी हो जाती है तो हम दोनों एक भरे हुए टैंक के साथ रहते हैं। भावनात्मक संतुष्टि की अवस्था में हम बाहर की दुनिया में कई अच्छे काम कर सकते हैं जबकि इससे हमारा विवाह ज़्यादा रोमांचक और सुखद बन जाता है।

मेरे दिमाग़ में ये सब बातें आ रही थीं और मैं ब्रेन्ट के सपाट चेहरे को देख रहा था। मैं यह सोच रहा था कि क्या मैं उसकी मदद कर सकता हूँ। अपने दिल में मैं जानता था कि वह शायद किसी और के साथ प्रेम की पींगें भर रहा है। मुझे यह पक्का मालूम नहीं था कि उसके विवाहेतर संबंध शुरुआती स्तर पर हैं या प्रेम की चरम सीमा पर पहुँच गए हैं। कुछ पुरुष, जो भावनात्मक प्रेम के ख़ाली टैंक के कारण दुखी रहते हैं, अपनी शादी तोड़ लेते हैं। वे अपनी भावनात्मक आवश्यकता को विवाह के बाहर किसी नई प्रेमिका में खोजने लगते हैं।

ब्रेन्ट ईमानदार था और उसने यह नहीं छुपाया कि वह पिछले कई महीनों से किसी और के प्रेम में पड़ गया था। उसने आशा की थी कि वे भावनाएँ चली जाएँगी और वह अपनी पत्नी के साथ समस्याएँ सुलझा लेगा, परंतु घर पर माहौल बिगड़ता चला गया और दूसरी स्त्री के प्रति उसका प्रेम भी बढ़ता चला गया। अब वह अपनी नई प्रेमिका के बिना अपने जीवन की कल्पना तक नहीं कर सकता था।

मुझे ब्रेन्ट और उसके संघर्ष से सहानुभूति थी। वह वास्तव में अपनी पत्नी और अपने बच्चों को चोट नहीं पहुँचाना चाहता था, पर दूसरी तरफ़ वह यह भी सोच रहा था कि जीवन में सुख हासिल करने का अधिकार उसे भी है और अगर वह सुख उसे दूसरे विवाह में मिलता है तो उसे ऐसा करने का हक़ है। मैंने उसे बताया कि दूसरी शादियों के आँकड़े यह बताते हैं कि उनमें से 60 प्रतिशत तलाक़ में ख़त्म होती हैं। वह यह सुनकर आश्चर्यचकित हुआ, पर उसे विश्वास था कि वह आँकड़ों को हरा देगा। मैंने उसे तलाक़ पर हुए इस शोध

के बारे में भी बताया कि तलाक़ का बच्चों पर बुरा असर पड़ता है, पर उसे विश्वास था कि वह अपने बच्चों के लिए अच्छा पिता बना रहेगा और तलाक़ का किसी पर बुरा असर नहीं पड़ेगा। मैंने इस पुस्तक के मुद्दों पर ब्रेन्ट से बात की और यह अंतर स्पष्ट किया कि प्रेम की दीवानगी के अनुभव और प्रेम चाहने की गहरी भावनात्मक ज़रूरत दो अलग-अलग चीजें हैं। मैंने उसे पाँच प्रेमभाषाओं के बारे में बताया और उससे कहा कि वह अपने विवाह को एक मौक़ा और दे। इस सब के दौरान मैं जानता था कि शादी को लेकर मेरे बौद्धिक तथा तार्किक विचारों और उसकी प्रबल भावनाओं में उतना ही अंतर था जितना एक पुरानी बंदूक और स्वचालित हथियार में होता है। उसने मेरी चिंता के लिए मुझे धन्यवाद दिया और मुझसे कहा कि मैं बेकी की यथासंभव मदद करूँ। पर उसने मुझे विश्वास दिलाया कि उसे अपने विवाह के जारी रहने की कोई आशा नहीं है।

एक माह बाद मेरे पास ब्रेन्ट का फ़ोन आया। उसने कहा कि वह मुझसे दुबारा मिलना चाहता है। इस बार जब वह मेरे ऑफ़िस में आया तो वह ख़ासा परेशान था। वह उतना शांत और ठंडा नहीं था जितना पिछली बार था। इसका कारण यह था कि उसकी प्रेमिका अपने भावनात्मक आकाश से नीचे उतरने लगी थी और वह ब्रेन्ट में ऐसी बातें देखने लगी थीं, जो उसे नापसंद थीं। अब वह संबंधों से पीछे हट रही थी और इसके कारण ब्रेन्ट परेशान हो रहा था। उसकी आँखों में आँसू आ गए, जब उसने मुझे बताया कि उसकी जिंदगी में उस प्रेमिका का कितना महत्व था और उसके नकारे जाने से उसे कितनी असहनीय पीड़ा पहुँची थी।

मैं एक घंटे तक सहानुभूतिपूर्वक सुनता रहा और उसके बाद ब्रेन्ट ने मुझसे सलाह माँगी। मैंने उसे बताया कि मैं उसके दर्द को समझ सकता हूँ। मैंने उसे यह बताया कि अभी जो उसका अनुभव था, वह किसी भी क्षति से उपजा स्वाभाविक दुख है। इस तरह के दुख से रातोरात मुक्ति नहीं पाई जा सकती। मैंने यह भी समझाया कि यह अनुभव अवश्यंभावी है 'प्रेम की दीवानगी' बहुत कम समय तक चलती है और थोड़ा पहले या थोड़ा बाद में, हम सभी को दीवानगी के शिखर से वास्तविकता के धरातल पर लौटना होता है। कुछ लोग शादी से पहले ही प्रेम के जाल से बाहर निकल आते हैं जबकि बाक़ी लोग शादी के बाद इससे बाहर निकल पाते हैं। वह सहमत था कि शादी के पहले ऐसा होना बेहतर था।

कुछ समय बाद, मैंने सुझाव दिया कि एक तरह से देखा जाए तो यह संकट उसके और उसकी पत्नी के वैवाहिक जीवन में अच्छे समय पर आया है। अब वे दोनों विवाह परामर्श ले सकते हैं। मैंने उसे याद दिलाया कि सच्चा और लंबे समय तक चलने वाला भावनात्मक प्रेम एक चयन है तथा उसके विवाह में भावनात्मक प्रेम का पुनर्जन्म हो सकता है, अगर वह और उसकी पत्नी सही प्रेमभाषाओं में एक-दूसरे को प्रेम करना सीख लें। यह विवाह परामर्श के लिए तैयार हो गया और नौ महीने बाद, ब्रेन्ट और बेकी मेरे ऑफ़िस से एक सुखद विवाह लेकर गए। जब मैं तीन साल बाद ब्रेन्ट से मिला तो उसने मुझे बताया कि अब उनका वैवाहिक जीवन बहुत बढ़िया चल रहा था। उसने मुझे धन्यवाद भी दिया कि मैंने उसके जीवन के कठिन समय से उसे उबार लिया। उसने मुझे बताया कि प्रेमिका से अलगाव का दुख तत्काल ख़त्म नहीं हुआ था बल्कि दो साल तक चला था। वह मुस्कराया

और उसने कहा, 'मेरा लव टैंक कभी इतना भरा नहीं रहा जितना अब है और बेकी तो आज दुनिया की सबसे सुखी महिला है।'

सौभाग्य से ब्रेन्ट को 'प्रेम की दीवानगी' के असंतुलन से फ़ायदा हुआ। कभी भी दो लोग एक ही दिन प्रेम में नहीं पड़ते, न ही किन्हीं दो प्रेमियों का प्रेम एक ही दिन ख़त्म होता है। यह सत्य जानने के लिए आपका समाजवैज्ञानिक होना जरूरी नहीं है। लोक संगीत और पश्चिमी गीतों में भी आपको यह जानकारी मिल जाएगी। ब्रेन्ट की प्रेमिका का प्रेम बहुत ही अच्छे मौक़े पर ख़त्म हुआ था।

नौ महीने तक मैंने ब्रेन्ट और बेकी को परामर्श दिया। इस दौरान हम उन अनगिनत संघर्षों और भिन्नताओं से जूझे जिनसे वे दोनों परेशान थे और जिन्हें वे सुलझा नहीं पा रहे थे। पर उनके विवाह के पुनर्जन्म की कुंजी एक-दूसरे की प्राथमिक प्रेमभाषा खोजना और उसे अक्सर बोलने का चयन करना था।

जब कोई काम आपको स्वाभाविक रूप से नहीं आता
तो उसे करना प्रेम की ज़्यादा बड़ी अभिव्यक्ति है।

अब मैं उस सवाल पर लौटता हूँ जो मैंने अध्याय नौ में पूछा था। 'क्या होगा अगर आपके जीवनसाथी की प्रेमभाषा ऐसी हो जो आपको स्वाभाविक रूप से नहीं आती है?' मुझसे विवाह के सेमिनार में अक्सर यह सवाल पूछा जाता है और मेरा जवाब होता है, 'तो?'

मेरी पत्नी की प्रेमभाषा सेवा के कार्य हैं। मैं उसकी प्रेमभाषा बोलने की ख़ातिर नियमित रूप से प्रेम का एक काम करता हूँ, वह है फ़र्श को वैक्यूम करना। क्या आपको लगता है कि फ़र्श को वैक्यूम करना मेरे लिए स्वाभाविक है? मेरी माँ मुझसे वैक्यूम कराती थी। जूनियर हाई और हाईस्कूल के दौरान मैं कभी भी शनिवार को खेलने नहीं जा पाता था, क्योंकि मुझे पूरा घर वैक्यूम करना होता था। उन दिनों में ख़ुद से कहता था, 'जब भी मैं यहाँ से निकलूंगा, यह एक ऐसी चीज़ है जो मैं कभी नहीं करने वाला। मैं कभी भी घर वैक्यूम नहीं करूँगा। उसके लिए मैं एक पत्नी ले आऊँगा।'

इसके बावज़ूद मैं आज भी अपना घर वैक्यूम करता हूँ और मैं नियमित रूप से ऐसा करता हूँ। केवल एक कारण है जिसके वशीभूत होकर मैं घर वैक्यूम करता हूँ। प्रेम। आप मुझे घर वैक्यूम करने के लिए पैसे दें तो मैं यह काम कभी न करूँ। पर मैं इसे प्रेम के लिए करता हूँ। आप जान लें यह काम मेरे लिए स्वाभाविक नहीं है और इसलिए यह मेरे प्रेम को ज़्यादा प्रबलता से अभिव्यक्त करता है। मेरी पत्नी जानती है कि जब भी मैं घर को वैक्यूम करता हूँ तो यह 100 प्रतिशत शुद्ध, बिना मिलावट का प्रेम होता है और मुझे उस काम के लिए विशेष सराहना मिलती है।

कोई कहेगा, 'पर डॉ. चैपमैन, यह बात अलग है। मैं जानता हूँ कि मेरे जीवनसाथी की प्रेमभाषा शारीरिक स्पर्श है पर शारीरिक स्पर्श मेरी प्रेमभाषा नहीं है। मैंने अपने माता और पिता को शारीरिक स्पर्श करते नहीं देखा, डॉ. चैपमैन। मैं शारीरिक स्पर्श नहीं कर सकता। अब मैं क्या करूँ?'

क्या आपके दो हाथ हैं? क्या आप उन दोनों को एक साथ मिला सकते हैं? अब कल्पना कीजिए कि आपका जीवनसाथी उनके बीच में हैं और उसे अपनी तरफ़ खींचिए। मैं शर्त लगा सकता हूँ कि अगर आप अपनी पत्नी को तीन हज़ार बार गले लगाएंगे तो यह काम आपको ज़्यादा आसान लगेगा। पर आसानी असली मुद्दा नहीं है।

हम प्रेम की बात कर रहे हैं और प्रेम ऐसी चीज़ है जो आप दूसरे के लिए करते हैं, अपने लिए नहीं। हममें से ज़्यादातर लोग हर रोज़ ऐसे कई काम करते हैं जो हमारे लिए स्वाभाविक या आसान नहीं होते। हममें से कइयों के लिए सुबह-सुबह बिस्तर से उठना आसान नहीं होता। हम अपनी भावनाओं के विरोध में जाकर बिस्तर से बाहर निकल आते हैं। क्यों? क्योंकि हमें यक़ीन होता है कि हम उस दिन कुछ महत्वपूर्ण काम करेंगे और सामान्यतः दिन ख़त्म होने से पहले ही, हमें सुबह उठने के अपने फ़ैसले पर खुशी होती है। हमारे कार्य हमारी भावनाओं से पहले घटित होते हैं।

यही प्रेम के बारे में भी सही है। हम अपने जीवनसाथी की प्राथमिक प्रेमभाषा खोज लेते हैं और उसे बोलने का चयन करते हैं चाहे यह हमारे लिए स्वाभाविक हो या नहीं। हम यह दावा नहीं कर रहे हैं कि हमारी भावनाएँ रोमांच की होती हैं। हम सिर्फ़ उसके हित में यह चयन करते हैं हम - अपने जीवनसाथी की भावनात्मक आवश्यकता की पूर्ति करना चाहते हैं और इसलिए हम उसकी प्रेमभाषा बोलने की कोशिश करते हैं। ऐसा करते समय उसका भावनात्मक लव टैंक भर जाता है और इस बात के अवसर है कि वह भी आपकी प्रेमभाषा बोलना प्रारंभ कर देगा। जब वह आपकी भावनाओं को लौटाता है तो हमारी भावनाएँ भी लौटती हैं और इस तरह हमारे लब टैंक भरना भी प्रारंभ हो जाते हैं।

प्रेम एक चुनाव है और आप दोनों में से कोई भी इस प्रक्रिया को आज ही, अभी प्रारंभ कर सकता है।

प्रेम की पाँच भाषाएँ
सकारात्मक शब्द
प्रतिबद्ध समय
उपहार लेना
सेवा के कार्य
शारीरिक स्पर्श

अध्याय 11

प्रेम सब कुछ बदल देता है

प्रेम सिर्फ़ हमारी भावनात्मक ज़रूरत ही नहीं है। मनोवैज्ञानिकों के अनुसार हमारी मूलभूत ज़रूरतों में सुरक्षा, आत्मसम्मान और महत्व की भावनात्मक ज़रूरतें होती हैं। प्रेम इन सभी ज़रूरतों से कहीं न कहीं जुड़ा हुआ है।

अगर मुझे लगता है कि मेरा जीवनसाथी मुझसे प्रेम करता है तो मैं निश्चिंत हो जाता हूँ। मैं यह जानता हूँ कि मेरी प्रेमिका कभी मेरा बुरा नहीं कर सकती। मैं उसकी उपस्थिति में सुरक्षित अनुभव करता हूँ। मैं अपने बिज़नेस में कई अनिश्चितताओं का सामना कर सकता हूँ। मेरे जीवन के दूसरे क्षेत्रों में मेरे शत्रु हो सकते हैं, पर अपने जीवनसाथी के साथ में सुरक्षित अनुभव करता हूँ।

आत्मसम्मान की मेरी भावना इस तथ्य से बलवती हो जाती है कि मेरा जीवनसाथी मुझसे प्रेम करता है। आख़िर वह मुझसे प्रेम करती है और इसलिए मैं प्रेम करने क़ाबिल हूँ। मेरे पालकों ने मेरे सम्मान या महत्व के बारे में नकारात्मक या मिले-जुले संदेश दिए होंगे पर मेरा जीवनसाथी मुझे एक वयस्क के रूप में जानता है और मुझसे प्रेम करता है। उसका प्रेम मेरे आत्मसम्मान की भावना को बढ़ाता है।

सम्मान या महत्त्व की ज़रूरत वह भावनात्मक शक्ति है जो हमारे व्यवहार के पीछे होती है। हमारा जीवन सफलता की आकांक्षा से चलता है। हम चाहते हैं कि हमारे जीवन का कोई अर्थ हो, महत्व हो, मूल्य हो। इस बारे में हमारे अपने विचार होते हैं कि महत्वपूर्ण से हमारा क्या आशय है और हम अपने लक्ष्यों को हासिल करने के लिए कड़ा संघर्ष करते हैं। जीवनसाथी द्वारा प्रेम करने के अहसास से हमारे महत्व को बल मिलता है। हम तर्क देते हैं, *अगर कोई मुझसे प्रेम करता है तो मुझे अपने महत्व का आभास होता है।*

मैं महत्वपूर्ण हूँ क्योंकि मैं अपने संसार की चोटी पर होता हूँ। मुझमें अमूर्त शब्दों में सोचने की क्षमता है, अपने विचारों को शब्दों के माध्यम से व्यक्त करने की योग्यता है और निर्णय लेने की भी योग्यता है। छपे हुए या रिकॉर्ड किए हुए शब्दों के माध्यम से मैं उन

लोगों के विचारों से फ़ायदा उठा सकता हूँ जो मुझसे पहले हुए हैं। मैं दूसरों के अनुभव का लाभ उठा सकता हूँ, हालांकि वे एक अलग युग और संस्कृति में रहे हैं। मुझे परिवार और मित्रों की मृत्यु का अनुभव होता है और मुझे यह ज्ञान होता है कि भौतिक जगत से परे भी अस्तित्व है। मुझे यह पता चलता है कि सभी संस्कृतियों में लोग किसी आध्यात्मिक लोक में विश्वास करते हैं। मेरा दिल मुझे बताता है कि यह सही है जबकि मेरा दिमाग़, वैज्ञानिक अध्ययन के प्रशिक्षण के कारण, कई आलोचनात्मक सवाल उठाता है।

मैं महत्वपूर्ण हूँ। मेरे जीवन का अर्थ है। मेरे जीवन का कोई ऊँचा लक्ष्य है। मैं इसमें विश्वास करना चाहता हूँ, पर मैं तब तक ख़ुद को महत्वपूर्ण नहीं समझ सकता, जब तक कोई मेरे प्रति प्रेम व्यक्त न करे। जब मेरा जीवनसाथी मुझमें अपने समय, ऊर्जा और प्रयास का निवेश करता है तभी मुझे विश्वास होता है कि मैं महत्वपूर्ण हूँ। प्रेम के बिना मैं महत्व, आत्मसम्मान और सुरक्षा की खोज में अपना पूरा जीवन बिता दूँगा। जब मैं प्रेम का अनुभव करता हूँ तो इन आवश्यकताओं की सकारात्मक पूर्ति होती है। मैं अब अपने अंदर छुपी प्रतिभा को विकसित करने के लिए स्वतंत्र होता हूँ। मैं अपने आत्मसम्मान और महत्व की भावना में ज़्यादा सुरक्षित होता हूँ और मैं ख़ुद की ज़रूरतों में उलझा रहने के बजाय अपनी कोशिशों को बाहर की तरफ़ मोड़ सकता है। सच्चा प्रेम हमेशा स्वतंत्रता देता है।

विवाह के संदर्भ में अगर हमें प्रेम किए जाने का अनुभव न हो तो हमारे मतभेद ज़्यादा डरावने नज़र आते हैं। हम एक-दूसरे को दुश्मन की तरह देखते हैं जो हमारे सुख के लिए एक ख़तरनाक बात है। हम अपने आत्मसम्मान और महत्व के लिए संघर्ष करते हैं और विवाह स्वर्ग के स्थान पर लड़ाई का मैदान बन जाता है।

प्रेम हर चीज़ का जवाब नहीं है, हर समस्या का हल नहीं है परंतु यह सुरक्षा का ऐसा माहौल बना सकता है जिसमें हम अपनी परेशानियों का हल खोज सकते हैं। प्रेम की सुरक्षा में एक दंपति बिना एक-दूसरे की आलोचना किए अपने मतभेदों पर विचार-विमर्श कर सकते हैं। मतभेद दूर किए जा सकते हैं। दो भिन्न प्रकृति के लोग एक साथ सामंजस्य में रहना सीख सकते हैं। हमें पता चलता है कि एक-दूसरे के सर्वश्रेष्ठ गुणों को सामने कैसे लाएँ। यही प्रेम के पुरस्कार हैं।

अपने जीवनसाथी को प्रेम करने के निर्णय में अद्भुत संभावनाएँ निहित हैं। उसकी प्राथमिक प्रेमभाषा सीखने से वे संभावनाएँ हक़ीक़त में बदल जाती हैं। प्रेम सचमुच दुनिया को चलाता है। कम से कम प्रेम के कारण जीन और नॉर्म की दुनिया तो चल ही रही थी।

उन्होंने मेरे ऑफ़िस पहुँचने के लिए तीन घंटे की यात्रा की थी। यह स्पष्ट था कि नॉर्म वहाँ नहीं आना चाहता था। जीन ने उसे छोड़ने की धमकी देकर उसे वहाँ आने के लिए मजबूर कर दिया था। (मैं इस तरह की शैली को बढ़ावा नहीं देता, पर लोग मुझसे मिलने से पहले हमेशा मेरे सुझावों के बारे में नहीं जानते।) वे पिछले पैंतीस सालों से शादी-शुदा थे और इसके पहले कभी वैवाहिक परामर्श लेने के लिए नहीं गए थे।

जीन ने चर्चा शुरू की, 'डॉ. चैपमैन, मैं सबसे पहले आपको दो बातें बता देना चाहती हूँ। पहली तो यह कि हमें पैसों की कोई समस्या नहीं है। मैं एक पत्रिका में पढ़ रही थी कि

पैसा विवाह में सबसे बड़ी समस्या होती है। पर यह सभी के बारे में सही नहीं होता है। हम दोनों ने सालों तक इसके लिए काम किया है और अब हमारा ख़ुद का घर है और हमारे पास कारें भी हैं। हमें पैसों की कोई समस्या नहीं है। दूसरे, मैं आपको यह बताना चाहती हूँ कि हम बहस नहीं करते हैं। मैं अपने मित्रों को आपस में यह कहते हुए सुनती हूँ कि वे आपस में बहस करते हैं। हमने कभी एक-दूसरे से बहस नहीं की है। मुझे याद नहीं कि हममें आख़िरी बार कब बहस हुई थी। हम दोनों मानते हैं कि बहस बेमानी होती हैं। इसलिए हम बहस नहीं करते हैं।'

एक परामर्शदाता के रूप में मैंने जीन के ख़ुलासे के लिए उसकी सराहना की। मैं जानता था कि वह सीधे मुख्य बिंदु पर आ जाएगी। यह स्पष्ट था कि अपने शुरुआती वक्तव्य के बारे में उसने पूरी तैयारी कर रखी थी। वह यह सुनिश्चित कर लेना चाहती थी कि हम उन चीज़ों के बारे में व्यर्थ समय न गवाएं जो समस्याएँ हैं ही नहीं। वह उस घंटे का पूरा और समझदारीपूर्ण उपयोग करना चाहती थी।

उसने अपनी बात जारी रखी, 'समस्या यह है कि मुझे यह महसूस नहीं होता है कि मेरा पति मुझसे प्रेम करता है। जिंदगी एक रुटीन बनकर रह गई है। हम सुबह उठते हैं और अपने-अपने काम पर चले जाते हैं। दोपहर में वे अपना काम करते हैं और मैं अपना। हम दोनों आम तौर पर साथ-साथ डिनर लेते हैं पर हम बातचीत नहीं करते। वह खाना खाते समय टी.वी. देखते हैं। डिनर के बाद बेसमेंट में जाते हैं और और टी.वी. के सामने सो जाते हैं, जब तक कि मैं उन्हें यह नहीं बताती कि अब सोने का वक़्त हो गया है। यह सप्ताह में हमारा पाँच दिनों का कार्यक्रम है। शनिवार को ये सवेरे गोल्फ़ खेलने जाते हैं, दोपहर को अहाते में काम करते हैं और शनिवार की रात को हम किसी और दंपति के साथ डिनर लेने बाहर जाते हैं। वे उनसे बातें करते हैं, पर जब हम वापस घर लौटने के लिए कार में बैठते हैं तो बातचीत बंद हो जाती है। घर लौटने पर वे टी.वी. के सामने लेट जाते हैं, जब तक कि सोने का समय नहीं हो जाता। रविवार की सुबह हम चर्च जाते हैं। हम हमेशा रविवार की सुबह चर्च जाते हैं, डॉ. चैपमैन।' उसने इस बात पर ज़ोर दिया।

'फिर हम कुछ दोस्तों के साथ लंच लेने बाहर जाते हैं। जब हम घर लौटते हैं तो वे पूरी दोपहर टी.वी. के सामने सोते हैं। सामान्यतः हम रविवार की रात को एक बार फिर चर्च जाते हैं, घर लौटते हैं, पॉपकॉर्न खाते हैं और बिस्तर पर चले जाते हैं। यह हमारा हफ़्ते भर का रुटीन होता है। पूरे हफ़्ते हम इसी तरह अपना जीवन गुजारते हैं। हम एक ही घर में रहने वाले दो किराएदारों की तरह रह रहे हैं। हम दोनों के बीच कुछ भी साझा नहीं है। मुझे उनकी तरफ़ से प्रेम का एहसास नहीं होता। अब संबंधों में कोई गर्माहट नहीं बची है, कोई भावना नहीं रह गई है। यह पूरी तरह खोखला संबंध है जो मृतप्रायः है। मैं नहीं जानती कि मैं कब तक इस तरह की ज़िंदगी गुज़ारना चाहूँगी।'

उस समय तक जीन रोने लगी थी। मैंने उसे एक टिशू दिया और नॉर्म की तरफ़ देखा। उसका पहला वाक्य था, 'मुझे कुछ समझ में नहीं आता है।' एक संक्षिप्त अंतराल के बाद उसने कहा, 'मैंने वह सब किया जिसके द्वारा मैं उसे यह जता सकता था कि मैं उससे प्रेम करता है, ख़ासकर पिछले दो या तीन सालों में, जब से उसने इस बारे में शिकायतें करना

चालू किया था। पर किसी चीज़ से कोई फ़ायदा नहीं हो रहा है। चाहे मैं कुछ भी करूं, वह शिकायत करती रहती है कि उसे मेरे प्रेम का अनुभव नहीं होता है। मैं नहीं जानता कि मैं और क्या कर सकता हूँ।'

मैं बता सकता था कि नॉर्म कुंठित और परेशान था। मैंने पूछा, 'जीन के प्रति अपना प्रेम अभिव्यक्त करने के लिए आपने क्या किया है ?'

उसने जवाब दिया, 'मैं उसके आने से पहले घर लौट आता हूँ, और मैं हर रात डिनर बनाना शुरू कर देता हूँ। अगर आप हक़ीक़त जानना चाहते हैं तो हफ़्ते में चार दिन तो जब तक यह घर लौटती है, डिनर लगभग पूरा तैयार हो जाता है। शनिवार रात को हम बाहर खाना खाने जाते हैं। डिनर के बाद हफ़्ते में तीन दिन मैं बर्तन साफ़ करता हूँ। एक रात को मेरी मीटिंग होती है, इसलिए उस रात को मैं बर्तन साफ़ नहीं करता हूँ, पर बाक़ी की तीन रातों को डिनर ख़त्म होने के बाद मैं बर्तन साफ़ करता है। चूंकि उसकी कमर में दर्द होता है, इसलिए घर वैक्यूम में ही करता हूँ। मैं आँगन का पूरा काम करता हूँ, क्योंकि परागकणों से उसे एलर्जी है। जब कपड़े सूख जाते हैं तो मैं कपड़ों को तह करता हूँ।'

वह मुझे इसी तरह की और बातें बताता रहा जो वह जीन के लिए करता था। जब उसने बोलना बंद किया तो मैं आश्चर्य में था कि यह महिला क्या करती है? सारा काम तो बेचारा पति कर देता है, फिर इसके करने के लिए बाक़ी क्या बचता है?

नॉर्म का कहना था, 'मैं ये सारी चीज़ें उसे यह जताने के लिए करता हूँ कि मैं उसे प्रेम करता हूँ, पर वह यहाँ बैठकर आपके सामने अपना दुखड़ा रो रही है कि उसे मेरे प्रेम का अनुभव नहीं होता है। यही बात वह मुझसे भी दो-तीन साल से कह रही है कि उसे मेरे प्रेम का एहसास नहीं हो रहा है। मेरी समझ में नहीं आ रहा है कि मैं उसके लिए इससे ज़्यादा क्या कर सकता हूँ।'

जब मैं जीन की तरफ़ मुड़ा तो उसने कहा, 'डॉ. चैपमैन, ये सारी चीज़ें अच्छी हैं। पर मैं चाहती हूँ कि वे मेरे साथ सोफ़े पर बैठें और मुझसे बातें करें। हम कभी बातचीत नहीं करते हैं। हमने पिछले तीस सालों में ठीक से बातें नहीं की हैं। वे हमेशा बर्तन साफ़ करते रहते हैं, फ़र्श वैक्यूम करते रहते हैं, घास काटते रहते हैं। वे कुछ न कुछ करते ही रहते हैं। मैं चाहती हूँ कि वे मेरे साथ सोफ़े पर बैठे और मुझे कुछ समय दें, मेरी तरफ़ देखें, कुछ मेरी सुनें, कुछ अपनी सुनाएँ- हमारे बारे में कुछ बात करें।'

जीन एक बार फिर रोने लगी थी। अब मुझे यह समझ में आ गया था कि जीन की प्राथमिक प्रेमभाषा प्रतिबद्ध समय है। वह उसका ध्यान खींचने के लिए शिकायत कर रही थी। वह चाहती थी कि उसे एक व्यक्ति के रूप में देखा जाए, एक वस्तु के रूप में नहीं। नॉर्म की व्यस्तता उसकी भावनात्मक आवश्यकता की पूर्ति नहीं कर पा रही थी। जब मैंने नॉर्म से आगे बात की तो मैंने पाया कि उसे भी प्रेम का अनुभव नहीं हो रहा था, पर वह इस बारे में शिकायत नहीं करता था। उसने तार्किक उत्तर दिया, 'अगर आपकी शादी को पैंतीस साल हो चुके हैं, आपके बिल चुका दिए गए हैं और आप लड़ते या बहस नहीं करते हैं तो इससे ज़्यादा आप क्या चाहते हैं?' तो यह बात थी। पर जब मैंने उससे पूछा, 'तुम्हारे

लिए एक आदर्श पत्नी कैसी होना चाहिए? अगर तुम्हें एक आदर्श पत्नी की कल्पना करना हो तो उसमें क्या गुण होना चाहिए?'

उसने पूरी मुलाक़ात में पहली बार मेरी आँखों में आँखें डालकर पूछा, 'क्या आप सचमुच जानना चाहते हैं?'

'हाँ', मेरा जवाब था ।

वह सोफ़े पर तनकर बैठ गया और अपने सीने के सामने अपने दोनों हाथ बाँध लिए। उसके चेहरे पर एक मुस्कराहट आ गई और उसने कहा, 'मैंने इसकी कल्पना कर रखी है, इसका सपना देख रखा है। मेरे लिए एक आदर्श पत्नी वह होगी जो दोपहर में घर लौटकर मेरे लिए डिनर तैयार रखे। मैं बाहर आँगन में काम कर रहा होऊँ और वह मुझे खाने के लिए अंदर बुलाए। डिनर के बाद वह बर्तन साफ़ कर दे। शायद मैं उसकी मदद कर दिया करूँ पर इसकी जिम्मेदारी उसकी हो। जब मेरी शर्ट के बटन टूट जाए तो वह उन्हें टाँक दे।'

अब जीन से नहीं रहा गया। वह उसकी तरफ मुड़ी और उससे कहा, 'मैं नहीं मानती। तुम्हीं ने तो मुझसे कहा था कि तुम्हें खाना पकाना अच्छा लगता है।'

नॉर्म का उत्तर था, 'मुझे खाना बनाने में कोई दिक़्क़त नहीं है पर ये मुझसे आदर्श पत्नी के बारे में पूछ रहे थे, इसलिए मैंने उन्हें अपने विचार बता दिए।'

अब मैं जानता था कि नॉर्म की प्राथमिक प्रेमभाषा थी सेवा के कार्य। आपको क्या लगता है नॉर्म जीन के लिए इतने सारे काम क्यों करता था? इसलिए क्योंकि यह उसकी प्रेमभाषा थी। उसके दिमाग़ में वही वह तरीक़ा था जिससे प्रेम का इज़हार किया जा सकता था- लोगों के लिए सेवा के कार्य करके। समस्या यह थी कि सेवा के कार्य जीन की प्राथमिक प्रेमभाषा नहीं थे। उनका उसके लिए कोई भावनात्मक महत्व नहीं था, जबकि नॉर्म के लिए उनका भावनात्मक महत्व बहुत ज़्यादा था। अगर जीन उसके लिए इतना करती तो वह ख़ुशी से पागल हो जाता।

जब नॉर्म के दिमाग़ की बत्ती जली तो उसने जो पहली बात कही, वह यह थी, 'यह बात किसी ने मुझे तीस साल पहले क्यों नहीं बताई? मैं इतनी कड़ी मेहनत करने के बजाय मज़े से हर रात उसके पास सोफ़े पर पंद्रह मिनट बैठकर अपने प्रेम का इज़हार कर देता।'

वह जीन की तरफ़ मुड़ा और कहा, 'जिंदगी में पहली बार मुझे तुम्हारी इस शिकायत का अर्थ समझ में आया है कि 'हम बातें नहीं करते हैं।' यह मुझे समझ में ही नहीं आता था। मुझे लगता था कि हम ज़रूरत के मुताबिक़ बातें करते हैं। मैं हमेशा पूछा करता था, 'तुम्हें नींद तो ठीक आई?' मुझे लगता था कि हम बातें कर रहे हैं, पर अब मैं समझ गया हूँ कि गड़बड़ कहाँ हो रही थी। तुम हर रात पंद्रह मिनट सोफ़े पर बैठकर एक-दूसरे की तरफ़ देखते हुए आपस में बातें करना चाहती हो । अब मैं समझ गया हूँ कि तुम्हारी बातों का क्या मतलब था. और अब मैं यह भी जान गया हूँ कि यह तुम्हारे लिए इतना महत्वपूर्ण क्यों था। यह तुम्हारी भावनात्मक प्रेमभाषा है और हम ऐसा करना आज ही रात से शुरू कर देंगे। मैं तुम्हें हर रात अपने जीवन के पंद्रह मिनट दे दिया करूँगा, जिसमें हम सोफ़े

पर बैठकर इकट्ठे बातें करें और यह सिलसिला ज़िंदगी भर चलता रहेगा। तुम इस बात पर भरोसा कर सकती हो।'

जीन नॉर्म की ओर मुड़ी और उससे कहा, 'फिर तो मज़ा आ जाएगा। और मुझे आपके लिए डिनर तैयार करने में कोई दिक्कत नहीं है। हो सकता है कि डिनर थोड़ा देर से बने, क्योंकि मैं आपसे देर से घर पहुँचती हूँ, पर मुझे डिनर बनाने में कोई समस्या नहीं। और मुझे आपकी शर्ट के बटन टाँकना अच्छा लगेगा। आपने कभी मुझे ऐसा करने का मौक़ा ही नहीं दिया। अगर बर्तन साफ़ करने से आपको मेरे प्रेम का अनुभव होता है तो अब से मैं जिंदगी भर बर्तन साफ़ किया करूँगी।'

जीन और नॉर्म घर गए और उन्होंने एक-दूसरे को सही प्रेमभाषाओं में प्रेम करना शुरू कर दिया। दो महीने से भी कम समय में वे दूसरे हनीमून पर पहुँच गए थे। उन्होंने बहामा टापू से मुझे फ़ोन पर बताया कि मेरे परामर्श से उनके विवाह में कितना क्रांतिकारी परिवर्तन आया है।

क्या विवाह में भावनात्मक प्रेम का पुनर्जन्म हो सकता है? आप शर्त लगाते हैं? कुंजी यह है कि आप अपने जीवनसाथी की प्राथमिक प्रेमभाषा सीख लें और उसे बोलना शुरू कर दें।

प्रेम की पाँच भाषाएँ
सकारात्मक शब्द
प्रतिबद्ध समय
उपहार लेना
सेवा के कार्य
शारीरिक स्पर्श

अध्याय 12

अनाकर्षक से प्रेम कैसे करें?

सितंबर का एक ख़ुशनुमा शनिवार था। मेरी पत्नी और मैं रेनोल्डा गार्डन्स में घूम रहे थे और प्रकृति का आनंद ले रहे थे। यहाँ पर लगे कुछ पौधे और फूल दुनिया भर से आयात किए गए थे। इस बाग को मूलतः तंबाकू उद्योगपति आर. जे. रेनोल्ड्स द्वारा अपनी जायदाद के हिस्से के रूप में विकसित किया गया था। यह अब वेक फ़ॉरेस्ट विश्वविद्यालय कैम्पस का हिस्सा है। हम गुलाब उद्यान के पास से गुज़र रहे थे, तभी मैंने एन को अपनी तरफ़ आते हुए देखा। मैं एन को पहचान गया, क्योंकि वह दो हफ़्ते पहले ही मेरे पास परामर्श के लिए आई थी। पर वह मुझे नहीं देख पाई थी। वह गहरे चिंतन में डूबी हुई थी और नीचे की तरफ़ देखते हुए चल रही थी। जब मैंने उसका नाम लिया तो वह आश्चर्यचकित होकर ऊपर देखने लगी। उसने मुझे देखा और मुस्कराई। मैंने उसका परिचय कैरोलिन से कराया और हमने सामान्य चर्चा की। फिर बिना किसी औपचारिकता के उसने मुझसे एक ऐसा दार्शनिक प्रश्न पूछ लिया, जो मेरे द्वारा अब तक सुने गए दार्शनिक प्रश्नों में सर्वाधिक गूढ़ और गहन था, 'डॉ. चैपमैन, क्या किसी ऐसे व्यक्ति से प्रेम करना संभव है जिससे आप नफ़रत करते हैं?'

मैं जानता था कि यह प्रश्न गहरी चोट से उपजा है और इसलिए इसका सोच-समझकर जवाब देना चाहिए। मैं जानता था कि उसका मेरे साथ अगले हफ़्ते परामर्श के लिए अपाइंटमेंट है, इसलिए मैंने कहा, 'तुमने जो प्रश्न पूछा है वह मुझसे अब तक पूछे गए सर्वाधिक विचारोत्तेजक प्रश्नों में से एक है। क्यों न हम इस पर अगले सप्ताह विचार-विमर्श करें?' वह सहमत हो गई और मैंने तथा कैरोलिन ने अपना घूमना जारी रखा। पर मैं एन का प्रश्न नहीं भूला। जब मैं और कैरोलिन घर लौट रहे थे, तब मैंने उसके साथ इस प्रश्न पर काफ़ी लंबी चर्चा की। हमने अपने विवाह के शुरुआती दिनों पर चिंतन किया और हमें याद आया कि हमने भी कई बार घृणा की भावनाओं को अनुभव किया है। हमारे आलोचनात्मक शब्द एक-दूसरे को चोट पहुंचाने के लिए बोले जाते हैं और चोट के बाद क्रोध उत्पन्न

होता है। अंदर उत्पन्न क्रोध जल्द ही घृणा में बदल जाता है। परंतु इसके बावजूद हमारे प्रेम पर इससे कोई फ़र्क नहीं पड़ा। हम जानते थे कि हमने प्रेम का चयन किया था। हमने यह अनुभव किया कि अगर हम माँग करने और आलोचना का सिलसिला जारी रखते हैं तो हम अपने विवाह को नष्ट कर सकते हैं। सौभाग्य से एक साल के दौरान ही हमने यह सीख लिया कि बिना आलोचना किए एक-दूसरे के मतभेदों पर किस तरह चर्चा की जाए, किस तरह अपनी एकता को नष्ट किए बिना निर्णय लिए जाएँ, किस तरह बिना माँग किए रचनात्मक सुझाव दिए जाएँ और अंततः किस तरह एक-दूसरे की प्राथमिक प्रेमभाषा बोली जाए? (इनमें से कई अंतर्दृष्टियाँ मेरी पहले की पुस्तक *'टुवड्र्स अ ग्रोइंग मैरिज, मूडी प्रेस'* में संग्रहीत की गई हैं।) एक-दूसरे के प्रति नकारात्मक भावनाओं के बीच में हम प्रेम का विकल्प चुनते हैं, जब हम एक-दूसरे की प्राथमिक प्रेमभाषा बोलना शुरू कर देते हैं तो क्रोध और घृणा की नकारात्मक भावनाएं कम होने लगती हैं।

हमारी स्थिति एन से बिलकुल अलग थी। कैरोलिन और मैं सीखने और आगे बढ़ने के लिए तत्पर थे। मैं जानता था कि एन का पति इस तरह का नहीं था। उसने मुझे पिछले सप्ताह बताया था कि उसने अपने पति से परामर्शदाता के पास जाने के लिए आग्रह किया था। उसने अपने पति से विवाह को सुखद बनाने के लिए कोई पुस्तक पढ़ने या टेप सुनने के लिए अनुरोध किया था। परंतु उसने पत्नी द्वारा किए गए विकास के सभी आग्रहों को हठधर्मिता से अस्वीकार कर दिया। 'मुझे कोई समस्या नहीं है। सारी समस्याएँ तुम्हें ही हैं। इसलिए यदि सुधरना है तो तुम्हें ही इसकी ज़रूरत है।' उसके हिसाब से वह सही था, सारी ग़लती एन की थी- उसका गणित बिलकुल सीधा-सादा था। उसकी नियमित आलोचना और निंदा की आदत ने पिछले कई सालों में उसकी पत्नी की प्रेम की भावनाओं को ख़त्म कर दिया था। शादी के दस साल बाद पत्नी की भावनात्मक ऊर्जा समाप्त हो गई थी और उसका आत्मसम्मान ख़त्म हो गया था। क्या एन को विवाह में आशा की कोई किरण नज़र आ रही थी? क्या वह ऐसे पति को प्रेम कर सकती थी जो प्रेम करने लायक़ ही नहीं था? क्या उसका पति कभी उसके प्रेम का प्रतिदान दे सकता था?

मैं जानता था कि एन एक धार्मिक महिला थी और वह नियमित रूप से चर्च जाती थी। मैंने यह अनुमान लगाया कि शायद उसका विवाह बचने की आशा इसलिए है, क्योंकि वह इतनी ज़्यादा धार्मिक थी। अगले दिन, एन के प्रकरण को दिमाग़ में रखते हुए, मैंने ईसामसीह का जीवन के बारे में ल्यूक का वर्णन पढ़ना शुरू कर दिया। मैंने हमेशा से ल्यूक का वर्णन पसंद किया है, क्योंकि वे एक डॉक्टर थे जिन्होंने छोटे-छोटे विवरण पर ध्यान दिया था और जिन्होंने पहली सदी में नजारेथ के ईसा की शिक्षाओं और जीवनशैली का क्रमवद्ध विवरण लिखा था। जिसे ईसा का महानतम उपदेश कहा जा सकता है, उसमें मैंने निम्नलिखित शब्द पढ़े जिन्हें मैं प्रेम की सबसे बड़ी चुनौती कहना चाहूँगा :

> *"जो मुझे सुन रहे हैं मैं उन्हें बता दूँ : अपने शत्रुओं से प्रेम करो। जो तुमसे नफ़रत करते हैं उनकी भलाई करो। जो तुम्हें गाली देते हैं उन्हें आशीर्वाद दो। जो तुम्हारे साथ बुरा व्यवहार करते हैं, उनकी भलाई के लिए ईश्वर से प्रार्थना*

करो... दूसरों के लिए वही करो जो तुम चाहते हो कि दूसरे तुम्हारे लिए करें। अगर तुम उन्हें प्रेम करते हो जो तुम्हें प्रेम करते हैं तो इसमें प्रशंसा की क्या ख़ास बात है? 'पापी' भी उन लोगों से प्रेम करते हैं जो उनसे प्रेम करते हैं।"[1]

मुझे ऐसा लगा कि यह सबसे बड़ी चुनौती, जिसे लगभग दो हज़ार साल पहले लिखा गया था, उस दिशा की ओर संकेत कर रही थी जिस तरफ़ एन जाना चाहती थी। पर क्या वह ऐसा कर सकती थी? क्या कोई भी ऐसा कर सकता है? क्या किसी ऐसे व्यक्ति को प्रेम करना संभव है जिसने आपको ग़ालियाँ दी है, जिसने आपके साथ दुर्व्यवहार किया है और आपके लिए नफ़रत और निंदा की भावनाओं को व्यक्त किया है? और मान लें कि एन ऐसा कर भी ले तो क्या उसे बदले में कुछ सकारात्मक मिलने की आशा थी? क्या उसके पति का हृदय-परिवर्तन हो जाएगा और वह अपनी पत्नी के लिए प्रेम और चिंता व्यक्त कर सकेगा? मैं जीसस के इस प्राचीन उपदेश के आगे आने वाले वाक्य से अचंभित रह गया, 'दो और यह तुम्हें दिया जाएगा। एक अच्छा कार्य लौटकर आपकी झोली में ही वापस आएगा। जिस पैमाने से आप नापते हैं, उसी पैमाने से आपको नापा जाएगा।'[2]

क्या किसी बुरे व्यक्ति को प्रेम करने के इस प्राचीन सिद्धांत को एन के विवाह में लागू किया जा सकता है? मैंने एक प्रयोग करने का निर्णय लिया। मैंने अपनी परिकल्पना में यह विचार रखा कि अगर एन अपने पति की प्राथमिक प्रेमभाषा बोलना सीख लेती है और इसे लंबे समय तक बोलती है, जब तक कि प्रेम की उसकी भावनात्मक आवश्यकता की पूर्ति नहीं हो जाती तो अंततः एक न एक दिन उसका पति भी बदले में प्रेम का प्रतिदान देने के लिए मज़बूर हो जाएगा और एन के प्रति अपना प्रेम अभिव्यक्त करेगा। इसके बाद भी मुझे पक्का यकीन नहीं था कि यह तरीक़ा कारगर होगा।

अगले सप्ताह मैं एन से मिला और उसकी बातें सुनीं। वह अपने विवाह के भयावह वर्णन सुना रही थी। अपने वर्णन के अंत में उसने वही सवाल दोहराया जो उसने रेनोल्डा गार्डन्स में मुझसे पूछा था। इस बार उसने अपने सवाल को एक वक्तव्य की तरह प्रस्तुत किया, 'डॉ. चैपमैन, मुझे नहीं लगता कि उनके इतना करने के बाद मैं कभी उनसे प्रेम कर सकती है।'

'क्या तुमने कभी अपनी स्थिति के बारे में अपने मित्रों से चर्चा की है?' मैंने पूछा।

उसने कहा, 'अपने दो क़रीबी मित्रों से और थोड़ा-बहुत दूसरे लोगों से।'

'और उनकी इस बारे में क्या राय है?'

'उनका कहना है कि मैं उन्हें छोड़ दूँ। सबने मुझसे यह कहा कि वे कभी नहीं बदलेंगे और मैं अपने विवाह को जारी रखकर अपने कष्ट को बढ़ा रही हूँ। पर डॉ. चैपमैन मैं उन्हें छोड़ने के लिए ख़ुद को तैयार नहीं कर पाती हूँ। शायद मुझे ऐसा करना चाहिए, पर मुझे इस बात का विश्वास नहीं हो पाता कि यह सही कदम होगा।'

'मुझे ऐसा लगता है कि तुम दो विपरीत ध्रुवों के बीच में फँसी हुई हो। एक तरफ़ तो तुम्हारे धार्मिक और नैतिक विश्वास हैं जो तुम्हें यह बताते हैं कि विवाह को तोड़ना ग़लत

है। दूसरी तरफ़ तुम्हारा भावनात्मक दर्द है जो तुम्हें बताता है कि विवाह को तोड़ना तुम्हारे दुख को दूर करने के लिए बहुत ज़रूरी है।'

'यह बिलकुल सही निष्कर्ष है, डॉ. चैपमैन। मैं ठीक यही अनुभव करती हूँ। मैं नहीं जानती कि मैं इस दोराहे पर आने के बाद कौन सा रास्ता चुनूँ।'

जब (भावनात्मक) टैंक कम भरा होता है... तब अपने जीवनसाथी के प्रति हमारी भावनाएं प्रेम की नहीं होती बल्कि यह रिश्ता हमें दर्द भरा और खोखला नज़र आता है।

मैंने कहना जारी रखा, 'मैं तुम्हारे संघर्ष के प्रति गहरी सहानुभूति रखता हूँ। तुम एक कठिन परिस्थिति से गुज़र रही हो। काश कि मेरे पास कोई आसान हल होता। पर दुर्भाग्य से मेरे पास स्थिति को ठीक करने का कोई आसान तरीक़ा नहीं है। तुमने विवाह जारी रखने और विवाह तोड़ने के जो दोनों विकल्प सुझाए है, उन दोनों में ही तुम्हें काफ़ी दर्द और दुख का सामना करना पड़ेगा। इसके पहले कि इस बारे में तुम कोई फ़ैसला करो, मैं तुम्हें यह सुझाव दे सकता हूँ। मुझे पक्का नहीं मालूम कि यह काम करेगा, पर मैं चाहूँगा कि तुम इसे आजमाकर देखो। तुमने मुझे जो बताया है उससे मैं यह जानता हूँ कि तुम्हारे लिए धार्मिक आस्था बहुत ज़्यादा महत्वपूर्ण है और तुम ईसामसीह के संदेश का बेहद सम्मान करती हो।'

उसने हामी में सिर हिलाया। मैंने कहना जारी रखा, 'मैं तुम्हारे सामने ईसा का वह संदेश पढ़ना चाहता हूँ जो मेरी राय में शायद तुम्हारे प्रकरण में लागू होता है।' इसके बाद मैंने धीरे-धीरे और स्पष्ट बोलना प्रारंभ कर दिया,

"जो मुझे सुन रहे हैं मैं उन्हें बता दूँ : अपने शत्रुओं से प्रेम करो। जो तुमसे नफ़रत करते हैं, उनकी भलाई करो। जो तुम्हें ग़ाली देते हैं उन्हें आशीर्वाद दो। जो तुम्हारे साथ बुरा व्यवहार करते हैं, उनकी भलाई के लिए ईश्वर से प्रार्थना करो... दूसरों के लिए वही करो जो तुम चाहते हो कि दूसरे तुम्हारे लिए करें। अगर तुम उन्हें प्रेम करते हो जो तुम्हें प्रेम करते हैं तो इसमें प्रशंसा की क्या ख़ास बात है? 'पापी' भी उन लोगों से प्रेम करते हैं जो उनसे प्रेम करते हैं।"

'क्या यह तुम्हारे पति का वर्णन लगता है? क्या उन्होंने तुमसे एक मित्र की बजाय एक शत्रु का व्यवहार किया है?' मैंने पूछा।

उसने सहमति में सिर हिलाया।

मैंने पूछा, 'क्या उन्होंने तुमसे अपशब्द कहे हैं?'

'कई बार।'

'क्या उन्होंने तुम्हारे साथ दुर्व्यवहार किया है?'

'अक्सर।'

'और क्या उन्होंने तुमसे यह कहा है कि वे तुमसे नफ़रत करते हैं?'

'हाँ।'

'एन, यदि तुम्हारी इच्छा हो, तो मैं एक प्रयोग करना चाहूँगा। मैं यह देखना चाहूँगा कि ईसामसीह की शिक्षाओं को आपके जीवन में उतारने के क्या परिणाम होंगे। मुझे अपना आशय स्पष्ट करने दें।'

इसके बाद मैंने एन के सामने अपनी भावनात्मक टैंक की अवधारणा रखी और उसे यह बताया कि जब हमारा लव टैंक कम भरा होता है जैसा कि उसका था तो अपने जीवनसाथी के प्रति प्रेम की भावनाएँ ख़त्म हो जाती हैं और ख़ालीपन और दर्द का अनुभव होता है। मैंने उसे बताया कि अगर हम एक-दूसरे की प्राथमिक प्रेमभाषा बोलना सीख लेते हैं तो भावनात्मक आवश्यकता की पूर्ति हो सकती है और एक बार फ़िर से सकारात्मक भावनाएं पैदा हो सकती हैं।

'क्या इसका अर्थ तुम्हें समझ में आ रहा है?' मैंने पूछा।

'डॉ. चैपमैन, आपने मेरे जीवन का इतना स्पष्ट वर्णन कर दिया है। मैंने इसे इतनी स्पष्टता से पहले कभी नहीं देखा। हम शादी से पहले प्रेम में थे, पर शादी के कुछ वक़्त बाद ही हम प्रेम के आकाश से नीचे उतर आए। और हमने कभी भी एक-दूसरे की प्रेमभाषा बोलना नहीं सीखा। डॉ. चैपमैन, अगर मैंने इस अवधारणा को पहले समझा होता तो शायद ऐसा कभी भी नहीं हुआ होता।'

'हम पीछे लौटकर नहीं जा सकते, एन,' मैंने कहा, 'पर हम भविष्य को बेहतर बनाने की कोशिश ज़रूर कर सकते हैं। मैं छह माह के प्रयोग का सुझाव देना चाहूँगा।'

एन ने कहा, 'मैं कुछ भी करने के लिए तैयार हूँ।'

मैं उसके सकारात्मक रवैये से प्रभावित था पर मुझे यह यकीन नहीं था कि वह इस प्रयोग की कठिनाई को पूरी तरह समझ पा रही थी।

मैंने कहा, 'हम अपने लक्ष्य को स्पष्ट रूप से तय कर लें। अगर छह माह में आपकी सबसे बड़ी इच्छा पूरी हो जाए, तो वह इच्छा क्या होगी?'

एन कुछ समय तक चुपचाप बैठी रही। फिर उसने गंभीर मुद्रा में कहा, 'मैं चाहूँगी कि ग्लेन एक बार फिर मुझसे प्रेम करने लगें और मेरे साथ समय गुज़ारकर अपने प्रेम का इज़हार करें। मैं यह चाहूँगी कि हम इकट्ठे चीज़ें करें और एक साथ बाहर घूमने जाएँ। मैं यह चाहती हूँ कि वे मेरी बातों में रुचि लें। जब हम बाहर खाना खाने जाएँ तो मैं चाहूँगी कि हम बातें करें। मैं चाहती हूँ कि वे मेरी बातें सुनें। मैं यह अनुभव करना चाहती हूँ कि वे मेरे विचारों का सम्मान करते हैं। मैं यह चाहूँगी कि हम दोनों इकट्ठे यात्राएँ करें और एक साथ जीवन का आनंद उठाएँ। मैं यह चाहूंगी कि वे हमारे विवाह को किसी भी दूसरी चीज से ज़्यादा महत्व दें।'

एन कुछ देर के लिए रुकी और उसने फिर अपनी बात जारी रखी। 'मेरी तरफ़ से, मैं चाहूँगी कि एक बार फिर मेरे मन में उनके लिए गर्मजोशी की भावनाएं जाग जाएँ और मैं उनके लिए सकारात्मक भावनाएँ अनुभव करूँ। मैं एक बार फिर उनके लिए सम्मान अनुभव करना चाहती हूँ। मुझे उन पर गर्व होना चाहिए। अभी हाल मुझमें उनके प्रति ऐसी कोई भावनाएँ नहीं हैं।'

जब एन बोल रही थी, तब में लिख रहा था। जब एन ने बोलना ख़त्म किया तो मैंने अपने द्वारा लिखे हुए उसके कथन को जोर से पढ़ा। 'यह काफ़ी महत्वाकांक्षी लक्ष्य है,' मैंने कहा, 'पर क्या आप यही सब चाहती हैं, एन?

'अभी तो यह लक्ष्य असंभव लगता है, डॉ. चैपमैन,' एन ने जवाब दिया, 'पर अगर ऐसा हो जाता है तो मेरी हर इच्छा पूरी हो जाएगी।'

'तो अब हम इस बात पर सहमत हैं,' मैंने कहा, 'कि हमारा लक्ष्य क्या होगा। छह महीनों में हम तुम्हें और ग्लेन को प्रेमपूर्ण संबंधों में आबद्ध देखना चाहते हैं।'

'अब, मैं एक परिकल्पना सुझाना चाहता हूँ। हमारे प्रयोग का उद्देश्य यह सिद्ध करना होगा कि हमारी परिकल्पना सही है या नहीं। यह मान लें कि आप ग्लेन की प्राथमिक प्रेमभाषा छह माह की अवधि तक बोलती हैं, जिससे प्रेम की उनकी भावनात्मक आवश्यकता की पूर्ति प्रारंभ हो जाती है और इसके परिणामस्वरूप ये आपके प्रति प्रेम लौटाने की शुरुआत कर देंगे। यह परिकल्पना इस विचार पर आधारित है कि प्रेम की भावनात्मक आवश्यकता हमारी गहनतम भावनात्मक आवश्यकता है और जब इस आवश्यकता की पूर्ति हो जाती है तो हम आवश्यकता पूरी करने वाले व्यक्ति के प्रति सकारात्मक भावनाएं रखते हैं।'

मैंने अपनी बात जारी रखी, 'आप समझ लें कि इस परिकल्पना में सारे प्रयास आपको ही करने हैं। ग्लेन इस विवाह को बचाने के लिए कुछ भी नहीं कर रहे हैं, पर आप कर रही हैं। यह परिकल्पना यह बताती है कि अगर आप अपनी ऊर्जा को सही दिशा में लगाती हैं तो इस बात की काफ़ी संभावना है कि ग्लेन पर इसकी सकारात्मक प्रतिक्रिया होगी और वे भी बदले में आपको प्रेम करेंगे।'

मैंने ल्यूक द्वारा ईसामसीह के उपदेश के विवरण का दूसरा भाग उसके सामने पढ़ा, 'दो और यह तुम्हें दिया जाएगा। एक अच्छा कार्य लौटकर आपकी झोली में ही वापस आएगा। जिस पैमाने से आप नापते हैं, उसी पैमाने से आपको नापा जाएगा।'

'जैसा मुझे समझ में आता है ईसामसीह एक सिद्धांत बता रहे थे, लोगों को प्रभावित करके उनसे काम निकालने की तकनीक नहीं बता रहे थे। आम तौर पर अगर हम लोगों के प्रति दयालु और प्रेम से भरे होते हैं तो वे भी हमारे प्रति दयालु और प्रेम से भरे होंगे। पर इसका यह अर्थ नहीं है कि हम दयालु बनकर हर व्यक्ति को अपने प्रति दयालु बना सकते हैं। हम सभी स्वतंत्र व्यक्ति होते हैं। इसलिए हम प्रेम की उपेक्षा भी कर सकते हैं और प्रेम से दूर भी जा सकते हैं या प्रेम के चेहरे पर थूक भी सकते हैं। इस बात की कोई गारंटी नहीं है कि ग्लेन आपके द्वारा किए जा रहे प्रेमपूर्ण कार्यों पर सकारात्मक प्रतिक्रिया

देंगे। हम सिर्फ़ इतना कह सकते हैं कि उनके ऐसा करने की संभावना अधिक है।' (कोई भी परामर्शदाता कभी भी व्यक्तिगत मानव व्यवहार के बारे में पूरी निश्चितता से कोई भविष्यवाणी नहीं कर सकता। शोध और व्यक्तित्व-अध्ययनों के आधार पर एक परामर्शदाता सिर्फ़ वही भविष्यवाणी कर सकता है कि कोई व्यक्ति एक निश्चित स्थिति में सामान्यतः ऐसा करेगा।)

इस परिकल्पना पर सहमत होने के बाद मैंने एन से कहा, 'अब हम आपकी और ग्लेन की प्राथमिक प्रेमभाषाओं पर चर्चा कर लें। जैसा आपने मुझे बताया है उस आधार पर मैं यह मानकर चल रहा हूँ कि प्रतिबद्ध समय आपकी प्राथमिक प्रेमभाषा है। ठीक है?'

'हाँ, डॉ. चैपमैन। विवाह के शुरुआती दिनों में जब हम इकट्ठे समय गुज़ारा करते थे और ग्लेन मेरी बातें सुनते थे, तब हम घंटों इकट्ठे बातें किया करते थे और इकट्ठे सारे काम किया करते थे। मुझे सचमुच ऐसा लगता था जैसे मुझे प्रेम किया जा रहा था। और किसी भी चीज़ से ज़्यादा मैं चाहती हूँ कि हमारे विवाह का वह हिस्सा हमारी ज़िंदगी में लौट आए। जब हम इकट्ठे समय गुज़ारते थे तो मुझे यह अनुभव होता था कि उन्हें मेरी फ़िक्र है पर अब वे हमेशा दूसरे काम करते रहते हैं, उनके पास बातें करने के लिए न वक़्त है, न ही इच्छा। मैं ऐसा महसूस करती हूँ कि बिज़नेस और बाक़ी चीजें उनके लिए ज़्यादा महत्वपूर्ण हैं और हमारे संबंध उनके लिए उतने महत्वपूर्ण नहीं रह गए हैं।'

'और आपके विचार में ग्लेन की प्राथमिक प्रेमभाषा क्या है?'

'मुझे लगता है शारीरिक स्पर्श और ख़ासकर विवाह में सेक्स वाला हिस्सा। मैं जानती हूँ कि जब मुझे उनके प्रेम का भरोसा था और हम ज़्यादा सेक्स का आनंद लेते थे, तब उनका व्यवहार पूरी तरह अलग था। मुझे लगता है यही उनकी प्राथमिक प्रेमभाषा है, डॉ. चैपमैन।'

'क्या वे कभी तुम्हारे बात करने के अंदाज की शिकायत करते हैं?'

'वे कहते हैं कि मैं हर वक़्त शिकायतें ही करती रहती हूँ। वे यह भी कहते हैं कि मैं उन्हें अपना समर्थन नहीं देती हूँ, कि मैं हमेशा उनके विचारों के विरुद्ध रहती हूँ।'

'तो, हम मान लें,' मैंने कहा, 'कि शारीरिक स्पर्श उनकी प्राथमिक प्रेमभाषा है और सकारात्मक शब्द उनकी द्वितीयक प्रेमभाषा है। दूसरी भाषा सुझाने का कारण सिर्फ़ यही है कि वे हमेशा नकारात्मक शब्दों के बारे में शिकायत करते रहते हैं, इसलिए सकारात्मक शब्द उनके लिए ज़्यादा महत्वपूर्ण होंगे।'

'अब मैं आपको अपनी परिकल्पना के परीक्षण का तरीक़ा बताता हूँ। क्या होगा अगर आप घर जाएँ और ग्लेन से कहें, 'मैं अपने बारे में सोच रही हूँ और मैंने यह फ़ैसला किया है कि अब मैं पहले से बेहतर पत्नी बनकर दिखाऊँगी। अगर इस बारे में आप कोई सुझाव देना चाहें जो मुझे बेहतर पत्नी बनने में सहायक हों, तो मैं आपको बताना चाहती हूँ कि मैं उन विचारों को सुनने और उन पर अमल करने के लिए तैयार हूँ। आप मुझे इस बारे में अभी बता सकते हैं या आप इस बारे में सोच सकते हैं और मुझे बाद में बता सकते हैं पर मैं एक अच्छी पत्नी बनने के लिए मेहनत करने के लिए तैयार हूँ।' उनकी प्रतिक्रिया चाहे

सकारात्मक हो या नकारात्मक, वे इसे सूचना की तरह तो स्वीकार करेंगे ही। इस प्रारंभिक वक्तव्य से उन्हें यह पता चल जाएगा कि आपके संबंधों में कुछ भिन्न होने जा रहा है।

'फिर जैसा हमने अनुमान लगाया है कि उनकी प्राथमिक प्रेमभाषा शारीरिक स्पर्श है और मेरा सुझाव मानते हुए कि उनकी द्वितीयक प्रेमभाषा सकारात्मक शब्द है, एक महीने तक आप इन दोनों क्षेत्रों पर अपना ध्यान केंद्रित रखें।

'अगर ग्लेन कोई सुझाव देते हैं कि किस तरह आप एक बेहतर पत्नी बन सकती हैं तो उस जानकारी को स्वीकार कर लें और उसे अपनी योजना में स्थान दें। ग्लेन के जीवन में सकारात्मक पहलुओं और बातों को ध्यान से खोजें और उन बातों के बारे में सकारात्मक शब्दों का प्रयोग करें। इस दौरान अपनी सभी शाब्दिक शिकायतों को बंद कर दें। अगर आप किसी बात के बारे में शिकायत करना चाहती हैं तो ग्लेन से कहने के बजाय उसे अपनी व्यक्तिगत नोटबुक में लिख लें।

'शारीरिक स्पर्श और सेक्स में ज़्यादा उत्साह से भाग लें और पहल करें। अपनी आक्रामकता से उन्हें आश्चर्यचकित कर दें, उनकी पहल का इंतज़ार न करें। पहले दो सप्ताह में हफ़्ते में कम से कम एक बार संभोग करने का लक्ष्य बनाएँ और अगले दो सप्ताहों में इसे बढ़ाकर हर हफ़्ते दो बार कर दें।' एन ने मुझे बताया था कि उसने और ग्लेन ने पिछले छह महीने में सिर्फ़ एक या दो बार ही संभोग किया है। मैंने अनुमान लगाया था कि इस योजना से मृतप्रायः संबंध शीघ्र ही पुनर्जीवित हो जाएंगे।

अगर आप ऐसी भावनाएँ होने का अभिनय करते हैं
जो आप अनुभव नहीं करते हैं तो यह पाखंड है...
पर अगर आप प्रेम के कार्य इसलिए करते हैं ताकि
सामने वाले व्यक्ति को लाभ या सुख मिले तो
यह सिर्फ़ एक चयन है।

'आह, डॉ. चैपमैन, यह कठिन होगा,' एन ने कहा, 'मैंने यह पाया है कि उनके प्रति सेक्स जागृत होना मेरे लिए कठिन होता है, क्योंकि ये हमेशा मुझे नज़रअंदाज़ करते रहते हैं। संभोग के दौरान मुझे यह अनुभव होता था जैसे प्रेम के बजाय मेरा शोषण हो रहा है। वे ऐसे काम करते हैं मानो बाक़ी सारे समय मैं उनके लिए बिलकुल महत्वपूर्ण नहीं हूँ और फिर वे बिस्तर में कूदकर मेरे शरीर से खेलना चाहते हैं। मुझे इस बात से चिढ़ होने लगी थी और इसी कारण पिछले कुछ सालों में हमने ज्यादा संभोग नहीं किया है।'

'आपकी प्रतिक्रिया स्वाभाविक और सहज है,' मैंने एन को भरोसा दिलाया, 'ज़्यादातर पत्नियाँ सेक्स के अंतरंग संबंध के प्रति तभी उत्सुक होती हैं, जब उन्हें यह लगता है कि

उनके पति उन्हें प्रेम कर रहे हैं। अगर उन्हें प्रेम का अनुभव होता है तभी उनमें सेक्स की अंतरंग आकांक्षा जागृत होती है बिना प्रेम के उन्हें सेक्स का शारीरिक संबंध दैहिक शोषण की तरह लगता है। इसलिए ऐसे व्यक्ति को प्रेम करना मुश्किल होता है जो आपको प्रेम नहीं करता। यह हमारी स्वाभाविक प्रवृत्तियों के विरुद्ध होता है। ऐसा करने के लिए आपको ईश्वर में बहुत ज़्यादा विश्वास की ज़रूरत होती है। शायद आपकी आस्था आपके काम आ जाए। इसके लिए ईसा का वह उपदेश बार-बार पढ़ें जिसमें आपको शत्रुओं से प्रेम करने की सलाह दी जाती है, उन लोगों से प्रेम करने की सलाह दी जाती है जो आपसे घृणा करते हैं और आपका शोषण करते हैं। और इसके बाद आप ईश्वर से सच्चे मन से प्रार्थना करें कि वह ईसा के संदेश को आपके जीवन में उतारने में आपकी मदद करे।'

मुझे साफ़ नज़र आ रहा था कि एन मेरी बात पूरी तरह समझ गई थी। उसका सिर सहमति में धीरे-धीरे हिल रहा था। उसकी आँखों ने मुझे बताया कि उसके पास ढेरों सवाल हैं।

'पर, डॉ. चैपमैन, क्या सेक्स के जरिए प्रेम अभिव्यक्त करना पाखंड नहीं होगा, जबकि आप उस व्यक्ति के प्रति नकारात्मक भावनाएँ रखते हैं?'

'शायद आपको प्रेम की भावना और प्रेम के कार्यों में भेद करना आना चाहिए। अगर आप ऐसी भावनाओं का दावा और दिखावा करते हैं जो आप वास्तव में अनुभव नहीं करते तो यह पाखंड होगा और यह झूठा संदेश अंतरंग संबंधों के निर्माण का अच्छा तरीक़ा नहीं है। पर अगर आप प्रेम का ऐसा कार्य करते हैं जो दूसरे व्यक्ति के लाभ या सुख के लिए किया जाता है तो यह सिर्फ़ एक चयन है जो आप करते हैं। आप कोई दावा नहीं कर रहे हैं कि यह कार्य किसी भावनात्मक संबंध से उपजा है। आप सिर्फ़ उसके लाभ के लिए ऐसा करने का चयन करते हैं। मैं सोचता हूँ कि ईसा का यही आशय था।

'निश्चित रूप से हम उन लोगों के प्रति अच्छी भावना नहीं रखते जो हमसे घृणा करते हैं। यह अस्वाभाविक होगा, पर हम उनके लिए प्रेम के कार्य तो कर ही सकते हैं। यह सिर्फ़ एक चयन है जो हम करते हैं। हम आशा करते हैं कि हमारे प्रेम के कार्यों का उनके रवैये और व्यवहार पर सकारात्मक प्रभाव पड़ेगा। हमने उनके लिए कुछ सकारात्मक करने का चयन किया है।'

मेरे जवाब से एन संतुष्ट नज़र आ रही थी, कम से कम वह उस समय तो संतुष्ट लग रही थी। मुझे मालूम था कि हमें इस पर दुबारा चर्चा करना पड़ेगी। मुझे ऐसा भी लग रहा था कि अगर यह प्रयोग सफल हुआ तो ऐसा ईश्वर में एन की गहरी आस्था के कारण ही होगा।

मैंने कहा, "पहले महीने के बाद मैं आपसे यह चाहता हूँ कि आप ग्लेन से पूछें कि आपके बदलाव पर उनकी प्रतिक्रिया क्या है? उनसे पूछें, 'ग्लेन, आपको याद होगा कुछ सप्ताह पहले मैंने आपसे कहा था कि मैं एक बेहतर पत्नी बनने की कोशिश कर रही हूँ। मैं आपसे यह जानना चाहती हूँ कि मेरी कोशिशों के बारे में आपकी क्या राय है?' "

'ग्लेन जो भी कहे,' उसे जानकारी के रूप में स्वीकार कीजिए। वह व्यंग्यात्मक हो सकता है, वे मज़ाक कर सकते हैं या आपके प्रति कड़वी बात बोल सकते हैं। यह भी हो

सकता है कि वे सकारात्मक प्रतिक्रिया दें। उनकी प्रतिक्रिया कैसी भी हो, आप उनसे बहस न करें पर उसे स्वीकार कर लें और उन्हें आश्वस्त करें कि अपनी कोशिशों को लेकर आप गंभीर हैं और आप वास्तव में एक बेहतर पत्नी बनना चाहती हैं और इसके लिए वे जो भी अतिरिक्त सुझाव देना चाहते हों, आप उनका स्वागत करेंगी।

'उनकी प्रतिक्रिया पूछने का सिलसिला हर महीने जारी रखें। जब भी ग्लेन पहली सकारात्मक प्रतिक्रिया दें, जब भी वे कहें, 'जब तुमने पहली बार मुझसे कहा था कि तुम बेहतर पत्नी बनने की कोशिश कर रही हो तो मैंने तुम्हारी बात को हंसी में उड़ा दिया था, पर अब मैं यह मानता हूँ कि स्थितियाँ बदल गई हैं और बेहतर हो गई हैं।' यह सुनकर आप जान जाएँगी कि आपके प्रयास उनकी भावनात्मक आवश्यकताओं की पूर्ति करने में सफल सिद्ध हो रहे हैं। हो सकता है ये सकारात्मक परिणाम आपको पहले माह के बाद ही मिल जाएँ या दूसरे माह के बाद या फिर तीसरे माह के बाद। पहली सकारात्मक प्रतिक्रिया प्राप्त होने के एक सप्ताह बाद मैं चाहूँगा कि आप ग्लेन से एक आग्रह करें-किसी भी ऐसे काम के लिए जो आप चाहती हैं कि वे आपके लिए करें और वह काम आपकी प्राथमिक प्रेमभाषा के अनुरूप हो। उदाहरण के तौर पर आप उनसे किसी शाम को कह सकती हैं, 'ग्लेन मेरी बहुत इच्छा हो रही है कि स्क्रेबल खेलूं। क्या आपको याद है हम इकट्ठे स्क्रैबल खेला करते थे? मैं गुरुवार की रात आपके साथ स्क्रैबल खेलना चाहूँगी। बच्चे मैरी के यहाँ रुक जाएँगे। क्या आपको लगता है यह संभव है?'

'आग्रह को सामान्य न रखकर विशिष्ट बनाएँ। ऐसा न कहें, 'मैं चाहती हूँ कि हम कुछ ज़्यादा समय इकट्ठे गुजारें। यह बहुत अस्पष्ट है। आपको यह कैसे पता चलेगा कि वे आपकी ख़ातिर कुछ कर रहे हैं। पर अगर आप आग्रह को निश्चित और विशिष्ट बनाते हैं तो उन्हें यह स्पष्ट रूप से मालूम हो जाएगा कि आप क्या चाहती हैं और आपको भी यह मालूम हो जाएगा कि अगर ग्लेन वह काम करते हैं तो वह आपके सुख के लिए यह काम करने का चयन करते हैं।'

'हर माह उनसे एक निश्चित आग्रह कीजिए। अगर वे आग्रह मान लेते हैं तो ठीक, आग्रह न मानें तो ठीक। पर जब वे ऐसा करते हैं तो आपको यह पता चल जाएगा कि वे आपकी आवश्यकता को पूरा कर रहे हैं। इस प्रक्रिया में आप उन्हें अपनी प्राथमिक प्रेमभाषा सिखा रही हैं, क्योंकि आपके आग्रह आपकी प्रेमभाषा के अनुरूप ही होते हैं। अगर वे आपकी प्राथमिक प्रेमभाषा में प्रेम करना प्रारंभ कर देते हैं तो आपके मन में उनके लिए सकारात्मक भावनाएँ फिर से जीवित हो जाती हैं। आपका भावनात्मक टैंक फिर से भरने लगेगा और कुछ ही समय में आपका विवाह पुनर्जीवित हो जाएगा।'

'डॉ. चैपमैन, यदि ऐसा हो सके तो मैं इसके लिए कुछ भी करने को तैयार हूँ, एन ने कहा।

शायद आपको अपने विवाह में चमत्कार की आवश्यकता है। आप एन के प्रयोग पर अमल करने की कोशिश क्यों नहीं करते?

मैंने प्रतिक्रिया की, 'इसमें काफ़ी कड़ी मेहनत लगेगी, पर मुझे यकीन है कि इसकी कोशिश करना चाहिए। मुझे यह देखने में व्यक्तिगत रुचि है कि इस प्रयोग का परिणाम क्या होगा और हमारी परिकल्पना कितनी सही सिद्ध होती है? इस प्रक्रिया में मैं आपसे नियमित रूप से मिलना चाहूँगा। शायद हर दो हफ्तों में। मैं आपसे उन सकारात्मक शब्दों का रिकॉर्ड भी रखवाना चाहूँगा जो आपने हर सप्ताह उनसे कहे हैं। इसके अलावा, मैं उन शिकायतों की सूची देखना भी पसंद करूंगा जो आपने ग्लेन से कहे बिना अपनी नोटबुक में लिखी हैं। शायद उन शिकायतों के द्वारा मैं आपके आग्रहों को बनाने में ज़्यादा मदद कर सकूँगा। अंततः मैं चाहूँगा कि आप अपनी कुंठाओं और परेशानियों को रचनात्मक रूप में व्यक्त करें। बेहतर होगा कि आप इन परेशानियों से संघर्ष करना सीख लें। पर उस छह महीने के प्रयोग के दौरान बिना ग्लेन को बताए अपनी शिकायतें नोटबुक में दर्ज कर लें।'

एन चली गई और मुझे विश्वास था कि उसे अपने इस सवाल का जवाब मिल गया था, 'क्या यह संभव है कि हम किसी ऐसे व्यक्ति को प्रेम कर सकते हैं जिससे हम घृणा करते हैं?'

अगले छह महीने में एन ने ग्लेन के रवैये और व्यवहार में एक ज़बर्दस्त परिवर्तन देखा। पहले महीने ग्लेन ने उसके व्यवहार को हंसी में उड़ा दिया और इस बदलाव को हल्के से लिया। पर दूसरे माह के बाद उसने एन की कोशिशों के प्रति सकारात्मक प्रतिक्रिया दी। आख़िरी चार महीनों में उसने एन का लगभग हर आग्रह मान लिया, जिससे अपने पति के प्रति एन की भावनाओं में भी क्रांतिकारी परिवर्तन हुआ। ग्लेन मेरे पास परामर्श के लिए कभी नहीं आया, पर उसने मेरे कुछ टेप सुने और उन पर एन के साथ चर्चा भी की। उसने एन को परामर्श जारी रखने के लिए भी प्रोत्साहित किया जो उसने हमारे प्रयोग के तीन महीने बाद तक जारी रखा। आज तक ग्लेन अपने मित्रों के सामने यह कहता है कि मैं चमत्कार करता हूँ। पर मैं जानता हूँ कि चमत्कार मैं नहीं, प्रेम करता है।

शायद आपको अपने विवाह में चमत्कार की आवश्यकता है। आप एन के प्रयोग पर अमल करने की कोशिश क्यों नहीं करते? अपने जीवनसाथी को बताएँ कि आप अपने विवाह के बारे में क्या सोचते हैं। और यह भी कि आपने उसकी आवश्यकताओं की पूर्ति करने के लिए बेहतर प्रयास करने का निर्णय लिया है। सुधार किस दिशा में हों, इसके लिए सुझाव मांगें। उसके सुझाव उसकी प्राथमिक प्रेमभाषा का एक सुराग़ देंगे। अगर वह कोई सुझाव नहीं देता है तो आप पिछले सालों में की गई उसकी शिकायतों के आधार पर उसकी प्रेमभाषा का अनुमान लगाएँ। फिर छह माह तक आप उस प्रेमभाषा पर ध्यान केंद्रित करें।

हर माह के आख़िर में अपने जीवनसाथी से अपनी प्रगति पर प्रतिक्रिया लेते रहें। साथ ही, उससे सुझाव भी मांगते रहें।

अगर आपका जीवनसाथी यह संकेत देता है कि आपमें कुछ सुधार हो रहा है तो एक सप्ताह इंतज़ार करके उसके सामने एक स्पष्ट आग्रह रखें। वह आग्रह ऐसा होना चाहिए जो आपकी प्रेमभाषा के अनुरूप हो और जो आप वास्तव में उससे चाहते हों। यदि वह ऐसा करता है तो आपको पता चल जाएगा कि वह आपकी आवश्यकता की पूर्ति कर रहा है। यदि वह आपके आग्रह को पूरा नहीं करता है, तो भी आप उससे प्रेम करना जारी रखें। संभव है कि अगले माह वह सकारात्मक प्रतिक्रिया दे। अगर आपका जीवनसाथी आपके आग्रहों को पूरा करने के द्वारा आपकी प्रेमभाषा बोलने लगता है तो उसके प्रति आपकी सकारात्मक भावनाएँ पुनर्जीवित हो जाएँगी और कुछ ही समय में आपके विवाह का पुनर्जन्म हो जाएगा। मैं परिणामों की गारंटी नहीं दे सकता। पर इतना ज़रूर कह सकता हूँ कि मैंने दर्जनों लोगों को प्रेम के चमत्कार से लाभान्वित होते देखा है।

नोट्स

1. ल्यूक 6:27-28, 31-32
2. ल्यूक 6:38

प्रेम की पाँच भाषाएँ
सकारात्मक शब्द
प्रतिबद्ध समय
उपहार लेना
सेवा के कार्य
शारीरिक स्पर्श

अध्याय 13

बच्चे और प्रेम भाषाएँ

क्या प्रेमभाषाओं की अवधारणा बच्चों पर भी लागू होती है? यह सवाल विवाह सेमिनार में भाग लेने वाले लोग अक्सर मुझसे पूछते हैं। मेरा स्पष्ट उत्तर होता है 'हाँ'। जब बच्चे छोटे होते हैं तो आपको उनकी प्राथमिक प्रेमभाषा पता नहीं होती। इसलिए आप उनके साथ पाँचों प्रेमभाषाओं का प्रयोग करें। उनमें से एक तो यक़ीनन उसकी प्रेमभाषा होगी ही। अगर आप उनके व्यवहार पर नज़र रखें तो आप उनकी प्रेमभाषा को जल्दी ही समझ सकते हैं।

बॉबी छह साल का है। जब उसके डैडी काम से घर लौटते हैं तो बॉबी उनकी गोद में चढ़ जाता है और खड़े होकर उनके बाल बिखेर देता है। बॉबी अपने डैडी से क्या कह रहा है? मैं चाहता हूँ कि आप मुझे स्पर्श करें।' वह अपने डैडी को इसलिए स्पर्श कर रहा है, क्योंकि वह भी चाहता है कि डैडी उसे स्पर्श करें। इस बात की संभावना अधिक है कि बॉबी की प्राथमिक प्रेमभाषा 'शारीरिक स्पर्श' हो।

पैट्रिक बॉबी के पड़ोस में ही रहता है। वह साढ़े पाँच साल का है और वह बॉबी का दोस्त है। पैट्रिक के डैडी जब काम से घर लौटते हैं तो उन्हें एक अलग स्थिति से गुज़रना होता है। पैट्रिक रोमांचित स्वर में उनसे कहता है, 'यहाँ आइए, डैड़ी। मैं आपको एक चीज़ दिखाना चाहता हूँ। यहाँ आइए।'

उसके डैडी कहते हैं, 'एक मिनट पैट्रिक। मैं पहले अखबार देख लूँ।

पैट्रिक एक मिनट के लिए चला जाता है, पर फिर पंद्रह सेकंड में लौट आता है, 'डैडी, मेरे कमरे में आइए। मैं आपको अभी कोई चीज़ दिखाना चाहता हूँ, डैडी। मैं आपको अभी दिखाना चाहता हूँ।'

उसके डैडी जवाब देते हैं, 'एक मिनट, बेटा अभी मुझे पेपर पढ़ने दो।'

पैट्रिक की माँ उसे आवाज़ लगाती है और वह अंदर भाग जाता है। उसकी माँ उसे समझाती है कि डैडी थके हुए हैं और इसलिए उन्हें कुछ देर आराम से बैठकर पेपर पढ़ लेने दे। पैट्रिक कहता है, 'पर मम्मी मैं उन्हें बताना चाहता हूँ कि मैंने क्या बनाया है।'

'मैं जानती हूँ', उसकी माँ कहती है, 'पर अभी कुछ देर डैडी को पेपर पढ़ लेने दो।'

साठ सेकंड बाद पैट्रिक फिर से घूम-फिरकर अपने पिता के पास लौट आता है और इस बार कुछ कहने के बजाय सीधे अपने पिता के पेपर पर कूद जाता है और हँसता है। उसके पिता कहते हैं, 'यह क्या कर रहे हो, पैट्रिक?'

पैट्रिक कहता है, 'मैं चाहता हूँ कि आप मेरे कमरे में आएँ, डैडी। मैं आपको दिखाना चाहता हूँ कि मैंने क्या बनाया है।'

पैट्रिक अपने डैडी से क्या चाहता है? प्रतिबद्ध समय। वह अपने डैडी का पूरा ध्यान चाहता है और वह तब तक नहीं मानेगा, जब तक कि उसे यह नहीं मिल जाता चाहे इसके लिए उसे कितनी ही शैतानी क्यों न करना पड़े।

अगर आपका बच्चा आपको अक्सर उपहार दे रहा है, उन्हें पैक करने में अपना काफ़ी समय लगा रहा है और उन्हें देते समय उसकी आँखों में विशेष चमक आती है तो शायद आपके बच्चे की प्राथमिक प्रेमभाषा उपहार प्राप्त करना है। वह इसलिए दे रहा है, क्योंकि वह प्राप्त करना चाहता है। अगर आप अपने बेटे या बेटी को अपने छोटे भाई-बहन की अक्सर मदद करते देखें तो इसका शायद यह अर्थ है कि उसकी प्राथमिक प्रेमभाषा सेवा के कार्य है। अगर वह आपको हमेशा यह बताता है कि आप कितने अच्छे दिख रहे हैं या आप उसके लिए कितने अच्छे माता या पिता हैं और आपका काम कितना अच्छा है तो यह बताता है कि उसकी प्राथमिक प्रेमभाषा सकारात्मक शब्द है।

बच्चे के लिए यह अचेतन स्तर पर होता है। इसका यह अर्थ है कि बच्चा चेतना के स्तर पर यह नहीं सोचता है, 'अगर मैं एक उपहार देता हूँ तो मेरे मम्मी-डैडी मुझे एक उपहार देंगे। अगर मैं स्पर्श करता हूँ तो मुझे भी स्पर्श किया जाएगा,' पर उसका व्यवहार उसकी अपनी भावनात्मक इच्छाओं द्वारा प्रेरित होगा। शायद उसने अनुभव से सीखा है कि जब वह कुछ चीज़ें करता या कहता है तो उसे अपने माता-पिता से निश्चित प्रतिक्रियाएं प्राप्त होती हैं। इस तरह वह ऐसी चीज़ें कहने और करने लगता है जिनके द्वारा उसकी भावनात्मक आवश्यकताएँ पूरी हो सकती हैं। अगर सब कुछ ठीक रहता है और उसकी भावनात्मक आवश्यकताओं की पूर्ति हो जाती है तो बच्चे आगे जाकर ज़िम्मेदार वयस्क बन जाते हैं। परंतु यदि भावनात्मक आवश्यकताओं की पूर्ति नहीं हो पाती तो वे स्वीकृत सामाजिक मानदंडों को अस्वीकार कर देते हैं। वे अपने माता-पिता के प्रति गुस्सा व्यक्त करते हैं जिन्होंने उनकी भावनात्मक ज़रूरतों को पूरा नहीं किया और अंततः किसी ऐसी जगह प्रेम ढूँढ़ने लगते हैं जो अनुचित और अनुपयुक्त है।

मनोविश्लेषक डॉ. रॉस कैंपबेल सबसे पहले व्यक्ति थे जिन्होंने मुझे भावनात्मक लव टैंक के बारे में बताया। उनका कहना था कि सेक्स संबंधी दुर्व्यवहार में शामिल किशोरों के उपचार के अपने लंबे अनुभव के दौरान उनका सामना कभी किसी ऐसे किशोर से नहीं हुआ, जिसकी प्रेम की भावनात्मक आवश्यकता उसके मम्मी-डैडी द्वारा पूरी की जा रही है। उनका यह स्पष्ट मानना था कि लगभग सभी किशोरों के सेक्स दुर्व्यवहार की जड़ में एक खाली भावनात्मक लव टैंक होता है।

ऐसा क्यों होता है कि जैसे-जैसे बच्चा बड़ा होता जाता है, हमारे 'सकारात्मक शब्द' आलोचना के शब्दों में बदल जाते हैं?

क्या आपने यह अपने समाज में देखा है? एक किशोर घर से भाग जाता है। माता-पिता अपने हाथ मलते हुए कहते हैं, 'वह ऐसा कैसे कर सकता है, जबकि हमने उसके लिए इतना कुछ किया है?' पर उसी समय साठ किलोमीटर दूर किसी परामर्शदाता के ऑफ़िस में बैठकर यह किशोर यह कहता है, 'मेरे माँ-बाप मुझे प्रेम नहीं करते। उन्होंने मुझे कभी भी प्रेम नहीं किया है। वे मेरे भाई से प्रेम करते हैं, पर वे मुझसे प्रेम नहीं करते।' क्या माता-पिता सचमुच में किशोर से प्रेम करते हैं? ज्यादातर मामलों में उत्तर हाँ में होगा। फिर समस्या कहाँ रहती है? ज़्यादा संभावना इस बात की होती है कि माता-पिता ने यह कभी नहीं सीखा कि अपने प्रेम को किस तरह ऐसी भाषा में व्यक्त किया जाए जिसे बच्चा समझ सके?

शायद उन्होंने अपने प्रेम को अभिव्यक्त करने के लिए बॉल ग्लव्ज और साइकल ख़रीदी हो पर बच्चा चिल्ला रहा था, 'क्या कोई मेरे साथ गेंद खेलेगा? क्या कोई मेरी साइकल पर बैठेगा?' बॉल ग्लव्ज ख़रीदना और बच्चे के साथ गेंद खेलने का अंतर ख़ाली और भरे लव टैंक का अंतर हो सकता है। माता-पिता गंभीरता से अपने बच्चों को प्रेम कर सकते हैं (ज़्यादातर माता-पिता करते हैं), पर गंभीरता ही पर्याप्त नहीं होती। अगर हम उनकी प्रेम की भावनात्मक आवश्यकता की पूर्ति करना चाहते हैं तो हमें अपने बच्चों की प्राथमिक प्रेमभाषा बोलना सीखना पड़ती है।

बच्चों को प्रेम करने के संदर्भ में हम पाँच प्रेमभाषाओं पर एक नज़र डालते है।

सकारात्मक शब्द

सामान्यतः जब बच्चा छोटा होता है, तब सभी माता-पिता सकारात्मक शब्दों का प्रयोग करते हैं। अभी बच्चा शाब्दिक संप्रेषण को समझ नहीं पाता है, परंतु माता-पिता कहते हैं, 'कितनी सुंदर नाक है, कितनी सुंदर आँखें हैं, कितने घुंघराले बाल हैं' इत्यादि। जब बच्चा घुटने-घुटने चलना शुरू करता है तो हम उसके हर क़दम की तारीफ़ करते हैं और उससे सकारात्मक शब्द कहते हैं। जब वह चलना शुरू करता है और बिस्तर पर एक हाथ टिकाकर खड़ा होता है तो दो फ़ुट दूर खड़े होकर हम कहते हैं, 'शाबाश, बहुत बढ़िया, आ जाओ।' बिलकुल सही। चलो। बिलकुल ठीक। चलो।' बच्चा आधा क़दम बढ़ाता है और गिरता है और हम क्या कहते हैं? हम यह नहीं कहते, 'बेवकूफ़ बच्चे, क्या तुम इतना सा भी नहीं चल सकते?' इसके बजाय हम यह कहते हैं 'वाह, बहुत बढ़िया!' इसलिए वह उठ जाता है और फिर कोशिश करता है।

ऐसा क्यों होता है कि जैसे-जैसे बच्चा बड़ा होता जाता है, हमारे 'सकारात्मक शब्द' आलोचना के शब्दों में बदल जाते हैं। जब बच्चा सात साल का होता है और हम उसके कमरे में जाते हैं तो हम देखते है कि बारह ख़िलौने फ़र्श पर बिखरे हैं। हम उससे ख़िलौनों को ख़िलौनों के बक्से में रखने को कहते हैं। हम पाँच मिनट बाद लौटते हैं और देखते हैं कि सात ख़िलौने बक्से के अंदर हैं और हम क्या कहते हैं? 'मैंने तुमसे कहा था कि ख़िलौने अंदर रखो। अगर तुम इन ख़िलौनों को नहीं उठाओगे तो मैं तुम्हें-' उन सात ख़िलौनों का क्या, जिन्हें उसने बक्से में रख दिया है? हम ऐसा क्यों नहीं कहते, 'अरे जॉनी, वाह, तुमने सात ख़िलौनों को बक्से में रख दिया। कितनी बढ़िया बात है।' बाक़ी पाँच भी शायद जल्दी ही बक्से में चले जाएँगे। जैसे-जैसे बच्चा बड़ा होता है, हम उसकी असफलताओं के लिए उसकी आलोचना करने लगते हैं और उसकी सफलताओं के लिए उसकी तारीफ़ करना कम कर देते हैं।

एक ऐसे बच्चे के लिए जिसकी प्राथमिक प्रेमभाषा सकारात्मक शब्द है। हमारे नकारात्मक, आलोचनात्मक, निंदापूर्ण शब्द उसके दिमाग में आतंक की भावना भर देते हैं। पैंतीस साल के हज़ारों वयस्कों के कानों में पिछले बीस सालों से सुने जा रहे निंदा के शब्द गूंजते हैं, 'तुम बहुत मोटे हो। कोई लड़की तुम्हें प्रेम नहीं करेगी।' 'तुम पढ़ने में अच्छे नहीं हो। अच्छा तो यह होगा कि तुम स्कूल छोड़ दो।' 'मुझे यक़ीन नहीं होता कि तुम इतने बुद्धू हो।' 'तुम ग़ैरज़िम्मेदार हो और ज़िंदगी में कभी कुछ नहीं कर पाओगे।' वयस्क अपने आत्मसम्मान से संघर्ष करते हैं और बाक़ी की जिंदगी में प्रेम अनुभव नहीं करते, क्योंकि उनकी प्राथमिक प्रेमभाषा को इस बुरी तरीक़े से झकझोरा गया है।

प्रतिबद्ध समय

प्रतिबद्ध समय का अर्थ है बच्चे को पूरी एकाग्रता देना। छोटे बच्चे के लिए इसका अर्थ फ़र्श पर बैठना और उसके साथ गेंद इधर से उधर लुढ़काना होता है। हम कार और गुड़ियाओं के साथ खेलने की बातें करते हैं। हम खेलने और महल बनाने की, दुनिया में नाम कमाने की, उसके साथ काम करने की बातें कर रहे हैं। एक वयस्क के रूप में आप कम्प्यूटर के विशेषज्ञ हो सकते हैं पर आपका बच्चा बच्चों की दुनिया में रहता है। अगर आप उसे अंततः वयस्क संसार में ले जाना चाहते हैं तो आपको एक बच्चे के स्तर तक नीचे उतरना पड़ता है।

जब बच्चा बड़ा होता है और नई रुचियाँ विकसित करता है, और अगर आप उसकी भावनात्मक ज़रूरतों को पूरा करना चाहते हैं तो आपको भी उन रुचियों को विकसित करना पड़ेगा। अगर वह बास्केटबॉल में रुचि ले, तो आप भी बास्केटबॉल में रुचि लें, उसके साथ बास्केटबॉल खेलने में समय गुज़ारें, उसे बास्केटबॉल के मैच दिखाने के लिए ले जाएं। अगर वह पियानो में रुचि रखता है, तो शायद आप पियानो सीखना शुरू कर सकते हैं या कम से कम उसके अभ्यास के समय उसे पूरी एकाग्रता से सुन तो सकते ही हैं। अपने बच्चे को एकाग्र ध्यान देने का अर्थ उसे यह बताना है कि आप उसकी चिंता करते हैं, कि वह आपके लिए महत्वपूर्ण है, कि आपको उसके साथ रहने में आनंद मिलता है।

कई वयस्क अपने बचपन को याद करते समय यह याद नहीं रखते कि उनके मम्मी-डैडी ने क्या कहा था, बल्कि वे यह याद रखते हैं कि उनके मम्मी-डैडी ने क्या किया था। एक वयस्क ने कहा, 'मुझे याद है कि मेरे डैडी ने मेरे हाई स्कूल खेलों को कभी नहीं छोड़ा। मैं जानता था कि मैं जो कर रहा था, उसमें वे पूरी रुचि ले रहे थे।' उस वयस्क के लिए प्रतिबद्ध समय प्रेम का सबसे ज़्यादा महत्वपूर्ण संप्रेषक था। अगर प्रतिबद्ध समय आपके बच्चे की प्राथमिक प्रेमभाषा है और आप उसकी भाषा बोलते हैं तो इस बात के अवसर ज़्यादा हैं कि वह किशोरावस्था में भी आपको अपने साथ प्रतिबद्ध समय गुज़ारने देगा। अगर आपने उसे छोटी उम्र में प्रतिबद्ध समय नहीं दिया तो किशोरावस्था में वह अपने हमउम्र लोगों का ध्यान आकर्षित करने की कोशिश करेगा और अपने माता-पिता से दूर हो जाएगा, जो उस वक़्त अपने बच्चों के साथ ज़्यादा से ज़्यादा समय गुज़ारने के बेहद इच्छुक होते हैं।

उपहार लेना

कई माता-पिता और दादा दादी या नाना-नानी उपहारों की भाषा का बहुत ज़्यादा प्रयोग करते हैं। वास्तव में हम जब भी ख़िलौनों की दुकान पर जाते हैं तो हम सोचते हैं कि प्रेम की यही एकमात्र भाषा है यदि माता-पिता के पास पैसा होता है तो उनमें अपने बच्चों के लिए कई उपहार ख़रीदने की प्रवृत्ति होती है। कई पालकों की राय में यह प्रेम दर्शाने का सर्वश्रेष्ठ तरीका होता है। कुछ माता-पिता बच्चों के लिए वह सब करना चाहते हैं, जो उनके माता-पिता उनके लिए नहीं कर सके। वे ऐसी चीजें ख़रीदते हैं जो वे अपने बचपन में चाहते थे। पर जब तक यह बच्चे की प्राथमिक प्रेमभाषा नहीं है तब तक उपहार का बच्चे के लिए ज़्यादा भावनात्मक अर्थ नहीं होगा। माता-पिता के इरादे अच्छे हैं पर उपहार देने से ऐसे बच्चे की भावनात्मक ज़रूरतें पूरी नहीं होती हैं।

अगर आपके दिए गए उपहार जल्दी ही अलग रख दिए जाएं, अगर बच्चा 'धन्यवाद' न बोले, अगर बच्चा आपके द्वारा दिए गए उपहारों की परवाह न करे, अगर बच्चा आपके उपहारों का आदर न करे तो इस बात के अधिक अवसर हैं कि उपहार प्राप्त करना उसकी प्राथमिक प्रेमभाषा नहीं है। दूसरी तरफ़ अगर आपका बच्चा आपको कई बार धन्यवाद देता है, अगर वह दूसरों को आपका उपहार दिखाता है और दूसरों को बताता है कि आपने उसके लिए कितना बढ़िया उपहार ख़रीदा है, अगर वह उपहार का ध्यान रखता है, अगर वह उसे अपने कमरे में अच्छी तरह से सजाता है और चमकाता रहता है, अगर वह लंबे समय तक उनसे खेलता रहता है तो शायद उपहार प्राप्त करना उसकी प्राथमिक प्रेमभाषा है।

क्या होगा अगर आपके बच्चे की प्राथमिक प्रेमभाषा उपहार प्राप्त करना है पर आपके पास ज़्यादा उपहार खरीदने के लिए धन नहीं है? याद रखें कि उपहार की गुणवत्ता या क़ीमत से कोई ख़ास फ़र्क़ नहीं पड़ता, असली मूल्य तो विचार का होता है। कई उपहार हाथ से बनाए जा सकते हैं और बच्चा उस उपहार को महँगे और मशीन से निर्मित उपहार से ज़्यादा पसंद करते है। वास्तव में छोटे बच्चे ख़िलौने से ज़्यादा उस बक्से से खेलते हैं जिसमें वह ख़िलौना आया था। आप टूटे-फूटे ख़िलौने खोजकर उनकी मरम्मत भी कर

सकते हैं। उनकी मरम्मत करना और उन्हें नया बनाना बच्चे और माता-पिता दोनों के लिए साझा काम हो जाता है। यह ज़रूरी नहीं है कि अपने बच्चों को उपहार देने के लिए आपके पास ढेर सारा पैसा होना चाहिए।

सेवा के कार्य

जब बच्चे छोटे होते हैं, तो माता-पिता लगातार सेवा के कार्य करते हैं। अगर वे ऐसा न करें तो बच्चा मर जाएगा। नहलाना, खिलाना और कपड़े पहनाना- इन सभी कामों में बच्चे के जीवन के शुरुआती सालों में बहुत मेहनत करना पड़ती है। फिर रसोई, कपड़े धोना और प्रेस करना आता है। फिर लंच पैक करना, टैक्सी का इंतजाम करना और होमवर्क में मदद करना आता है। ये चीजें कई बच्चों द्वारा सहज रूप में ली जाती हैं पर कई बच्चों के लिए यह प्रेम संप्रेषित करती हैं।

अपने बच्चों पर ध्यान दें। देखें कि वे दूसरों से प्रेम कैसे अभिव्यक्त करते हैं। यह उनकी प्रेमभाषा का संकेत देगा।

अगर आपका बच्चा सामान्य सेवा के कार्यों को पसंद करता है तो यह एक संकेत है कि वे उसके लिए भावनात्मक रूप से महत्वपूर्ण हैं। आपके सेवा के कार्य प्रेम को अर्थपूर्ण तरीक़े से संप्रेषित कर रहे हैं। जब आप विज्ञान के प्रोजेक्ट में उसकी मदद करते हैं तो इसका अर्थ अच्छे नंबर लाने से ज़्यादा होता है। इसका अर्थ होता है, 'मेरे डैडी मुझे प्रेम करते हैं।' जब आप साइकल ठीक करते हैं, तो आप उसे साइकल पर फिर से बैठाने से ज़्यादा करते हैं। आप उसे एक भरे हुए टैंक के साथ भेजते हैं। अगर आपका बच्चा आपके काम में लगातार मदद करने के लिए उत्सुकता दिखाता है तो इसका शायद यह अर्थ होता है कि उसके दिमाग़ में यह प्रेम अभिव्यक्त करने का तरीक़ा है और सेवा के कार्य उसकी प्राथमिक प्रेमभाषा है।

शारीरिक स्पर्श

हम काफ़ी समय से जानते हैं कि शारीरिक स्पर्श बच्चों के लिए एक महत्वपूर्ण भावनात्मक संप्रेषक है। शोध से पता चला है कि जिन बच्चों को ज़्यादा छुआ जाता है, वे भावनात्मक रूप से बेहतर होते हैं और जिन बच्चों को ज़्यादा नहीं छुआ जाता, उनका विकास कम होता है। स्वाभाविक रूप से कई माता-पिता और दूसरे वयस्क बच्चे को उठाते हैं, बाँहों में लेते हैं, उसे चूमते हैं, उसकी पीठ थपथपाते हैं और उससे मूर्खतापूर्ण बातें करते हैं। प्रेम

शब्द का अर्थ समझने के बहुत पहले ही उसे प्रेम का अनुभव होने लगता है। गले लगाना, घूमना, पीठ थपथपाना हाथ पकड़ना यह सभी बच्चे के प्रति प्रेम दर्शाने के तरीक़े हैं। बच्चे को गले लगाना और चूमना किसी किशोर को चूमने और गले लगाने से भिन्न होगा। आपका किशोर पुत्र अपने हमउम्र दोस्तों के सामने इस व्यवहार को पसंद नहीं करेगा, पर इसका यह अर्थ नहीं है कि वह आपका स्पर्श नहीं चाहता है, ख़ासकर तब जब यह उसकी प्राथमिक प्रेमभाषा हो।

अगर आपका किशोर पुत्र नियमित रूप से आपके पीछे से आकर आपकी बाँहें पकड़ लेता है, आपको धीमे से धक्का देता है, आपके टखने पकड़ लेता है तो यह सभी इस बात के सूचक हैं कि उसके लिए शारीरिक स्पर्श महत्वपूर्ण हैं।

अपने बच्चों पर ध्यान दें। देखें कि वे दूसरों से किस तरह प्रेम अभिव्यक्त करते हैं। यह उनकी प्रेमभाषा का संकेत देगा। उन चीज़ों पर ध्यान दें जिनके लिए वे आपसे आग्रह करते हैं। कई बार उनकी प्रार्थना आपकी अपनी प्रेमभाषा के अनुरूप ही होगी। उन चीज़ों पर ध्यान दें जिनकी वे सबसे ज़्यादा तारीफ़ करते हैं। वे सभी उसकी प्राथमिक प्रेमभाषा के संभावित सूचक होंगे।

हमारी पुत्री की प्रेमभाषा प्रतिबद्ध समय है, इसलिए जब वह बड़ी हो रही थी, तब वह और मैं इकट्ठे घूमने जाते थे। उसके हाई स्कूल के दौरान जब वह सालेम अकादमी में थी, हम दोनों लंबा घूमने चले जाते थे। सालेम अकादमी देश में लड़कियों के लिए सबसे पुरानी अकादमियों में से एक है। मोरावियन लोगों ने गाँव को फिर से बसा लिया है जो दो सौ साल से भी ज़्यादा पुराना है। सड़कों पर घूमते समय हम एक बार फिर पुराने ज़माने में पहुँच जाते थे। पुरानी क़ब्रगाह से गुज़रते समय हमें जीवन और मृत्यु के बारे में सत्य की झलक मिलती थी। उन सालों में हम एक हफ़्ते में तीन दोपहर घूमते थे और उस गंभीर माहौल में लंबी चर्चाएँ किया करते थे। आज वह एक मेडिकल डॉक्टर है, पर जब भी वह घर आती है तो वह हमेशा कहती है, 'डैडी, घूमने चलें?' और मैंने उसके आमंत्रण को आज तक कभी नहीं ठुकराया है।

मेरा पुत्र मेरे साथ कभी घूमने नहीं गया। उसका कहना था, 'घूमना मूर्खता है। आप कहीं नहीं जाते। अगर आपको कहीं जाना है तो उसके लिए कार मौजूद है।'

प्रतिबद्ध समय उसकी प्राथमिक प्रेमभाषा नहीं थी। माता-पिता के रूप में हम अक्सर अपने सभी बच्चों को एक ही साँचे में ढालना चाहते हैं। हम अभिभावकों के सम्मेलन में जाते हैं या बच्चों के लालन-पालन पर किताबें पढ़ते हैं, और हमें कई आश्चर्यजनक विचार मिलते हैं और हम घर जाकर अपने हर बच्चे पर उन विचारों का प्रयोग करना चाहते हैं। समस्या यह होती है कि हर बच्चा अलग होता है और जो बात एक बच्चे के लिए प्रेम अभिव्यक्त करती है वह दूसरे बच्चे के लिए प्रेम अभिव्यक्त नहीं करेगी। बच्चे को अपने साथ घूमने के लिए मजबूर करना, ताकि आप इकट्ठे प्रतिबद्ध समय गुज़ारें, प्रेम अभिव्यक्त नहीं करेगा। यदि हम चाहते हैं कि वह प्रेम का अनुभव करे तो इसके लिए हमें अपने बच्चे की प्रेमभाषा सीखना चाहिए।

मुझे यक़ीन है कि ज़्यादातर माता-पिता सचमुच अपने बच्चों से प्रेम करते हैं। मुझे यह भी विश्वास है कि हज़ारों अभिभावक सही भाषा में प्रेम अभिव्यक्त करने में असफल हुए हैं और इस देश में हज़ारों बच्चे ख़ाली भावनात्मक टैंक के साथ बड़े होते हैं। मुझे विश्वास है कि बच्चों और किशोरों का ज़्यादातर दुर्व्यवहार उनके खाली लव टैंक से उपजता है।

प्रेम की अभिव्यक्ति के लिए कभी विलंब नहीं होता। अगर आपके बच्चे बड़े हो चुके हैं और आपको यह लगता है कि आप ग़लत प्रेमभाषा बोल रहे हैं तो आप उन्हें यह बता क्यों नहीं देते? 'सुनो, मैं प्रेम अभिव्यक्त करने पर एक पुस्तक पढ़ रहा था और मैं यह सोचता हूँ कि मैं तुम्हारे प्रति अपने प्रेम को अच्छे ढँग से व्यक्त नहीं कर रहा था। मैं तुम्हारे प्रति अपने प्रेम को इस तरह से दर्शा रहा था..., पर अब मुझे यह समझ में आया है कि शायद इससे तुम्हें प्रेम प्राप्त नहीं हो रहा था, कि तुम्हारी प्रेमभाषा शायद अलग है। मैं यह सोचना शुरू कर रहा हूँ कि तुम्हारी प्रेमभाषा शायद यह है...। मैं तुम्हें सचमुच बेहद प्रेम करता हूँ और आशा करता हूँ कि भविष्य में मैं इसे ज़्यादा बेहतर तरीक़ों से अभिव्यक्त करूँगा।' शायद आपको उन्हें पाँच प्रेमभाषाओं के बारे में विस्तार से भी बताना पड़े। साथ ही यह भी हो सकता है कि आपको अपनी प्रेमभाषा और उनकी प्रेमभाषा के बारे में चर्चा भी करनी पड़े।

शायद आप अपने बड़े बच्चों द्वारा ज़्यादा चाहे जाने का अनुभव नहीं करते हैं। अगर वे इतने बड़े हैं कि प्रेमभाषा की अवधारणा को समझ सकें तो आपकी चर्चा से उनकी आँखें खुल जाएँगी। आप इस बात से आश्चर्यचकित हो जाएँगे कि वे आपकी प्रेमभाषा बोलने में बेहद रुचि ले रहे हैं। और जब वे ऐसा करना प्रारंभ करते हैं तो आप आश्चर्यचकित हो जाएँगे कि उनके प्रति आपकी भावनाएँ और विचार बदलना शुरू हो जाते हैं। जब परिवार के सदस्य एक-दूसरे की प्राथमिक प्रेमभाषा बोलना शुरू कर देते हैं तो उस परिवार का भावनात्मक मौसम पूरी तरह से बदल जाता है।

प्रेम की पाँच भाषाएँ
सकारात्मक शब्द
प्रतिबद्ध समय
उपहार लेना
सेवा के कार्य
शारीरिक स्पर्श

अध्याय 14

व्यक्तिगत बात

अध्याय दो में मैंने पाठकों को चेतावनी दी थी कि 'पाँच प्रेमभाषाओं को समझने और अपने जीवनसाथी की प्राथमिक प्रेमभाषा बोलना सीखने से उनके व्यवहार में गंभीर परिवर्तन आ सकते हैं।' अब मैं पूछता हूँ, 'आप क्या सोचते हैं?' इन पन्नों को पढ़ने के बाद, इतने सारे दंपतियों के जीवन के बारे में जानने के बाद, छोटे गाँवों और महानगरों की यात्रा करने के बाद, मेरे परामर्श ऑफ़िस में मेरे साथ बैठने के बाद, लोगों से रेस्त्राँ में चर्चा करने के बाद आप क्या सोचते हैं? क्या इन अवधारणाओं से आपके विवाह के भावनात्मक मौसम को पूर्णतः बदलने में मदद मिलती है? क्या होगा अगर आप अपने जीवनसाथी की प्राथमिक प्रेमभाषा खोज लेते हैं और उसे लगातार बोलना शुरू कर देते हैं?

न तो मैं और न ही आप इस सवाल का तब तक जवाब दे सकते हैं जब तक कि आप इसकी कोशिश न करें। मैं जानता हूँ कि कई दंपतियों ने, जिन्होंने मेरे विवाह सेमिनारों में इस अवधारणा के बारे में सुना है, कहा है कि अपने जीवनसाथी की प्राथमिक प्रेमभाषा में उसे प्रेम करने का चुनाव और उसकी अभिव्यक्ति ने उनके विवाह में आमूलचूल परिवर्तन कर दिया। जब प्रेम की भावनात्मक आवश्यकता की पूर्ति हो जाती है तो एक ऐसा माहौल बन जाता है। जिससे दंपति अपनी बाक़ी ज़िंदगी ज़्यादा बेहतर, सकारात्मक और रचनात्मक रूप से बिता सकते हैं।

हम सभी शादी में अलग-अलग व्यक्तित्व और इतिहास लेकर आते हैं। अपने विवाह संबंध में हम सभी भावनात्मक सामान लेकर आते हैं। हमारी आशाएँ भिन्न होती हैं, हमारे सोचने का तरीक़ा भिन्न होता है और जीवन में क्या महत्वपूर्ण है, इस विषय में भी हमारे विचार भिन्न होते हैं। एक स्वस्थ विवाह में विचारों की विविधता को स्थान दिया जाता है। हम हर बात पर सहमत नहीं हो सकते और हमें हर बात पर सहमत होने की ज़रूरत भी नहीं है पर हमें अपने मतभेदों को कम करने का तरीका खोजना होगा ताकि वे हमें

एक-दूसरे से दूर न कर दें। ख़ाली लव टैंक के कारण दंपतियों में बहस, आलोचना और एक-दूसरे से दूर जाने की प्रवृत्ति होती है और कई तो बहस में शाब्दिक और शारीरिक रूप से हिंसक हो जाते हैं। पर जब लब टैंक भरा होता है तो हम दोस्ती का माहौल बना लेते हैं, एक ऐसा माहौल जिसमें हम समझना चाहते हैं, जिसमें मतभेदों के लिए जगह होती है और जिसमें समस्याओं को सुलझाने पर ज़ोर दिया जाता है। मुझे विश्वास है कि विवाह का कोई भी दूसरा क्षेत्र विवाह को इतना प्रभावित नहीं करता है जितना कि प्रेम की भावनात्मक आवश्यकता की पूर्ति।

प्रेम करने की सामर्थ्य, ख़ासकर तब जब आपका जीवनसाथी आपको प्रेम नहीं कर रहा हो, कई लोगों को असंभव प्रतीत होती है। इस तरह के प्रेम में हमें कई बार आध्यात्मिक आस्था की भी ज़रूरत पड़ सकती है। कुछ साल पहले जब मैं अपने खुद के वैवाहिक संघर्षों से गुज़र रहा था, तब मुझे ईश्वर की ज़रूरत महसूस हुई। एक मानव-वैज्ञानिक के रूप में मुझे आँकड़ों का परीक्षण करने का प्रशिक्षण दिया गया था। मैंने ईसाई आस्था की जड़ों को व्यक्तिगत रूप से खोजने का निर्णय लिया। ईसा के जन्म, जीवन, मृत्यु और पुनर्जीवन के ऐतिहासिक वर्णन का परीक्षण करते हुए मैंने यह पाया कि उनकी मृत्यु प्रेम की अभिव्यक्ति थी और उनका पुनर्जीवन उनकी शक्ति का प्रबल प्रमाण था। मैं 'आस्तिक' बन गया। मैंने अपना जीवन ईसामसीह को समर्पित कर दिया और यह पाया कि वही हमें प्रेम करने की आंतरिक आध्यात्मिक ऊर्जा देता है, तब भी जबकि प्रेम के बदले हमें प्रेम नहीं मिलता। मैं आपको प्रोत्साहित करूँगा कि आप भी ईसामसीह के जीवन का विश्लेषण करें, उस व्यक्ति के जीवन का जो मरते हुए भी उन लोगों के लिए प्रार्थना कर रहा था, जिन्होंने उसे सलीब पर लटकाया था : 'हे परमपिता, उन्हें क्षमा करो, क्योंकि वे नहीं जानते कि वे क्या कर रहे हैं?' यह प्रेम की प्रबलतम अभिव्यक्ति है।

इस देश में तलाक़ की अधिक दर इस बात का प्रत्यक्ष प्रमाण है कि हज़ारों विवाहित दंपति भावनात्मक प्रेम के ख़ाली टैंक के साथ जीते हैं। उन किशोरों की बढ़ती संख्या जो घर से भाग जाते हैं और क़ानून से टकराते हैं, यह सिद्ध करती है कि हालाँकि माँ-बाप अपने बच्चों से सचमुच प्रेम करते हैं, परंतु इसके बावजूद कई अभिभावकों ने अपने बच्चों से ग़लत प्रेमभाषा में बातें की हैं। मुझे विश्वास है कि इस पुस्तक में दी गई अवधारणाओं से हमारे देश के विवाहों और परिवारों पर सकारात्मक प्रभाव पड़ेगा।

मैंने यह पुस्तक किसी बौद्धिक ग्रंथ की तरह नहीं लिखी है जिसे महाविद्यालयों और विश्वविद्यालयों के पुस्तकालयों में संगृहीत करके रख दिया जाए, हालांकि मुझे आशा है कि समाजशास्त्र और मनोविज्ञान के प्राध्यापक विवाह और पारिवारिक जीवन के पाठ्यक्रमों में इससे लाभान्वित होंगे। मैंने उन लोगों के लिए नहीं लिखा है जो विवाह का अध्ययन कर रहे हैं, बल्कि उन लोगों के लिए लिखा है जो विवाहित हैं, उनके लिए जिन्होंने प्रेम की दीवानगी अनुभव की है, जिन्होंने ढेरों बड़े-बड़े सपने लेकर विवाह की दहलीज पर कदम रखा था, जो एक-दूसरे के साथ स्वर्गिक जीवन गुज़ारना चाहते थे और एक-दूसरे को अथाह, अमर प्रेम करना चाहते थे, पर रोज़मर्रा की जिंदगी की हक़ीक़त के कारण उनका सपना पूरी तरह चूर-चूर होने की कगार पर है। मेरी आशा है कि हज़ारों दंपति न सिर्फ़

अपने सपने को एक बार फिर खोज पाएंगे बल्कि वह रास्ता भी देख पाएँगे जो उनके सपनों को हक़ीक़त में बदल सकता है।

मैं उस दिन का सपना देखता हूँ जब इस देश में विवाहित दंपतियों की क्षमता का उपयोग मानव जाति की भलाई के लिए होगा, जब पति और पत्नी भरे हुए लव टैंक के साथ जिंदगी गुज़ारेंगे और व्यक्तियों तथा युगल के रूप में अपनी संभावनाओं को साकार कर सकेंगे। मैं उस दिन का सपना देखता हूँ जब बच्चे प्रेम और सुरक्षा के माहौल में बढ़े हो सकेंगे, जहाँ बच्चों की विकासशील ऊर्जा का प्रयोग सीखने और सेवा में किया जाएगा और प्रेम की तलाश में उन्हें घर से बाहर कहीं भटकना नहीं पड़ेगा। यह मेरी इच्छा है कि इस छोटी सी पुस्तक से आपके विवाह के दीपक में प्रेम की लौ एक बार फिर जल उठेगी और ऐसा हज़ारों दंपतियों के साथ होगा।

अगर यह संभव होता तो मैं इस पुस्तक को व्यक्तिगत रूप से इस देश के हर विवाहित दंपति को देता और कहता, 'मैंने इसे आपके लिए लिखा है। मुझे आशा है कि इससे आपकी जिंदगी बदल जाएगी। और अगर ऐसा होता है, तो कृपया इसे किसी और व्यक्ति को दे दें।' चूंकि मैं ऐसा नहीं कर सकता इसलिए मुझे ख़ुशी होगी अगर आप इस पुस्तक की एक प्रति अपने परिवारजनों, अपने भाई-बहनों, अपने विवाहित बच्चों, अपने कर्मचारियों, अपने दोस्तों को दें। कौन जाने, हमारी कोशिश से किसी का सपना हक़ीक़त में बदल जाए।

स्टडी गाइड

जीवनसाथी के लिए

अध्ययन मार्गदर्शिका

और

समूह वार्तालाप

• जेम्स एस. बेल, जूनियर

भूमिका

इस पुस्तक के शुरुआती अध्यायों को पढ़ने और उन पर चिंतन करने के बाद आप अपने जीवनसाथी को भी ऐसा ही करने के लिए प्रेरित करें। इस बिंदु पर आप दोनों इन अभ्यासों को इकट्ठे करने के लिए तैयार हैं। सभी 'महत्वपूर्ण विचार' और सवाल पति तथा पत्नी दोनों को संबोधित किए गए हैं। इस पुस्तक को पढ़ने के बाद या इन अभ्यासों को करने की प्रक्रिया में आप दोनों ही अपनी प्राथमिक प्रेमभाषा, उसकी बोलियाँ और अपनी द्वितीयक प्रेमभाषा खोजने में सफल होंगे। इस तरह, सभी भाषाएँ और अध्याय दोनों पर समान रूप से लागू नहीं होंगे।

कई कारणों से, ख़ासकर यदि आप अपने विवाह में संघर्ष कर रहे हैं, हो सकता है कि आपकी पत्नी इस प्रक्रिया में भाग नहीं लेना चाहे- न तो प्रारंभिक अध्यायों में, न ही अध्ययन मार्गदर्शिका में। ऐसी स्थिति में आपका यह दायित्व है कि आप अकेले ही इन अभ्यासों को करें ताकि इस पुस्तक के लाभ हक़ीक़त बन सकें। साथ ही, अगर आप इन प्रश्नों पर अमल करते हैं तो आपका जीवनसाथी सकारात्मक प्रतिक्रिया दे सकता है चाहे उसने प्रारंभिक अध्याय या अध्ययन मार्गदर्शिका न पढ़ी हो।

हर अध्याय के साथ समूह चर्चा के लिए एक ज़्यादा सामान्य और वृहद् प्रश्न दिया गया है। इसमें बड़ी तस्वीर भी शामिल है जो पढ़ने वाले दंपति की चिंताओं से आगे जाती है। सभी सवालों का प्रयोग विवाह समूह चर्चा में किया जा सकता है। इस क्षेत्र की पृष्ठभूमि रखने वाले व्यक्ति को समूह नेता चुना जा सकता है। चर्चा को विस्तार देने के लिए अन्य सामग्री का प्रयोग भी किया जा सकता है। ध्यान रखें कि अध्याय 10 और 11 के प्रश्नों को एक साथ दिया गया है।

अंत में, यदि आप सभी प्रश्नों का उत्तर न दे पाएँ या उन पर अमल न कर पाएँ तो मन में कोई अपराधबोध या आत्मनिंदा की भावना न रखें। वे तो सुझाव के रूप में दिए गए हैं जिनसे आपको इस पुस्तक की शिक्षा को जीवन में उतारने में मदद मिलती है और विभिन्न दंपतियों पर इन सुझावों की भिन्न-भिन्न प्रतिक्रिया होना स्वाभाविक है। प्रेम को अधिक प्रभावी तरीक़े से अभिव्यक्त करने के आपके प्रयास आपके जीवनसाथी के अनूठेपन पर आधारित हैं। आपके जीवनसाथी की प्रेमभाषा सीखने और बोलने में आपके सर्वश्रेष्ठ प्रयासों की ज़रूरत है।

अध्याय एक

शादी के बाद प्रेम कहाँ चला जाता है?

महत्वपूर्ण विचार

चूँकि हम प्रेम को अलग-अलग तरह से प्रदान करते हैं और प्राप्त करते हैं, इसलिए हमारे विवाह में प्रेम को जीवित रखना कड़ी मेहनत का कार्य है। यदि हम नहीं समझते कि किस प्रकार हमारा जीवनसाथी प्रेम प्राप्त करता है तो हमारे विवाह का वृक्ष मुरझा जाएगा और हमें उसका कारण भी पता नहीं चलेगा। हमें प्रेम मिलने के एक-दूसरे के प्राथमिक तरीक़े को समझने की आवश्यकता है।

1. अपने बचपन को याद करें। क्या आपको अपने अभिभावकों द्वारा पर्याप्त प्रेम मिलने का अहसास हुआ था? उन्होंने मुख्यतः किस प्रकार प्रेम अभिव्यक्त किया था? आपके जीवन में उसके परिणामों के आधार पर आपके जीवनसाथी के प्रति प्रेम संप्रेषित करने के आपके तरीक़े पर उनका क्या प्रभाव हुआ?

2. एक सूची बनाएँ जिसमें आपके प्रति प्रेम और समर्थन व्यक्त करने में आपके अभिभावकों की सफलताएँ और असफलताएँ लिख लें। आपको इसमें और जिस तरह से आप अपने जीवनसाथी के लिए प्रेम दर्शाते हैं, उसमें क्या समानता दिखती है? आपकी असफलताएँ किस तरह आपके अभिभावकों की असफलताओं को प्रतिबिंबित करती हैं? और सफलताओं के बारे में?

3. हो सकता है आपने अपने प्रेम की अभिव्यक्तियों कम नहीं की हों, फिर भी आपका जीवनसाथी काफ़ी समय से नकारात्मक प्रतिक्रिया दे रहा हो। पिछले बारह महीनों में समस्या के दो क्षेत्रों पर विचार कीजिए : (1) प्रेम के सकारात्मक कार्य, जिनके प्रति आपके जीवनसाथी ने उचित प्रतिक्रिया नहीं दी (2) कुंठा की अभिव्यक्ति, जो आपकी लापरवाही, अज्ञान या असहमति से उत्पन्न हुई है। समस्या की असली वज़ह क्या थी?

4. पीछे मुड़कर देखें कौन सी पुस्तकों, टेपों, लेखों इत्यादि ने आपको प्रभावित किया है और अपने जीवनसाथी के साथ अपने प्रेम को सुधारने और बढ़ाने के लिए प्रेरित किया है? यह याद करने की कोशिश करें कि कब और कैसे आपने उन सिद्धांतों को अपने जीवन में उतारने का प्रयास किया था। आप कहाँ सफल और कहाँ असफल हुए और क्यों?
5. उस समय के बारे में सोचें, जब आपने किसी रूप में प्रेम अभिव्यक्त किया था और सामने वाले ने इसे प्रेम की अभिव्यक्ति के रूप में लिया ही नहीं था। शायद इसे नकारा नहीं गया था बल्कि इसे पहचाना ही नहीं गया था। अच्छे इरादे, गंभीरता और यहाँ तक कि सच्चे प्रयास भी हमेशा पर्याप्त क्यों नहीं होते?

पृष्ठभूमि समूह चर्चा हेतु

संप्रेषण और अभिव्यक्ति की प्रकृति पर चर्चा करें। भाषा की जटिलता के कारण किस तरह ग़लतफ़हमियाँ हो सकती हैं। किस प्रकार भिन्न पृष्ठभूमियाँ, लिंग, मूल्य इत्यादि इस प्रक्रिया को जटिल बना देते हैं?

अध्याय दो

लव टैंक को भरा हुआ कैसे रखें?

महत्वपूर्ण विचार

मानव व्यवहार में प्रेम का अत्यधिक महत्वपूर्ण स्थान है, परंतु इस शब्द के कई आयाम और व्याख्याएँ होती हैं। वैवाहिक संबंध प्रेम और अंतरंगता को बढ़ाने के उद्देश्य से ही बनाए जाते हैं। विवाह ही वह प्रमुख स्थल है, जहाँ आंतरिक 'लव टैंक' भरा जा सकता है।

1. 'प्रेम से दुनिया चलती है' जैसी तीन प्रसिद्ध कहावतें खोजिए जो प्रेम के महत्व को परिभाषित करती हों। हर एक का अर्थ समझाइए और आपके विवाह पर उसके प्रभाव को स्पष्ट कीजिए।
2. हम कई तरह के हानिकारक व्यवहार को माफ़ कर देते हैं, अगर उनका उद्देश्य प्रेम करना होता है। इस तरह का एक उदाहरण अपने निकट संबंधियों में से दें और यह जानने की कोशिश करें कि प्रेम की संकुचित अवधारणा ने समस्या को क्यों बढ़ा दिया।
3. आप अपने बच्चों या अपने परिवार के नज़दीकी लोगों के बारे में सोचें। अस्वीकार्य व्यवहार की कोई ऐसी घटना याद करें, जो कुछ हद तक यह सिद्ध करे कि व्यक्तिगत प्रेम की लंबे समय तक कम आपूर्ति के कारण ऐसा हुआ है।
4. अकेलापन वैवाहिक प्रेम के विकास में बाधक होता है। अपनी पत्नी से शारीरिक अलगाव के बारे में सोचें, ख़ासकर जब आपके लौटने पर आपने अपने बीच में दूरी अनुभव की हो। इसके बाद, असहमति के कारण उपजे भावनात्मक अलगाव या दूरी के बारे में विचार करें। इन दोनों ही मामलों में आंतरिक परिणाम क्या थे और उन्हें कैसे सुधारा गया?

5. एक खाली लव टैंक की तुलना उस कार के इंजन से की जा सकती है जिसमें ऑयल नहीं है। रचनात्मक बनें और इसी तरह की दो और मज़ेदार उपमाएँ या तुलनाएँ खोजें, जो विवाह के खोखलेपन को दर्शाएँ। किस तरह इन तुलनाओं से आपको नियमित रूप से प्रेम देने और इसे प्राप्त करने के महत्व का ज्ञान होता है?

पृष्ठभूमि समूह चर्चा हेतु

विभिन्न दार्शनिक और धार्मिक विचारधाराओं में प्रेम के महत्व पर चर्चा करें, जिसके कारण पिछली और वर्तमान सभ्यताएँ स्वस्थ रह सकीं। इसे किस तरह परिभाषित किया जा सकता है और इस पर किस तरह अमल किया जा सकता है?

अध्याय तीन

प्यार में पागल होना

महत्त्वपूर्ण विचार

हालाँकि प्यार में पागल होने का अनुभव ख़ासा रोमांचक होता है,पर यह बहुत कम समय के लिए और अक्सर आत्म-केंद्रित होता है। वह प्रेम, जो आपके जीवनसाथी के भावनात्मक स्वास्थ्य में सच्चा योगदान देता है, तर्क, इच्छा और अनुशासन पर आधारित होता है। इसी तरह के प्रेम में परिवर्तन और पूर्णता की संभावना निहित होती है।

1. एक सूची बनाएँ, जिसमें आपके जीवनसाथी के साथ प्रेम की दीवानगी से संबंधित दो खंड हों। पहले कॉलम में उन भावनाओं, विश्वासों और आशाओं इत्यादि को लिख लें जो बाद में फलीभूत हुईं और जिनके द्वारा ऐच्छिक प्रेम में योगदान मिला। अब उन्हें लिख लें जो बचकानी, अयथार्थपूर्ण और हानिकारक हैं और जिनसे परिपक्व संबंध में ख़ास योगदान नहीं मिलता।
2. आप अपने विवाह में कोई निश्चित बिंदु खोजने की कोशिश करें, जब आपकी स्वर्गिक भावनाएं कम होने लगी थीं और आपको अपने जीवनसाथी में दोष दिखने लगे थे। आप कुछ प्रारंभिक झटकों के बारे में भी लिखें और उनके कारण हुए अपने विकास के बारे में भी।
3. अपने विवाह की बाद की रोमांटिक घटनाओं को भी खोजें, जिनके कारण आपमें दुबारा स्वर्गिक भावनाएँ उत्पन्न हुई। ये भावनाएँ किस तरह ज़्यादा गहरे संबंध में, ज़्यादा फ़ायदेमंद और स्वस्थ रूप में परिवर्तित हुई।
4. जिस तरह आप रोमांस के शुरुआती दौर की चोटी पर रहने के इच्छुक थे, शायद उसी तरह आप वर्तमान प्रेम संबंध के मैदान से संतुष्ट होंगे। इसके पहले कि आप खुद को बधाई दें, अपने द्वारा दिए जा रहे प्रेम की 'कुल गुणवत्ता' के बारे में सच्चाई बयान करें। यह डॉ. पेक द्वारा प्रेम में पड़ने के भ्रम के संबंध में बताए तीन पहलुओं

से कितना मेल खाता है: (1) इच्छा का कार्य नहीं (2) कम अनुशासन या सचेतन प्रयास (3) जीवनसाथी के विकास में वास्तविक रुचि की कमी।

5. पिछले माह में अपने जीवनसाथी के प्रति दर्शाए 'सच्चे प्रेम' की तीन घटनाओं का वर्णन करें : (1) भावनात्मक, परंतु दीवानगी नहीं (2) वास्तविक प्रयास और अनुशासन (3) इंद्रियों पर आधारित होने के बजाय तर्क पर आधारित (4) आपके जीवनसाथी के व्यक्तिगत विकास पर केंद्रित ।

पृष्ठभूमि समूह चर्चा हेतु

प्रेम की दीवानगी में पड़ने के अनुभव और सच्चे, त्यागपूर्ण प्रेम दोनों के भावनात्मक, मनोवैज्ञानिक, शारीरिक और आध्यात्मिक पहलुओं पर विचार करें।

अध्याय चार

प्रेमभाषा # 1 :
सकारात्मक शब्द

महत्वपूर्ण विचार

प्रशंसा, उत्साहवर्धन के शब्द और प्रार्थनाएँ आपके जीवनसाथी के आत्मसम्मान को बढ़ाती हैं और माँगें उसे कम करती हैं। इनसे अंतरंगता विकसित होती है, घाव भरते हैं और आपके जीवनसाथी की पूरी प्रतिभा विकसित होती है।

1. एक शाम निकालें जिसमें आपका जीवनसाथी आपके साथ अपने सपनों, रुचियों और गुणों को बाँटे। सहानुभूतिपूर्वक सुनते समय विशिष्ट बातों को रेखांकित करें। अपने जीवनसाथी की जगह पर ख़ुद को रखकर प्रेम और गंभीरता से उसे प्रोत्साहित करें और उसके लक्ष्यों को प्राप्त करने में हरसंभव मदद का भरोसा दिलाएँ।
2. ज़्यादा निकटता से आदर कई तरह से कम होता है। पिछले हफ़्ते अपने वैवाहिक संबंध के कुछ पहलुओं की जाँच करें। क्या आपका स्वर कटु था, क्या आपका रवैया व्यंग्यात्मक था या आपका नज़रिया निर्णयात्मक था? क्या आपका ध्यान सिर्फ़ इसी बिंदु पर था कि आपके जीवनसाथी से कहाँ गलती हुई है। इस विषय में निष्कर्ष निकालें और माफ़ी माँगें।
3. आपके संबंधों की शैली का संचार मानदंडों के पहलू से मूल्यांकन करें। क्या आपके शब्द आग्रह, सुझाव और मार्गदर्शन दर्शाते हैं? या फिर वे माँगे, अल्टीमेटम या धमकियाँ दर्शाते हैं। याद रखें चुनाव, स्वतंत्र इच्छा और स्वैच्छिक सेवा प्रेम के मुख्य पहलू हैं। आप किस तरह अपने जीवनसाथी के प्रति अपनी शाब्दिक शैली में सुधार कर सकते हैं?
4. अपने जीवनसाथी के प्रति शाब्दिक संप्रेषण के दयालुतापूर्ण, अंतरंग और समर्थक तरीक़ों की असंख्य शैलियाँ हैं। जैसा पुस्तक में कहा गया है, सकारात्मक शब्द

शीर्षक से एक नोटबुक बना लें जिसमें अपने जीवनसाथी की प्रशंसा करने के छोटे-छोटे तरीक़ों से लेकर ज़्यादा रचनात्मक और श्रेष्ठ तरीक़े लिखें। ख़ुद की मदद और प्रेरणादायक साहित्य विशेष रूप से सहायक सिद्ध होंगे।

5. बिल और बेट्टी जो की शादी एक छोटी सी तकनीक से काफ़ी सुधर गई थी। उन्होंने उन बातों की सूची बनाई थी जो वे एक-दूसरे में पसंद करते थे। फिर हफ़्ते में दो बार वे अपनी-अपनी सूची के आधार पर एक-दूसरे की तारीफ़ किया करते थे। आप भी ऐसा ही करें। शुरुआत करने के लिए आप शायद बिल और बेट्टी जो की सूचियों को दुबारा देखना चाहेंगे। प्रारंभ करने के बाद इसे दो माह तक जारी रखने का निर्णय लें।

पृष्ठभूमि समूह चर्चा हेतु

चर्चा करें कि शब्दों की शक्ति किस तरह लोगों और यहाँ तक कि राष्ट्रों का भी भाग्य निर्धारित करती है। किस तरह शब्द हमें बाँधते हैं, किस तरह वे हमें स्वतंत्र करते हैं और किस तरह वे हमारे ख़ुद के बारे में और हमारे चारों तरफ़ के संसार के बारे में हमारे विचारों को आकार देते हैं?

अध्याय पाँच

प्रेमभाषा # 2 : प्रतिबद्ध समय

महत्वपूर्ण विचार

संयुक्त अर्थपूर्ण गतिविधियों जैसे एक-दूसरे की बात ध्यान से सुनने और इकट्ठे प्रतिबद्ध समय गुज़ारने से यह संप्रेषित होता है कि हम एक-दूसरे की परवाह करते हैं और हमें साथ-साथ रहने में आनंद मिलता है।

1. 'मेरा काम इतना सारा समय माँगता है', यह अपने जीवनसाथी के साथ प्रतिबद्ध समय न गुज़ारने का एक आम कारण है। पर सफलता और भौतिक सुख-सुविधाएँ अंतरंगता का विकल्प नहीं होती। अपने जीवनसाथी के साथ एक योजना बनाएं ताकि प्रतिबद्ध समय से आपकी बाक़ी ज़िम्मेदारियों का संतुलन स्थापित किया जा सके। इस संतुलन को बनाने में आपसे थोड़ा बहुत त्याग अपेक्षित है।
2. बिल ने अनुभव किया कि बेट्टी जो की प्राथमिक प्रेमभाषा प्रतिबद्ध समय है, इसलिए बिल ने उन कामों की सूची बनाई जो बेट्टी जो चाहती थी कि वे इकट्ठे करें। साथ-साथ टहलना, छुट्टियाँ मनाना, बच्चों के साथ ज़्यादा चर्चा और समय बिताना- इन सभी बातों को महत्वपूर्ण गतिविधियों के साथ संतुलित किया गया। आप भी अपनी सूची बनाएँ और हर महीने दो बिंदुओं पर अमल करने का संकल्प लें।
3. आपके जीवनसाथी द्वारा झेली गई आख़िरी प्रमुख समस्या या चुनौती पर नज़र डालें। उन उपायों को भी लिखें जिनके द्वारा आपने निम्नलिखित को प्राप्त किया है (अ) कम सलाह और ज़्यादा सहानुभूतिः (ब) ज़्यादा समझ और कम सुझाव (स) ज़्यादा प्रश्न और कम निष्कर्ष (द) व्यक्ति पर ज़्यादा ध्यान और समस्या पर कम ।
4. यह जान लें कि आपके विवाह में साझी गतिविधियाँ महत्वपूर्ण हैं। ऐसे तीन अनुभवों का वर्णन करें जो आपको नज़दीक लाए हैं और जो आपकी सुखद यादों का अंग हैं।

क्या ये अनुभव साझी गतिविधियों में प्रतिबद्ध समय को शामिल करते हैं? एक नई घटना की योजना बनाएँ जिसकी प्रबल 'स्मृति' क्षमता हो।

5. अपने जीवन में भावनाओं की भूमिका के प्रति ईमानदार रहें। भावनाओं की उचित अभिव्यक्ति ने कब किसी समस्या के स्वस्थ समाधान में योगदान दिया और एक सकारात्मक घटना को पूरा किया, इस बारे में भी सोचें। सामान्यतः क्या आप अपनी भावनाओं को दबाते हैं या उनसे भयभीत होते हैं? क्या आप उनका विस्फोट करते हैं या उन्हें विकृत करते हैं? किस तरह आपकी भावनाएँ आपके जीवनसाथी की भावनाओं से मेल खाती हैं? किस तरह आपके संवाद का भावनात्मक पहलू सुधर सकता है?

पृष्ठभूमि समूह चर्चा हेतु

इस विचार पर चर्चा करें कि साझी गतिविधियाँ ऐसी होनी चाहिए, जिन्हें दोनों जीवनसाथी पसंद करते हों। दूसरा श्रेष्ठ विकल्प यह है कि आप अपने जीवनसाथी की उन रुचियों में समय दें, दिमाग और दिल लगाएँ, जिनमें आपकी मूलतः रुचि नहीं है।

अध्याय छह

प्रेमभाषा # 3 :
उपहार लेना

महत्वपूर्ण विचार

उपहार प्रेम के दिखने वाले प्रतीक हैं, चाहे उन्हें आपने ख़रीदा हो या बनाया हो या वह सिर्फ़ आपकी उपस्थिति हो, जो आपने उपहारस्वरूप अपने जीवनसाथी को दी है। उपहार दर्शाते हैं कि आप किसी की परवाह करते हैं और इनसे संबंधों के महत्व का पता चलता है।

1. एक उपहार का मूल्य देखने वाले की आँखों में होता है। शायद आपको जो उपहार प्राप्त होता है, उसका ख़ास महत्व आपको समझ नहीं आता। देने वाले के इरादों तथा भावनाओं को समझें और अपनी सोच को इस तरह करें कि उपहार देने वाले की प्रेमपूर्ण भावना आपकी समझ में आ जाए।
2. लेखक की सलाह मानें और उन महत्वपूर्ण उपहारों की सूची बना लें, जो आपने अपने जीवनसाथी को दिए हैं। इसके बाद दूसरों से उसकी पसंद के बारे में जानकारी इकट्ठी करें। अब प्रेम का एक प्रतीक देने का निर्णय लें, चाहे वह कितना भी छोटा क्यों न हो? अगले माह के हर सप्ताह आप अपने जीवनसाथी की रुचियों के अनुरूप उपहार देने की योजनाएँ बनाएँ।
3. शायद आपके दिमाग़ में उपहार और पैसे का सही तालमेल नहीं हो पा रहा हो। परंतु अगर उपहार देना आपके सबसे महत्वपूर्ण 'स्वामित्व' में निवेश है तो आप इसे सुरक्षा या बचत के रूप में भी देख सकते हैं। अपने बजट का अवलोकन करें और अपने जीवनसाथी को त्यागपूर्ण भाव से ज़्यादा उपहार दें।
4. अगर उपहार आपके जीवनसाथी की प्रेमभाषा है तो आपको अपनी प्राथमिकताओं को कुछ क्षणों के लिए बदलना होगा। पिछले कुछ सालों की स्थितियों को याद करें

जिनमें आपके जीवनसाथी ने वास्तव में आपसे किसी उपहार या आपकी उपस्थिति के उपहार की इच्छा की हो। आप अपने जीवनसाथी के लिए उपस्थित भी हो सकते हैं। सचेतन रूप से अगली बार कड़े निर्णय लेने के लिए योजना बना लें।

5. याद रखें कि आपकी उपस्थिति के उपहार का अर्थ आपकी शारीरिक उपस्थिति से ज़्यादा है। एक सप्ताह तक अपने दिन की कम से कम एक महत्वपूर्ण घटना या भावना का वर्णन करें। अपने जीवनसाथी से भी ऐसी ही अपेक्षा करें।

पृष्ठभूमि समूह चर्चा हेतु

विभिन्न संस्कृतियों, पारिवारिक परंपराओं और व्यक्तित्व प्रकारों से उपहारों के प्रकारों और महत्व के उदाहरणों पर चर्चा करें। किस तरह वे प्रेम को अभिव्यक्त करते हैं और वे किसलिए महत्वपूर्ण हैं?

अध्याय सात

प्रेमभाषा # 4: सेवा के कार्य

महत्त्वपूर्ण विचार

अगर आपका जीवनसाथी कोई काम करने में असफल होता है और आप इसके लिए उसकी आलोचना करते हैं तो इससे यह संकेत मिलता है कि सेवा के कार्य आपकी प्राथमिक प्रेमभाषा हैं। सेवा के कार्यों के लिए दबाव नहीं डाला जाना चाहिए, बल्कि उन्हें मुक्त हृदय से दिया और स्वीकार किया जाना चाहिए।

1. अगर हम जीवनसाथी के आग्रहों को स्वीकार करने के इच्छुक भी हों तो भी हम ऐसा अपनी शर्तों पर करते हैं। प्रेमपूर्ण सेवा का अर्थ अपने जीवनसाथी की इच्छाओं को पूरा करना है। अपने जीवनसाथी से कुछ नए कार्यों के बारे में पूछें जो वह आपसे करवाना चाहती है और उसके निर्देशों के अनुसार ही काम करें।
2. तीन साधारण परंतु छोटे काम चुन लें जिन्हें आप विशेष पसंद नहीं करते, पर जिनके बारे में आप जानते हैं कि आपका जीवनसाथी उनके पूर्ण होने पर ख़ुशी का अनुभव करेगा। उन कार्यों को बिना जीवनसाथी को बताए कर दें और उसे आश्चर्यचकित कर दें।
3. कई दंपति यह सोचते हैं कि वे अपने संबंधों में लिंग भूमिका के पुरातनपंथी विचारों से मुक्त हो चुके हैं, परंतु अचेतन पूर्वाग्रह फिर भी रहता ही है।
4. एक बार फिर मार्क और मैरी द्वारा तैयार की गई सेवा के कार्यों की आग्रह सूची को देखें। चार काम चुनें जो आप चाहते हैं कि आपका जीवनसाथी आपके लिए करे। ऐसे काम करने के लिए हमेशा तैयार रहें जो आपसी प्रेम बढ़ाने की अवधारणा पर आधारित हों। अपने दिमाग़ में नियमित योजना जैसे व्यावहारिक पहलुओं को तैयार रखें।

5. बहुत सी समस्याएँ इस मिथ्या धारणा से पैदा होती हैं, कि हम विवाह के बाद 'रोमांस का व्यवहार' छोड़ देते हैं। अपने अत्यधिक प्रेम और अंतरंगता के दिनों को याद करने की कोशिश करें। दुबारा नज़दीक आने के लिए उस शुरुआती व्यवहार और उन कामों को एक बार फिर जीवन में उतार लें।

पृष्ठभूमि समूह चर्चा हेतु

दो भिन्न-भिन्न विचारों पर सोचें जो व्यक्तियों और समाजों में सदियों से लोकप्रिय रहे हैं : (1) संतुष्टि और सुख का अर्थ सफलता की चोटी पर रहना है जहाँ दूसरे लोग आपकी सेवा करें, या (2) संतुष्टि और सुख दूसरों की सेवा में मिलता है और वही व्यक्ति सुखी हैं जो प्रेम का अर्थ खोजने के लिए स्वेच्छा से सेवा के कार्य करते हैं।

अध्याय आठ

प्रेमभाषा # 5 :
शारीरिक स्पर्श

महत्त्वपूर्ण विचार

प्रेम के संकेत के रूप में शारीरिक स्पर्श हमारे अस्तित्व की गहराई तक पहुँचता है। प्रेमभाषा के रूप में कंधे पर हल्के से स्पर्श से लेकर प्रबल भावनात्मक चुंबन तक यह संप्रेषण का सशक्त प्रकार है।

1. शारीरिक स्पर्श के सभी नकारात्मक प्रकारों को ख़त्म कर दें। अगर आपने कभी अपने जीवनसाथी को नुक़सान पहुँचाया है, चाहे वह कितना ही तुच्छ क्यों न हो, तो माफ़ी माँगें और आत्म-नियंत्रण का संकल्प लें। अगर स्पर्श के किसी अन्य प्रकार से भी जीवनसाथी को परेशानी होती है तो उन कष्टकारी स्पर्शों के स्थान पर सकारात्मक और सुखदायी विकल्पों का चयन करें।
2. शायद आपने और आपके जीवनसाथी ने शारीरिक स्पर्शो के प्रकारों के बारे में कभी भी आपस में खुलकर बातें नहीं की हैं। शरीर के सभी क्षेत्रों से संबंधित भावनात्मक पहलुओं, सेक्स और मनोवैज्ञानिक आयामों पर चर्चा करें।
3. उचित स्पर्शों के समस्त प्रकारों, स्थानों और परिस्थितियों की सूची बनाएँ ताकि आपके शारीरिक संबंध सुदृढ़ हो सकें। उदाहरण के तौर पर कार में प्रविष्ट होते समय या कार से उतरते समय शारीरिक स्पर्श किस सीमा तक और किस प्रकृति के होने चाहिए? अगर आप दोनों इस बारे में अलग-अलग राय रखते हैं तो किसी समझौते पर पहुँचें और इसमें हर एक को सामने वाले साथी को ख़ुश करने की कोशिश करना चाहिए।
4. पेट्सी और पीट के प्रसंग को ध्यान से पढ़ें। पेट्सी के लिए प्रतिबद्ध समय की अपनी इच्छा को अभिव्यक्त करना तुलनात्मक रूप से ज़्यादा आसान था। पर पीट को

शारीरिक स्पर्श के लिए आग्रह करना कठिन प्रतीत हो रहा था, ख़ासकर सेक्स के क्षेत्र में। आपकी राय में ऐसा क्यों सही था? आपका जीवनसाथी आपके दिमाग़ को नहीं पढ़ सकता। यह कठिन हो या नहीं, हमें प्रेम की अपनी उस आवश्यकता और प्रेमभाषा पर चर्चा अवश्य करना चाहिए जिससे हमें प्रेम का सर्वाधिक अनुभव होता है। क्यों न अपने जीवनसाथी से इस बारे में खुली चर्चा की जाए? शारीरिक स्पर्श की आवश्यकता स्वीकार करने में सबसे कठिन है, न सिर्फ़ दूसरों के सामने बल्कि ख़ुद के सामने भी। ख़ासकर सेक्स के क्षेत्र में अपने जीवनसाथी और ख़ुद के प्रति ईमानदार बने रहें। क्या आप अनचाहा और असुरक्षित अनुभव करते हैं, ख़ासकर इसलिए क्योंकि हममें से ज़्यादातर लोग अपने शरीर को आदर्श नहीं मानते हैं।

5. संकट की स्थितियाँ जिनमें मृत्यु, गंभीर बीमारी इत्यादि शामिल हैं, परंतु जिनमें रोज़मर्रा के ऐसे छोटे-छोटे संकट भी शामिल किए जा सकते हैं जिनके बड़े भावनात्मक प्रभाव होते हैं। इन स्थितियों में सांत्वना देने के तरीक़े खोजिए जिनसे आपके प्रेम और फ़िक्र की अभिव्यक्ति हो सके जैसे कोमल स्पर्श। इन स्थितियों में मौन या खोखले शब्द कारगर सिद्ध नहीं होते।

पृष्ठभूमि समूह चर्चा हेतु

शारीरिक स्पर्श से संबंधित भावनाओं के रहस्य पर चर्चा करें। उदाहरण के तौर पर कई बार हमारा भावनात्मक टैंक हमारे आहत होने पर आलिंगन चाहता है जबकि बाक़ी समय यह बिलकुल भी स्पर्श नहीं चाहता। मूड, रवैये और विचार भी ख़ास मौक़ों पर हमारे छुए जाने की इच्छा को प्रभावित करते हैं, जिनमें सेक्स भी शामिल है।

अध्याय नौ

आपकी प्राथमिक प्रेमभाषा खोजना

महत्त्वपूर्ण विचार

आपको अपनी प्राथमिक प्रेमभाषा खोजने के लिए ख़ुद से कुछ बुनियादी परंतु अनिवार्य सवाल पूछने होंगे। आप किस चीज़ के लिए सबसे ज़्यादा आग्रह करते हैं? आपको सबसे ज़्यादा प्रेम किए जाने का अनुभव कब होता है? आपको सबसे ज़्यादा चोट कब लगती है? आप सबसे ज़्यादा क्या चाहते हैं? इन सवालों के जवाब आपकी प्राथमिक प्रेमभाषा की दिशा में महत्वपूर्ण संकेत दे सकते हैं।

1. हममें से ज़्यादातर लोग सेक्स को दोतरफ़ा आनंद बनाने के लिए संघर्ष करते हैं। हम कई बार तकनीक, विविधता और निरंतरता पर अपना ध्यान केंद्रित करते हैं, जबकि हमारे संघर्ष का मुख्य संबंध हमारे भावनात्मक लव टैंक से होता है। अपने संबंध के बारे में सोचें और उपाय खोजें कि किस तरह आप भावनात्मक पहलू पर ज़्यादा एकाग्र हो सकते हैं और इस तरह शारीरिक संबंध को सुधार सकते हैं।
2. हम अक्सर अपनी प्राथमिक प्रेमभाषा में अपना प्रेम अभिव्यक्त करते हैं और अपने जीवनसाथी की प्रेमभाषा को नज़रअंदाज़ कर देते हैं। उस समय को याद कीजिए जब आपको लगता था कि आप सफलतापूर्वक प्रेम संप्रेषित कर पा रहे थे। क्या आपने ऐसा अपनी प्राथमिक प्रेमभाषा में किया था या अपने जीवनसाथी की प्राथमिक प्रेमभाषा में? क्या आप अपने जीवनसाथी की प्राथमिक प्रेमभाषा में संवाद स्थापित करने के लिए इच्छुक हैं?
3. अगर आपको अपनी प्राथमिक प्रेमभाषा खोजने में बहुत मुश्किलें आ रही हैं तो या तो आपका लव टैंक बहुत ख़ाली है या बहुत भरा है। अपने गहनतम भावों की सूची

बनाएँ और यह सुनिश्चित करें कि कौन सी बात सही है। अगर आपका टैंक ख़ाली है, तो पूछें 'क्या मैंने कभी प्रेम किए जाने को अनुभव किया है?' यदि जवाब हाँ है तो कब? वह कौन सी बात थी जिसके कारण आपको प्रेम किए जाने का अनुभव हुआ? आपका जवाब आपकी प्रेमभाषा को स्पष्ट कर देगा।

4. अगर आपका लव टैंक बहुत भरा है तो अपने रोमांस के दौर में जाइए और यादों को ताज़ा कीजिए। इससे आप मामले की तह तक पहुँच जाएंगे और यह जान सकेंगे कि प्रभावकारी तत्व कौन सा था और इस तरह रहस्य खुल जाएगा। तब आप बेहतर ढंग से जान सकेंगे कि ऐसा क्यों हुआ था और यह जानने के बाद आप अपने संबंधों को फिर से नया रूप दे सकेंगे।

5. अगर आपका लव टैंक पूरी तरह ख़ाली या भरा हुआ है, तो चाहे आपको अपनी प्रेमभाषा मालूम हो या न हो, महीने भर टैंक चेक खेल खेलें। हर सप्ताह तीन शामों को 0 से 10 तक का स्कोर पूछें और अपने जीवनसाथी के सुझाव लें कि किस तरह आप उस स्कोर को बढ़ा सकते हैं। अगर आपका जीवनसाथी लगातार 10 पर है तो अपनी पीठ ठोंकिए, पर प्रेम करना बंद मत कीजिए।

पृष्ठभूमि समूह चर्चा हेतु

एक-दूसरे की आवश्यकताओं की पूर्ति हेतु अक्सर हमें नई चीज़ें सीखने की ज़रूरत होती है चाहे- यह लांड्री करने जैसी मूलभूत चीज़ ही क्यों न हो। चर्चा करें कि जीवनसाथी को धैर्य और समर्थन किस तरह देते रहना चाहिए ताकि विवाह का अधिकतम लाभ और आनंद मिल सके।

अध्याय दस और ग्यारह

प्रेम एक चुनाव है और प्रेम सब कुछ बदल देता है

महत्त्वपूर्ण विचार

अपने जीवनसाथी की भाषा में प्रेम करने के चयन के कई लाभ हैं। इससे हमारे पुराने घाव भरने में मदद मिलती है और हममें महत्व, आत्मसम्मान और सुरक्षा की भावना आती है। पर प्रेम की दीवानगी की इंद्रियजनित अवस्था और इच्छा तथा चयन पर आधारित परिपक्व प्रेम में अंतर होता है, क्योंकि चयन के द्वारा आप अपने जीवनसाथी की गहरी भावनात्मक आवश्यकताओं की पूर्ति ज़्यादा अच्छे ढंग से कर पाते हैं।

1. जैसा अध्याय 10 में हमने ब्रेन्ट के मामले में देखा था, हमारा लव टैंक लगभग ख़ाली हो सकता है और हमें कारण भी पता नहीं होता। हम अपने जीवनसाथी को नुक़सान नहीं पहुंचाना चाहते, पर हम विवाहेतर संबंध या ऐसी ही किसी दूसरी अनुचित स्थिति द्वारा अपनी भावनात्मक आवश्यकताओं की पूर्ति करने लगते हैं। अपनी अपूर्ण आवश्यकताओं के बारे में अपने विचारों और कार्यों का ईमानदारी से विश्लेषण कीजिए। क्या आपकी ज़रूरतों को पूरा करने का कोई बेहतर उपाय है? क्या आप दो माह तक इस वाक्य में विश्वास करके इस पर चल सकते हैं, 'दो और यह वापस आपको दिया जाएगा?' क्यों न आप इसे आज से ही प्रारंभ कर दें और देखें कि इसका परिणाम क्या होता है?

2. प्रेम करने का उदात्त लक्ष्य देना होता है, लेना नहीं। अपने जीवनसाथी के प्रति आपकी हाल की प्रेम अभिव्यक्तियों का परीक्षण करें। आप बदले में क्या चाहते थे? अगर आपको बदले में कुछ भी प्राप्त न हो, तो क्या इससे आपके व्यवहार में फ़र्क़ पड़ेगा? कई बार हम तत्काल परिणाम चाहते हैं। याद रखें, 'रोम एक दिन में नहीं बन गया था।' प्रेम रोम बनाने से ज़्यादा महत्वपूर्ण है। धीरज रखें।

3. प्रेम के उन कार्यों पर ध्यान केंद्रित करें जो आपके लिए स्वाभाविक नहीं हैं, पर जिन्हें आपका जीवनसाथी आपसे चाहता है। शायद आपने उन गतिविधियों को दमित कर लिया है और आपको अपने जीवनसाथी के सच्चे आग्रहों की आवश्यकता है। इन कार्यों को करने का चयन करें ताकि आपके जीवनसाथी का टैंक भर सके और वह आपके ज़्यादा करीब आ सके।

4. महत्व, आत्मसम्मान, सुरक्षा। ये तीन चीज़ें हमारी भलाई के लिए बेहद महत्वपूर्ण हैं। एक-दूसरे के साथ खुलेपन से व्यवहार और बातें करें। अपने जीवनसाथी को यह बताएँ कि उसके प्रेम के बिना इन तीनों को हासिल करना कितना कठिन है।

5. ग़लत प्रेमभाषा बोलना न सिर्फ़ उदासीनता दर्शाता है बल्कि यह नकारात्मक प्रभाव भी डाल सकता है। उदाहरण के तौर पर अध्याय 11 में जीन और नॉर्म को देखें। पैंतीस साल का सतत संघर्ष और तनाव सिर्फ़ एक छोटी सी ग़लतफ़हमी के कारण हो रहा था। संघर्ष के क्षेत्रों का अवलोकन करें और देखें कि यह किस तरह ग़लत प्रेमभाषाओं से संबद्ध हैं।

पृष्ठभूमि समूह चर्चा हेतु

दंपति अक्सर सुरक्षा या महत्व प्राप्त करने के लिए एक-दूसरे पर दबाव डालते हैं ताकि उनकी भावनात्मक आवश्यकताओं की पूर्ति हो जाए। दूसरी तरफ़, प्रेम में अपना सर्वश्रेष्ठ देने के बावजूद इस बात की गारंटी नहीं होती कि आपको बदले में प्रेम मिलेगा ही। इस विषय पर चर्चा करें कि अगर सर्वश्रेष्ठ देने के बाद भी प्रेम नहीं मिलता तो आपकी अपनी अपूर्ण आवश्यकताओं का वास्तविक ख़तरा क्या है? प्रेमभाषा के अलावा ऐसे कौन से सिद्धांत हैं ,जो आपके विवाह को ज़्यादा सुखी बना सकते हैं?

अध्याय बारह

अनाकर्षक से प्रेम कैसे करें?

महत्त्वपूर्ण विचार

अनाकर्षक जीवनसाथी के प्रति प्रेम अभिव्यक्त करना मुश्किल ज़रूर है परंतु असंभव नहीं। फिर भी जब आपके साथ दुर्व्यवहार किया जाता है और आपको अपमानित किया जाता है तो आपके पास अभिव्यक्त करने के लिए कोई सकारात्मक भावनाएँ नहीं होतीं, सिर्फ़ दर्द होता है। इसके बावजूद, सकारात्मक गतिविधियाँ चयन पर आधारित होती हैं, भावनाओं पर नहीं। उचित प्रेमभाषा के प्रयोग में चमत्कार की संभावना निहित है।

1. अगर आपका विवाह इस अध्याय में बताई गई गंभीर परेशानी के दौर से गुज़र रहा है तो आपको ज़्यादा इच्छाशक्ति से इस प्रयोग को करना चाहिए। इस प्रक्रिया में दर्द और नकारने की संभावना तो रहेगी, पर आप इसके द्वारा एक स्वस्थ और सुखी विवाह पा सकते हैं। क़ीमत आप सोच लें, वैसे सौदा बुरा नहीं है।

   निम्न चार क़दमों (2-5) पर चलकर छह महीनों में आपको भी वही परिणाम मिल सकते हैं जो एन और ग्लेन को मिले थे। ईश्वर में गहरी आस्था से आपकी सफलता के अवसर बढ़ जाएँगे।

2. यह पूछें कि आप किस तरह बेहतर जीवनसाथी बन सकते हैं और सामने वाले का दृष्टिकोण कैसा भी हो, उस सूचना और प्रतिक्रिया पर अमल करें। सामने वाले की इच्छाओं का दिल और दिमाग़ से पालन करते रहें। अपने जीवनसाथी को आश्वस्त भी कर दें कि आपका उद्देश्य सकारात्मक है।

3. जब आपको सकारात्मक प्रतिक्रिया मिले तो यह जान लें कि आपने प्रगति कर ली है। इसके एक सप्ताह बाद एक निश्चित आग्रह करें जिसे पूरा करना आपके जीवनसाथी के

लिए आसान हो। चाहे वह आपके आग्रह को माने या न माने, आप हर महीने एक आग्रह करते जाएँ। यह सुनिश्चित कर लें कि यह आग्रह आपकी प्राथमिक प्रेमभाषा के अनुरूप हो और आपके ख़ाली भावनात्मक टैंक को भरने में सहायक सिद्ध हो।

4. जब आपका जीवनसाथी सकारात्मक प्रतिक्रिया देता है और आपके आग्रहों को पूरा करता है तो आप न सिर्फ़ अपनी इच्छाशक्ति बल्कि अपने दिल से भी उसके प्रति प्रेम दर्शाने लगेंगे। अति उत्साह से बचते हुए सकारात्मक और समर्थन देने वाले वाक्यों से अपने जीवनसाथी का उत्साह बढ़ाते रहें।

5. जब आपका विवाह सचमुच सुखद होने लगे, तब भी आप आराम से न बैठें। अपने जीवनसाथी की प्रेमभाषा और दैनिक भावनात्मक ज़रूरत को न भूलें। आप अपने सपनों की राह पर हैं इसलिए वहीं बने रहें। आप दोनों मिलकर इस राह पर अपनी प्रगति के बारे में नियमित चर्चा कर सकते हैं।

पृष्ठभूमि समूह चर्चा हेतु

कई विवाह तलाक़ में इसलिए समाप्त हो जाते हैं, क्योंकि उनमें नकारने के प्रत्युत्तर में झुकने और सेवा करने की कमी थी। इस अध्याय में दिए गए ईसामसीह के संदेश की सार्थकता, जिसे ल्यूक 6:27 में दिया गया है, 'अपने शत्रुओं से प्रेम करो' पर चर्चा करें। साथ ही जीसस द्वारा अपने अनुयायियों के पैर धोने के महत्व और अर्थ पर भी चर्चा करें।

अध्याय तेरह

बच्चे और प्रेम भाषाएँ

महत्त्वपूर्ण विचार

प्रेम की पाँच भाषाएँ बच्चों पर भी लागू होती हैं, हालाँकि उन्हें अपनी असली ज़रूरतों का पता नहीं होता और वे अपनी ख़ुद की प्रतिक्रियाओं को नहीं समझ पाते। एक अच्छा अभिभावक बनने के लिए हर बच्चे की प्राथमिक प्रेमभाषा बोलने का अभ्यास करें। जब तक आप अपने बच्चे की प्राथमिक प्रेमभाषा न जान लें, तब तक हर बच्चे के लिए पाँचों भाषाओं का प्रयोग करें।

1. ***सकारात्मक शब्द*** – अपने बच्चों को सिखाते समय हम असफलता की आलोचना करने लगते हैं। अगर ऐसा ज़्यादा किया जाए तो इसके हानिकारक परिणाम होते हैं और वे वयस्क जीवन तक जाते हैं। अगले सप्ताह अपने बच्चे के हर अच्छे काम के लिए उसकी तारीफ़ करें और हर दिन दो तारीफ़ों का लक्ष्य बना लें।
2. ***प्रतिबद्ध समय*** – अपने बच्चे के स्तर तक नीचे जाएँ। उसकी रुचियों को जानें और उसके बारे में यथासंभव जानकारी हासिल करें। पूरे ध्यान से अपने बच्चे को अविभाजित समय दें। अपने बच्चे या बच्चों को कुछ मिनट का प्रतिबद्ध समय दें। इसे प्राथमिकता दें।
3. ***उपहार प्राप्त करना*** – ज़्यादा उपहार देना अर्थहीन होता है और इससे बच्चे पर ग़लत प्रभाव भी पड़ सकता है। पर समय-समय पर दिए गए उपहार, यदि उन्हें समझदारीपूर्वक चुना जाए और सकारात्मक वाक्यों के साथ दिया जाए जैसे 'मैं तुम्हें प्रेम करता हूँ, इसलिए मैं तुम्हारे लिए यह ख़ास तोहफा लाया हूँ।' बच्चे की प्रेम की ज़रूरत को पूरा करने में सक्षम हैं। अगली बार आप अपने बच्चे के लिए कोई उपहार ख़रीदें तो शब्दों द्वारा भी अपने प्रेम को व्यक्त करें। (आप अपने बच्चे को किसी चीज़ के लिए इंकार करते समय भी अपना प्रेम व्यक्त कर सकते हैं, 'मैं तुम्हें प्रेम करता हूँ इसलिए मैं तुम्हारे लिए पालतू साँप नहीं ला सकता।)

4. ***सेवा के कार्य –*** हालांकि आप अपने बच्चों के लिए सेवा के कार्य लगातार करते हैं पर अगली बार जब भी आप अपने बच्चे के लिए विशेष रूप से अर्थपूर्ण कार्य करें तो यह कहना न भूलें कि आप उसे प्रेम करते हैं। कोई ऐसा कार्य चुनें जिसमें आपकी विशेष रुचि नहीं है पर जो आपके बच्चे के लिए बहुत महत्वपूर्ण है। एक बेहतर अभिभावक बनने के लिए आप 'शैक्षिक' या तकनीकी क्षेत्र में कोई नई चीज़ सीखें।
5. ***शारीरिक स्पर्श –*** गले लगाना, चुंबन और पुचकारना बच्चे के भावनात्मक टैंक के लिए बहुत महत्वपूर्ण होते हैं। हर बच्चे की उम्र, स्वभाव, प्रेमभाषा इत्यादि पर विचार करके इस क्षेत्र में अपनी अनूठी भाषा निर्धारित करें। जब वे बड़े हो जाते हैं तो आपको इस क्षेत्र में ज़्यादा संवेदनशील होने की ज़रूरत है, पर सकारात्मक स्पर्श की नियमित आदत जारी रखें।
6. जब आप अपने बच्चे की प्राथमिक प्रेमभाषा जान लें तो इसे नियमित रूप से बोलने की आदत डाल लें। पर बाक़ी चार भाषाओं को भी नज़रअंदाज़ न करें। जब आप अपने बच्चे की प्राथमिक प्रेमभाषा बोल रहे हैं तो बाक़ी चार और भी ज़्यादा अर्थपूर्ण हो जाती हैं।

पृष्ठभूमि समूह चर्चा हेतु

अपने बच्चों की प्रेमभाषा की अवधारणा को खोजने और उनके साथ इस पर चर्चा करने के महत्व पर बातें करें। चर्चा का स्तर उनकी उम्र पर निर्भर करता है। अपने बच्चों को उनकी प्रेमभाषा में प्रेम अभिव्यक्त करने के लिए प्रोत्साहित करें और उन्हें अपनी ख़ुद की प्रेमभाषा भी बता दें और साथ ही अपने जीवनसाथी की भी। यह विभिन्न संस्कृतियों और पारिवारिक स्थितियों में किस तरह किया जा सकता है, इस पर विचार करें।

For information on the two-session (approximately 30 minutes each) VIDEO VERSION of *The Five Love Languages* write :

Life Way Press
127 Ninth Avenue, North
Nashville, TN 37234
Phone: 1-800-458-2772

Each video package includes one copy of the *Viewer Guide* and a copy of the book.

In addition to Dr. Chapman's writing, he regularly conducts a weekend marriage enrichment seminar entitled TOWARD A GROWING MARRIAGE. The format is Friday evening 7:00-9:30 and Saturday 9:00 A.M.-2:30 P.M.

For information and schedule in Chicago, Cleveland, Devenport (Quad Cities), Spokane, West Palm Beach, St. Petersburg, Chattanooga, and Grand Rapids, write:

Chapman Seminar
820 N. LaSalle Blvd.
Chicago, IL 60610
Phone: (312) 329-4401

For information and schedule in other locations write:

Chapman Seminar, MSN199
127 Ninth Ave, North
Nashville, TN 37234
Phone: (615) 251-2277

If you are interested in more information
about how to integrate principles from the Bible
with the subject matter of this book,
please write to the following address :

Northfield Publishing
215 West Locust Street
Chicago, IL 60610